The Multilingual Dictionary of Real Estate

OTHER TITLES FROM E & FN SPON

European Directory of Property Developers, Investors and Financiers
2nd edition
Bernard Williams Associates

Industrial Property Markets in Western Europe
Edited by B. Wood and R. Williams

Microcomputers in Property
A surveyor's guide to Lotus 1-2-3 and dBASE IV
T.J. Dixon, O. Bevan and S. Hargitay

National Taxation for Property Management and Valuation
A. MacLeary

Project Management Demystified: Today's tools and techniques
G. Reiss

Property Development 3rd edition
D. Cadman and L. Austin-Crowe
Edited by R. Topping and M. Avis

Property Investment and the Capital Markets
G.R. Brown

Property Investment Decisions: A quantitative approach
S. Hargitay and M. Yu

Property Valuation: The five methods
D. Scarrett

Rebuilding the City: Property-led urban regeneration
Edited by P. Healey, D. Usher, S. Davoudi, S. Tavsanoglu and M. O'Toole

Spon's European Construction Costs Handbook
Davis Langdon & Everest

UK Directory of Property Developers, Investors and Financiers 7th edition
Bernard Williams Associates

Brain Train: Studying for success
R. Palmer

Journal of Property Research
(formerly Land Development Studies)
Editor: Bryan D. MacGregor

For more information on these and other titles please contact:
The Promotion Department, E & FN Spon, 2–6 Boundary Row, London, SE1 8HN.
Telephone 071 522 9966

The Multilingual Dictionary of Real Estate

A guide for the property professional in the Single European Market

English • Deutsch • Español • Français • Italiano • Nederlands

Edited by

L. van Breugel

*Investment Department
Gooch & Wagstaff*

R.H. Williams

*Department of Town and Country Planning
The University of Newcastle upon Tyne*

B. Wood

*Department of Town and Country Planning
The University of Newcastle upon Tyne*

First published by Spon Press 1993

Reprinted by Spon Press 2001
2 Park Square, Milton Park, Abingdon, Oxon, OX14 4RN

Transferred to Digital Printing 2005

© 1993 L. van Breugel, R. Williams, B. Wood

ISBN 0 419 18020 6

Apart from any fair dealing for the purposes of research or private study, or criticism or review, as permitted under the UK Copyright Designs and Patents Act, 1988, this publication may not be reproduced, stored, or transmitted, in any form or by any means, without the prior permission in writing of the publishers, or in the case of reprographic reproduction only in accordance with the terms of the licences issued by the Copyright Licensing Agency in the UK, or in accordance with the terms of licences issued by the appropriate Reproduction Rights Organization outside the UK. Enquiries concerning reproduction outside the terms stated here should be sent to the publishers at the London address printed on this page.

The publisher makes no representation, express or implied, with regard to the accuracy of the information contained in this book and cannot accept any legal responsibility or liability for any errors or omissions that may be made.

A catalogue record for this book is available from the British Library.

Library of Congress Cataloging-in-Publication data available

Printed and bound by Antony Rowe Ltd, Eastbourne

Contents

Sponsor's message – Norwich Union	vi
Sponsor's message – Gooch & Wagstaff	vii
PRODEST	viii
Acknowledgements	x
Preface	xi
About the editors	xii
PART ONE	1
1 Objectives	3
2 How to use the Dictionary	11
PART TWO	21
3 Word Index	23
4 Translations	77
5 Explanations	205
PART THREE	361
6 Key Questions	363
7 Government and Planning Hierarchies	370
8 Real Estate Associations	383
9 Information Sources	391

Sponsor's message
Gooch & Wagstaff

The world of property has developed into an international market place both in its geographical context and for nearly everyone involved with its ownership, use and management. The current global focus on Europe is merely a part of the bigger picture. It was this very focus that brought Norwich Union and Gooch & Wagstaff together to produce this dictionary now published by E & FN Spon.

We believe that the dictionary will be of major benefit not only to those property professionals who are involved in cross border work but also to the thousands of professionals whose every day domestic work brings them into contact with companies and their executives from abroad.

John F. Coombes FRICS
Partner
Gooch & Wagstaff

Sponsor's message
Norwich Union

I am very pleased to see the publication of this glossary of European Property Terms – a joint effort between Norwich Union Investment Managers, Gooch & Wagstaff and E & FN Spon.

The sentiments and hopes which lay behind '1992' are fast becoming realities for all of us. Many in the UK now realise that their home market is not just the United Kingdom, but that great opportunities and potentially greater rewards lie in the wider market place of Europe. Although none of the directives bear directly on property, the increasingly global and Europeanized approach of major occupiers in the market will make it essential for property professionals to understand what their colleagues in other countries are saying.

The property glossary is an important step forward in this process and one with which Norwich Union Investment Managers are proud to be associated.

N. Price
Chief Estates Manager
Norwich Union

PRODEST: Europe

Property Development Studies: Europe (PRODEST) is an international consortium of several European universities which is seeking to identify and meet the training and research requirements of participants in the European property development and planning fields. It has members in Britain, Ireland, Italy, France, Germany, Sweden and The Netherlands.

PRODEST has undertaken research contracts for both public and private organizations and has obtained student awards from the EC within the COMETT programme.

PRODEST members have supported the creation of *The Multilingual Dictionary of Real Estate* and their help has been invaluable in the production of this book.

A list of contact names is given below.

Consorzio per la Ricerca
e l'Educazione – Polytecnic di Turino
Corso duca d'Aosta 19
10129 Torino
Italy
(Gastone Ave)
Tel. 39 11 504501
Fax 39 11 564 5122

University College London
Bartlett School of Architecture &
  Planning
22 Gordon Street
London WC1H 0QB
UK
Tel. 44 71 387 7050 ext. 4874
Fax 44 71 380 7453

University of Newcastle upon Tyne
Department of Town and Country
  Planning
Claremont Tower
Newcastle upon Tyne NE1 7RU
UK

Tel. 44 91 232 85 11 ext. 7802
Fax 44 91 261 11 82

Ecole d'Architecture de Nancy
Parc de Ramicourt
54600 Villers-les-Nancy
France
Tel. 33 83 27 10 77
Fax 33 83 27 39 74

Université des Sciences Sociales de
  Grenoble
Institut d'Urbanisme
Grenoble II
2 rue F. Raoult
38000 Grenoble
France
Tel. 33 76 87 24 28
Fax 33 76 56 21 76

Universität Dortmund
Vermessungswesen und Bodenordnung
Fachbereich Raumplanung
Postfach 500500

4600 Dortmund 50
Germany
Tel. 49 231 755 2228
Fax 49 231 755 4886

IUAV – Instituto Universitario di
 Architectura di Venezia
Ca'Tron – Santa Croce 1957
30135 Venezia
Italy
Tel. 39 41 522 11 19
Fax 39 41 524 04 03

School of Planning
University of Westminster
309 Regent Street
London W1R 8AL
UK
Tel. 44 71 911 5000
Fax 44 71 911 5051

The Royal Institute of Technology
Department of Real Estate Planning
S-100 44 Stockholm
Sweden
Tel. 46 8 790 6000
Fax 46 8 790 6610

Vakgroep Planologie
Katholieke Universiteit Nijmegen
5 Thomas van Aquinostraat
Postbus 9044 KD Nijmegen
The Netherlands
Tel. 31 80 512099
Fax 31 80 616220

University of Ulster at Jordanstown
Faculty of Science and Technology
Newtonabbey
County Antrim BT37 0QB
Northern Ireland, UK
Tel. 44 232 365131
Fax 44 232 362826

Acknowledgements

A guide such as this could never have been prepared without the assistance and cooperation of many individuals and organizations. In the first place the editors would like to place on record their thanks and appreciation of the resources made available to support this project in the form of sponsorship and input from Norwich Union, and office facilities and human resources provided by Gooch & Wagstaff. In particular, the support and advice received from John Coombes, Partner, Gooch & Wagstaff is gratefully acknowledged.

A number of people assisted with translations and assembly of material. In the first place we would like to thank Claire Griffiths for her help with the three languages less well known to the editors. For language advice and assistance we must also thank Gastone Ave, Salvatore Ciccarello, Hartmut Dieterich, Caterina Ferrari, Bettina Heilingbrunner, Jennifer Hillcoat, Sharon Holt, Robert Lie, Vivienne Llufvio, Simon Marshall, Iain Mackenzie, Uliano Mercuri, Antonio Moreno de Barreda, Alain Motte, Barrie Needham, David Perry, Robin Snell, Cordelia Wagner, Nick Whitehead; for assistance with computing Sara Kalber and Gillian Porter in London and Colin Wymer in Newcastle; and for assistance with assembly of material Marianne Tissier and Linda Perkins of the Royal Institution of Chartered Surveyors, London.

Two valuable networks must be mentioned. PRODEST, a consortium of academic institutes in seven countries offering courses in real estate development and planning orientated towards the Single European Market, has also been the source of valuable advice on terminology in different countries and encouragement based on the experience of teaching real estate to future practitioners at the European scale. Secondly, the European group of the Society of Property Researchers whose meetings provided the stimulus for producing a Guide such as this.

Our grateful thanks go to all the individuals and organizations that have advised and supported this project, without which we could not have brought this Guide to fruition. Responsibility for the final publication, however, rests with the editors.

Preface

Property development and real estate firms have been most active in preparing themselves for the Single European Market. It is no longer surprising to find firms operating professionally on a European-wide rather than national basis. In fact this has become quite orthodox for the larger firms as the employment of one of us illustrates. Likewise, students of real estate, planning and development are keen to prepare themselves for such a working environment as the other two of us are well aware from our day-to-day experience in the university. However, the transition of European professional practice from being seen as a rare specialism for people with exceptional qualifications to being seen as an essential feature of the working environment for large numbers of people means that there is a need for some signposting or guides to assist practitioners.

This practical guide, which aims to be more than just a glossary, is based on our respective experiences and aims to meet this need.

Linnie M. Clifford Kocq van Breugel
Richard Williams
Barry Wood
January 1993

About the editors

Linnie M. Clifford Kocq van Breugel is a Dutch national working in London as an Investment and European research specialist for Gooch & Wagstaff, Chartered Surveyors and International Property Consultants. She holds a BA degree in Economics and Languages at the Higher Economics School (HES) in Amsterdam, followed by a part-time MSc course in Property Investment at the City University Business School, London. Prior to working in London she worked in Paris researching commercial centres across France for an international property company.

Richard Williams holds degrees in geography and planning from the universities of Nottingham and Liverpool. He is a Chartered Town Planner and has researched and published widely on the comparative study of European planning systems and spatial policies of the European Community. He teaches in the Department of Town and Country Planning at the University of Newcastle upon Tyne where he is also an Associate of the Centre for Research into European Urban Environments.

Barry Wood holds degrees in economics and planning from the universities of Wales, Manchester and Newcastle. He has taught estate management in Newcastle Polytechnic (now the University of Northumbria) and now teaches the economics of land and development and directs the MA in European Property Development and Planning in the Department of Town and Country Planning at the University of Newcastle upon Tyne. He is also an Associate of the Centre for Research into European Urban Environments.

PART I
PARTIE I
PARTE PRIMERA
PRIMA PARTE
TEIL I
DEEL I

SECTION 1

Objectives

This is a book for the Single European Market (SEM) and for the real estate professionals operating within it. The real estate industry is europeanizing rapidly in anticipation of the SEM, with potentially even greater European integration under the provisions of the Maastricht Treaty of European Union.

This process is not, in the near future at least, one of harmonization of procedures and terminology so much as the development of expertise in handling the different national systems and the non-tariff barriers they present. This guide is designed to help the real estate professionals develop this expertise.

The objective of this guide is therefore to offer real estate and related professionals – in fact anyone in the property development business – a glossary of specialist and technical terminology, guidance on interpretation where dictionary translations may not be true equivalents, and advice on where to look for more detailed information. It is not a guide to real estate and planning systems as such, although sources for this are suggested (see section 9).

Users are assumed to have a knowledge of the language of the country in which they intend to practise, but to be seeking assistance with specialist terminology which is normally beyond the scope of foreign language courses and general dictionaries.

Real estate and planning terminology are notorious for attaching specialist meanings to words which also have everyday meanings. These specialist meanings must be understood if confusion is to be avoided. In addition, each country has its own national style of professional practice, reflected in its terminology, which is derived from the cultural as well as the legal context of professional practice in that country. Straight translations can therefore easily fail to convey the true meaning of terms in their professional practice context.

For these reasons, this guide is more than a glossary of terms in translation. We have adopted the approach of offering explanations wherever these problems may arise. Approximately one third of all entries, indicated by an asterisk (*), are treated in this way.

In order to make this manageable, a narrow definition of the field of real estate has been adopted. Terms taken from planning, construction, taxation etc. are not included unless they are central to the needs of real estate professionals and the property development process.

SECTION 1

Objectifs

Ce guide est destiné au Marché Unique Européen (MUE) et aux professionnels de l'immobilier qui exercent leurs activités dans ce cadre. Le secteur de l'immobilier s'européanise rapidement en prévision du MUE, et potentiellement, les dispositions du traité de Maastricht sur l'Union Européenne préparent une intégration encore plus complète.

Ce processus ne résultera pas tant, du moins dans un premier temps, de l'harmonisation des procédures et de la terminologie que du développement des connaissances des différents systèmes nationaux et des barrières non-douanières qu'ils présentent. C'est à cela que vise ce guide.

Il a donc pour objet d'offrir aux professionnels de l'immobilier et des secteurs connexes, et en fait à tous ceux qui s'occupent de promotion immobilière, un glossaire de termes techniques et spécialisés, des conseils d'interprétation dans les cas où les dictionnaires ne fournissent pas d'équivalents exacts, et des indications permettant de trouver des explications plus précises. Il ne s'agit pas vraiment d'un guide sur les systèmes de l'immobilier et de l'urbanisme de chaque pays, même si certaines sources sont suggérées à cette fin (cf section 9).

Il s'adresse à des lecteurs connaissant déjà la langue du pays dans lequel ils ont l'intention d'exercer leurs activités professionnelles, mais ressentant le besoin d'une terminologie spécialisée qui n'est généralement pas abordée dans les cours de langues étrangères ni mentionnée dans les dictionnaires généraux.

La terminologie de l'immobilier et de l'urbanisme est bien connue pour donner un sens spécialisé à des mots d'usage commun. Pour éviter toute confusion, il faut bien saisir ce sens spécialisé. Par ailleurs, chaque pays possède son propre style de pratiques professionnelles, qui se reflète dans sa terminologie, et qui est tiré du contexte culturel et juridique de ces pratiques. C'est ainsi que les traductions littérales ne parviennent pas en général à exprimer le sens exact de termes utilisés dans un contexte de pratique professionnelle.

Pour ces raisons, ce guide représente davantage qu'un simple glossaire de mots traduits en plusieurs langues. La méthode que nous avons adoptée consiste à fournir des explications toutes les fois que ces difficultés peuvent surgir. Un tiers environ des mots, indiqués par un astérisque (*), font l'objet d'un tel approfondissement.

Afin de faciliter l'utilisation de ce guide, nous avons retenu une définition restrictive du domaine de l'immobilier. Nous n'avons pas inclus de termes appartenant à l'urbanisme, à la construction, au fisc etc., à moins qu'ils ne soient essentiels aux professionnels de l'immobilier et au processus de promotion immobilière.

SECCION 1

Objetivos

Este libro está dirigido al Mercado Unico Europeo (MUE) y a todos los profesionales de la propiedad inmobiliaria que operan en él. La industria de la propiedad inmobiliaria está sufriendo una europeización muy rápida, anticipándose al Mercado Unico Europeo, y con expectaciones más amplias de integración bajo los auspicios Tratado de Maastricht para la Unión Europea.

Este proceso no es tanto el producto de una armonización en los procedimientos y terminología (al menos de momento), sino el desarrollo de experiencia en el manejo de los distintos sistemas de cada nación que presentan un obstáculo a la integración. Esta guía está dirigida a los profesionales de la propiedad inmobiliaria, con la intención de ayudar a desarrollar experiencia en este terreno.

Por tanto, el objetivo de esta guía es ofrecer a todos los profesionales relacionados con el mundo de la propiedad inmobiliaria, un glosario con la terminología específica de esta materia y una guía de interpretación en la traducción de términos que, mediante traducciones directas de diccionarios comunes, pueden llevar a error o malinterpretación. También se ofrecen indicaciones sobre dónde encontrar información más detallada. No se trata, sin embargo, de una guía sobre la propiedad inmobiliaria y la planificación, pero sí se dan algunas sugerencias sobre estos temas (vea sección 9).

Los potenciales usuarios de esta guía son personas que conocen el idioma del país en el que pretenden actuar, pero que necesitan ayuda a la hora de utilizar la terminología específica que no figura normalmente en diccionarios comunes, o que no se enseña en cursos de idiomas generales.

La terminología de la propiedad inmobiliaria y del desarrollo urbanístico es conocida por el uso de palabras del lenguaje ordinario, que pasan a tener un significado especial bajo este contexto. Estos términos deben, por tanto, ser perfectamente entendidos para evitar la confusión en sus significados. Además, se debe tener en cuenta que cada país tiene su estilo propio a la hora de desenvolverse en una profesión, y ésto se refleja en la terminología empleada. Esta terminología es también el producto de la cultura y del contexto legal específicos de cada país. Traducciones literales de estos términos corren el riesgo de fallar al expresar significado correcto en el contexto de la práctica profesional.

Por todo esto, esta guía es más que un simple glosario de términos traducidos. Se ha tomado la decisión de ofrecer explicaciones cuando algún problema pueda aparecer; para ello, aproximadamente un tercio de todas las entradas, las denotadas con un asterisco (*), han sido tratadas de este modo.

Para hacer que la guía sea más accesible y manejable, se ha adoptado una definición del campo de la propiedad inmobiliaria muy precisa. Los términos tomados de planificación, construcción, tasación etc., no se han incluido, a no ser que estén centrados en las necesidades de los profesionales de la propiedad inmobiliaria y del proceso de desarrollo inmobiliario.

SEZIONE 1

Obiettivi

Questo manuale é stato creato appositamente per il Mercato Unico Europeo e per i professionisti del settore immobiliare che operano al suo interno. Il settore immobiliare si sta rapidamente europeizzando in previsione del Mercato Unico Europeo e di un'integrazione europea potenzialmente ancor maggiore secondo le disposizioni del trattato di Maastricht sull'Unione Europea.

Per il momento tuttavia, questo processo d'integrazione non consiste in un'armonizzazione delle procedure e della terminologia per tutta l'Europa, ma piuttosto nello sviluppo della competenza a trattare con i diversi sistemi nazionali e con le barriere non-doganali che essi presentano. Questo manuale è stato specificamente progettato per aiutare gli operatori immobiliari a sviluppare tale competenza.

Lo scopo del manuale è quindi di offrire a tutti coloro che si occupano di mercato immobiliare e sviluppo edilizio un glossario dei termini specialistici e tecnici, una guida all'interpretazione quando la traduzione dei dizionari non è l'esatto equivalente, e suggerimenti su dove trovare ulteriori informazioni in dettaglio. Non intende essere una guida illustrativa dei vari sistemi immobiliari ed urbanistici, per i quali rimanda il lettore alla consultazione di materiale specifico (si veda Sezione 9).

Si presume che gli utenti del manuale conoscano la lingua del paese in cui intendono operare, ma necessitino di una terminologia specialistica che esula dall'ambito dei normali corsi di lingua e dizionari generali.

Un ben noto fenomeno della terminologia usata in campo immobiliare e urbanistico è l'attribuzione di significati specialistici a parole di uso quotidiano. Sono questi significati che vanno compresi per evitare confusioni. Inoltre ciascun paese europeo ha un suo stile particolare nell'esercizio della professione, e ciò si riflette nella terminologia che deriva sia dal contesto culturale che da quello legale di tale professione in quel paese. Perciò la traduzione letterale spesso non rende il vero significato dei termini come vengono usati nell'ambito della professione.

Per tali ragioni, questo Manuale offre non solo un glossario dei termini e la loro traduzione, ma anche spiegazioni ogni qual volta sorgano problemi di contesto culturale. Questo avviene per circa un terzo delle parole, che in tal caso vengono contrassegnate da un asterisco (*).

Per rendere possibile questa analisi dettagliata, sono stati imposti limiti ben precisi a quello che si intende per 'settore immobiliare'. Termini concernenti la pianificazione, costruzione, tassazione, ecc. non sono inclusi a meno che siano regolarmente usati dagli operatori immobiliari e nel processo di sviluppo edilizio e urbanistico.

ABSCHNITT 1

Ziele

Dieses Buch ist im Hinblick auf den europäischen Binnenmarkt konzipiert und speziell für diejenigen gedacht, die dort auf professioneller Ebene mit Immobilien arbeiten werden. Die Immobilienbranche europäisiert sich in Erwartung dieses Binnenmarktes immer schneller. Vor allem, da als Folge des Maastrichter Vertrages über die Europäische Gemeinschaft eine noch größere Integration zu erwarten ist.

Dieser Prozeß ist, zumindest in der nahen Zukunft, weniger das Produkt einer Angleichung von Verfahrensarten und der Terminologie, als vielmehr die Entwicklung einer Gewandtheit im Umgang mit den verschiedenen nationalen Systemen und den dadurch bedingten Beschränkungen. Dieses Buch soll den in der Immobilienbranche Tätigen helfen, die nötige Sachkenntnis zu erwerben.

Ziel des Buches ist es, allen, die in der Immobilienbranche oder auf ähnlichem Gebiet tätig sind – also allen, die im Bau- und Sanierungswesen beschäftigt sind – ein Wörterbuch mit spezialisiertem und technischem Vokabular zur Verfügung zu stellen, Hinweise zu Übersetzungen zu geben, wo Wörterbucheinträge nicht differenziert genug sind sowie Angaben zu weiterführender Lektüre zu machen. Es geht nicht um Immobilien- und Planungssysteme an sich, obwohl sich in Abschnitt 9 Hinweise dazu finden.

Es wird vorausgesetzt, daß der Benutzer Grundkenntnisse in der Sprache des Landes hat, in dem er tätig werden will, er aber in diesem Buch eine Hilfestellung für das Vokabular sucht, das außerhalb dessen liegt, was in Sprachkursen und allgemeinen Wörterbüchern vermittelt wird.

Die Immobilien- und Bauplanungssprache ist bekannt dafür, allgemeine Vokabeln mit einer speziellen Bedeutung zu belegen. Diese Spezialbedeutungen müssen bekannt sein, um Verwirrung zu vermeiden. Außerdem hat jedes Land die Tendenz, aufgrund von kulturellen und rechtlichen Besonderheiten eine eigene Terminologie zu entwickeln. Von daher könnten direkte Übersetzungen leicht zu Mißverständnissen führen.

Aus diesen Gründen ist ungefähr einem Drittel aller Einträge – denjenigen, die mit einem Sternchen (*) gekennzeichnet sind, außer der direkten Übersetzung – eine Erklärung zugeordnet.

Um das Buch dennoch überschaubar zu machen, sind die Begriffe der Immobilienbranche eng definiert worden. Vokabular aus dem Planungs-, Bau- und Steuerwesen ist daher nicht enthalten, soweit es nicht in unmittelbarem Zusammenhang steht.

PARAGRAAF 1

Doeleinden

Dit boek kan geplaatst worden in het kader van de Europese Eenheidsmarkt en is speciaal gericht op onroerend-goedspecialisten die hierin werkzaam zijn. Ter voorbereiding op de Europese Eenheidsmarkt is de onroerend-goedindustrie met razend tempo aan het europeaniseren, met eventueel een zelfs grotere europese integratie onder het Europese Eenheidsverdrag van Maastricht.

Dit proces is niet het produkt, tenminste niet op korte termijn, van de harmonisatie van procedures en terminologie, maar eerder van het opbouwen van expertise binnen de verschillende nationale systemen en de onderlinge grenzen. Deze gids is gepubliceerd om onroerend-goedspecialisten te helpen bij het ontwikkelen van deze expertise.

Het doel van dit woordenboek is om onroerend-goedspecialisten en eigenlijk iedereen die in de onroerend-goed branch werkzaam is, een woordenboek met vaktermen aan te bieden. Het boek geeft ook een toelichting waar letterlijke vertalingen niet de juiste betekenis hebben, en advies over waar men naar verdere informatie kan zoeken. Het boek kan niet beschouwd worden als een handleiding voor de verschillende landen, al worden bronnen waar deze informatie te vinden is genoemd (zie paragraaf 9).

Er wordt van de gebruikers van dit boek verwacht dat ze de taal van het land waar ze willen opereren kennen, maar hulp zoeken met de specifieke onroerend-goed terminologie die niet in talencursussen of in algemene woordenboeken te vinden is.

Onroerend-goed en planologische terminologie staan er om bekend twee betekenissen te hebben; (a) een vakbetekenis en (b) een algemene betekenis. Om verwarring te voorkomen moet men de vakbetekenis kennen. Bovendien heeft ieder land een eigen manier van zakendoen en die stijl is weerspiegeld in de terminologie die ontleend is aan de culturele zowel als de wettelijke aspecten van de beroepspraktijk in dat land. Letterlijke vertalingen krijgen daarom te snel de verkeerde betekenis.

Om die reden bevat dit boek meer dan uitsluitend een lijst met vertaalde woorden. De woorden waarover eventueel verwarring kan ontstaan – aangeduid met een sterretje (*) – worden om die reden nader toegelicht. Ongeveer één derde van de woorden worden verder besproken.

Om dit boek gemakkelijker in het gebruik te maken is het aantal onroerend-goedtermen in het boek beperkt. Termen uit de planologie, bouwkunde, belasting enzovoort worden niet besproken tenzij ze onontbeerlijk zijn voor de onroerend-goedspecialist of van toepassing zijn op het project ontwikkelingsproces.

SECTION 2

How to use the Dictionary

THE ARRANGEMENT

This guide is in three parts. In order to make part II of the guide as easy to use and as valuable as possible it is divided into three sections:

Section 3: Word Index
Section 4: Translations
Section 5: Notes and Explanations

In section 3, for each language except English, there is an alphabetical list of all words which are translated in section 4.

Section 4 contains the translations. They are arranged in alphabetical order based on the English word, and given an index number.

Section 5 contains more detailed explanations of those words indicated in section 4 by an asterisk (*), where direct translation can be misleading.

THE METHOD

Consider the Dutch word *verdrag*. Look this up in section 3. The Dutch words start on page 67. You will find the index number 270 written beside it.

Now go to section 4, which starts on page 78, and find the number 270 in the left-hand column. If you look across the row to the Dutch column you will find *verdrag*, and the other words in the row are the appropriate translations.

You will notice that this row number has an asterisk placed against it. This means there is a further explanation of the word in section 5. Section 5 begins on page 207. Look up the same index number (270) in this section and you will see what we have to say about the translation problems.

If you wish to translate an English word you can go direct to section 4. To translate a word from a language other than English or Dutch, find the word in section 3 and, using the index number, locate the appropriate row in section 4.

SECTION 2

Instructions pour l'utilisation de ce Guide

AGENCEMENT

Ce guide se compose de trois parties. La seconde partie est divisée en trois sections, afin d'en faciliter l'utilisation et d'en tirer un bénéfice maximum. Il s'agit de:

Section 3 :   Index des Mots
Section 4 :   Traductions
Section 5 :   Notes et Explications

La section 3 comprend une liste alphabétique, dans toutes les langues sauf l'anglais, de tous les mots traduits dans la section 4. La liste des mots francais commence page 45.

La section 4 est réservée aux traductions, classées par ordre alphabétique sur la base des mots anglais. Un numéro de référence leur est attribué.

La section 5 regroup des compléments d'explication pour les mots, indiqués par un astérisque (*) dans la section 4, dont la traduction littérale peut amener à des contresens.

METHODE

Prenez par exemple le mot français 'convention'. Cherchez ce mot dans la section 3 (page 45). Vous trouverez à côté de lui son numéro de référence 270.

Passez maintenant à la section 4, qui commence page 78, et cherchez-y le numéro 270 dans la colonne de gauche. Trouvez, en suivant la rangée de mots, la colonne française et le mot 'convention'. Les autres mots de la rangée en sont les traductions dans les autres langues.

L'astérisque placé à côté du numéro de référence de cette rangée de mots indique qu'il existe une note explicative pour ce mot dans la section 5, qui commence page 207. Cherchez-y le même numéro de référence (270) et vous pourrez lire nos commentaires concernant les difficultés de traduction attachées à ce mot.

Pour traduire un mot anglais, il faut se reporter directement à la section 4. Pour traduire un mot d'une langue autre que le français ou l'anglais, il faut d'abord chercher ce mot dans la section 3, et ensuite, à l'aide du numéro de référence, repérer la rangée appropriée dans la section 4.

SECCION 2

Cómo usar esta Guía

ESTRUCTURA

Esta guía se ha dividido en tres partes. La parte segunda está dividida a su vez en tres secciones para sacar el mejor provecho y facilitar el uso de la misma. Las secciones son las siguientes:

Sección 3: Indice de Palabras
Sección 4: Traducciones
Sección 5: Notas y Explicaciones

En la sección 3 se incluye una lista por orden alfabético de todas las palabras en todos los idiomas, excepto en inglés, traducidas en la sección 4. Las palabras españoles comienzan en la página 35.
   La sección 4 es la que contiene las traducciones. Estas se han dispuesto en orden alfabético basándose en la palabra inglesa y se les ha otorgado un número de índice.
   En la sección 5 se explican detalladamente las palabras marcadas con un asterisco (*) en la sección 4, y cuya traducción literal puede ser errónea.

PROCEDIMIENTO

Por ejemplo, considérese la palabra española 'pacto' búsquela en la sección 3 (página 35). A su lado encontrará el número de índice 270.
   A continuación, vaya a la sección 4 (en la página 78) y busque el número 270 en la columna izquierda. Localice en la columna española la palabra 'pacto', allí encontrará todas las palabras por las que puede ser traducida apropiadamente.
   Note que este número de fila tiene un asterisco situado en frente de él. Esto es debido a que hay una explicación más extensa de la palabra en la sección 5. Si pasa a la sección 5, que empieza en la página 207, y busca de nuevo el número de índice 270, encontrará una explicación sobre los problemas que puede presentar su traducción.
   Si lo que desea es traducir una palabra inglesa, puede ir directamente a la sección 4. Pero para traducir una palabra de un idioma que no sea ni inglés ni español, vaya a la sección 3 y busque la palabra, por medio de su número de índice la podrá localizar en la fila adecuada en la sección 4.

SEZIONE 2

Guida alla consultazione

ORDINAMENTO DEL MATERIALE

Il manuale è diviso in tre parti. Per facilitarne al massimo l'uso e l'applicazione pratica, la Seconda Parte è divisa in tre sezioni:

Sezione 3: Glossario
Sezione 4: Traduzioni
Sezione 5: Note e Spiegazioni

Nella Sezione 3, per ciascuna lingua ad eccezione dell'inglese, viene fornito l'elenco in ordine alfabetico delle parole che saranno tradotte nella Sezione 4. Ogni parola è contrassegnata da un numero indice. L'elenco delle parole italiane comincia a pagina 55.

La Sezione 4 contiene le tabelle delle traduzioni nelle varie lingue, cominciando dalle parole inglesi che sono elencate in ordine alfabetico e contrassegnate da un numero indice.

La Sezione 5 contiene spiegazioni più dettagliate dei termini contrassegnati nella Sezione 4 da un asterisco (*), la cui traduzione letterale può prestarsi ad un'interpretazione errata.

METODO

Prendete, ad esempio, la parola italiana 'convenzione'. Cercatela nella Sezione 3, ricordando che l'elenco dei termini italiani comincia a pagina 55. Accanto alla parola troverete il numero 270.

Adesso andate alla Sezione 4 che comincia a pagina 78. Nella colonna di sinistra cercate il numero 270. In linea con il numero, nella colonna dell'italiano troverete la parola 'convenzione', e nelle altre colonne la traduzione nelle altre lingue.

Noterete che questo numero indice è contrassegnato da un asterisco. Ciò significa che esiste un'ulteriore spiegazione della parola nella Sezione 5. La Sezione 5 comincia a pagina 207. Andate a cercare lo stesso numero indice (270) in questa sezione e vi troverete la discussione dei problemi generati dalla traduzione.

Per tradurre una parola inglese consultate direttamente la Sezione 4. Se la parola da tradurre non è né inglese né italiana, cercatela nella Sezione 3, e usando il numero indice identificate la riga di traduzioni nella Sezione 4.

ABSCHNITT 2

Zur Benutzung des Buches

PRÄSENTATION

Dieses Buch ist in drei Teile aufgeteilt. Um die Benutzung von Teil 2 des Buches so einfach und ergiebig wie möglich zu machen, ist es in drei Abschnitte eingeteilt:

Abschnitt 3: Wortindex
Abschnitt 4: Übersetzungen
Abschnitt 5: Anmerkungen und Erklärungen

Abschnitt 3 enthält für alle Sprachen außer Englisch eine alphabetische Liste der Wörter, die in Abschnitt 4 übersetzt werden. Die deutsche Liste beginnt auf Seite G01.

Abschnitt 4 enthält die Übersetzungen. Diese sind alphabetisch auf Grundlage der englischen Wörter geordnet und mit Indexnummern versehen.

Abschnitt 5 enthält detaillierte Erläuterungen zu den Wörtern, die durch ein Sternchen (*) gekennzeichnet sind und bei denen eine direkte Übersetzung zu Mißverständnissen führen könnte.

DIE METHODE

Nehmen Sie z.B. das Wort 'Vertrag' und schlagen Sie dieses in Abschnitt 3 (Wortindex) nach. Im deutschen Abschnitt, der auf Seite 25 beginnt, finden Sie neben dem gesuchten Wort die Indexnummer 270.

Wenn Sie jetzt zu Abschnitt 4 gehen, der auf Seite 78 beginnt, so finden Sie diese Indexnummer in der linken Spalte. Gehen Sie in dieser Zeile bis zur Spalte 'deutsch', so finden Sie das Wort 'Vertrag' mit den verschiedenen Übersetzungsmöglichkeiten.

Sie werden feststellen, daß diese Zeile mit einem Sternchen gekennzeichnet ist. Das heißt, daß zu diesem Wort weitere Erklärungen in Abschnitt 5 enthalten sind. Abschnitt 5 beginnt auf Seite 207. Suchen Sie nun die gleiche Indexnummer (270) in diesem Abschnitt und lesen Sie die Erläuterungen zu eventuell auftauchenden Übersetzungsproblemen.

Wenn Sie ein englisches Wort übersetzen wollen, können Sie gleich zu Abschnitt 4 gehen. Möchten Sie ein Wort aus einer anderen Sprache als Deutsch oder Englisch übersetzen, suchen Sie dieses in Abschnitt 3 und gehen Sie mit Hilfe der Indexnummer in die entsprechende Zeile in Abschnitt 4.

PARAGRAAF 2

Hoe gebruikt U deze gids?

DE ORDENING

Deze gids bestaat uit drie delen. Om het gebruik van Deel II van deze gids zo gemakkelijk mogelijk en waardevol te maken, is dit deel in drie paragrafen onderverdeeld:

Paragraaf 3: Register van de Woorden
Paragraaf 4: Vertalingen
Paragraaf 5: Notities en Toelichtingen

In paragraaf 3 vindt U – voor elke taal behalve het Engels – een alfabetische lijst van alle woorden die in paragraaf 4 vertaald zijn. Het nederlandse register begint op pagina 67.

Paragraaf 4 geeft U de vertalingen. Ze zijn alfabetisch gerangschikt in het Engels en hebben indexnummers.

Paragraaf 5 geeft U een nadere omschrijving van de woorden die in paragraaf 4 van een sterretje (*) voorzien zijn, aangezien een letterlijke vertaling soms misleidend kan zijn. Omdat Nederland het europese land van de taalkundigen is, is paragraaf 5 alleen in het Duits, Engels, Frans, Italiaans en Spaans.

DE WERKWIJZE AAN DE HAND VAN EEN VOORBEELD

Om de werkwijze uit te leggen gaan we uit van het woord 'verdrag'. Zoek dit woord op in paragraaf 3 (het nederlandse register begint op pagina 67). Het indexnummer 270 dat bij dit woord hoort staat hiernaast vermeld.

Ga nu naar paragraaf 4 (pagina 78). Zoek het indexnummer 270 op in de linker kolom en in de hiermee corresponderende kolom met nederlandse woorden, vindt U dan het woord 'verdrag'. In de overige corresponderende kolommen staan de vertalingen in de andere talen.

Het zal U opvallen dat dit indexnummer voorzien is van een sterretje. Dit houdt in dat dit woord nader wordt toegelicht in paragraaf 5 (die begint op pagina 207). Zoek ditzelfde indexnummer op in paragraaf 5 en daarin treft U opmerkingen aan over mogelijke vertaalproblemen.

Indien U vanuit het Engels wenst te vertalen kunt U direct naar paragraaf 4 gaan. Om een woord te vertalen uit een andere taal dan het Engels of het Nederlands zoekt U dit woord op in paragraaf 3 en met behulp van het indexnummer vindt U de vertaling in de gewenste kolom in paragraaf 4.

PART II
PARTIE II
PARTE SEGUNDA
SECONDA PARTE
TEIL II
DEEL II

NORWICH UNION

OUR MISSION

To develop Norwich Union as a leading provider of insurance and related financial services principally within the European Community. Our priority is to satisfy present and future customers through:

- value for money;
- fair dealing;
- high quality service.

Subject to this, we aim to grow as vigorously as possible.

OUR OFFER

Norwich Union's ultimate holding company is one of the world's largest mutual organizations specializing in insurance and investment. We offer a wide range of insurance and healthcare policies, pension plans and savings products.

In the UK many of our products are market leaders and we are also a leading investor in shares and property. Our business is international with a particular emphasis on Europe.

For almost 200 years our success has been built on providing our customers with security, quality and value. This remains the basis for our business in the future and we believe this should ensure continuing and growing support.

Word Index

Deutsch	25
Español	35
Français	45
Italiano	55
Nederlands	67

DEUTSCH

1A Lage 525*

Abbruch 296
Abfluss 974
abgehängte Decke 400, 1056
Abholmarkt 176*
ablehnen 324
Ablösung 890
Ablösungsrendite 891*
Abmahnung 742
Abrechnungsprinzip 11
Abrechnungszeitraum 10
Abschreibung 159*
Abschreibungsrestwert 301
Absinken eines Gebäudes 973
Abstandssumme 590*
Abtretung 76
Abwägung 240
Abwasser 1133
Abzug 287
akkumulierender Zinssatz 17*
Akte 407
Aktie 975
Aktiengesellschaft (AG) 859*
Aktiva und Passiva 73
aktive Hausverwaltung 23*
Aktivposten 72
aktuelle Kalkulation 273*
aktuelle Rendite 275*
Alleinmakler 387
Amortisationsfonds 987
Anfangskosten 552
Anfangsphase 1017
Anfangsrendite 553*
anfechtbarer Vertrag 1129
Angebot 751
Angebot und Nachfrage 294
Angebotsschreiben 753*
angemessene Miete 398*
angenommene Prämie 291*
angenommener Verkauf 290*
angesehen werden als 289
Anlage 556
Anlagen 44*
Anlagen und Maschinen 809

Anlagevermögen 421
Anlaufkosten 948
Anleger 581
annehmen 528
Annuität von £1 wird
 erwerben 58*
ansässig 338
Anschaffungskosten 516
Anteil pro Pfund 817
anteiliger Pachtzins 466
Anwalt 999*
Anwaltsgebühren 628, 732
anwartschaftlich 936
Anzahlung 340
Arbeitskraft 672
Architekt 67
Arkade 66
Art der Bodennutzung 1110*
Atrium 81*
auf kurze Sicht 980*
Aufforderung 913
aufgelaufene Zinsen 16*
aufgelaufener Zins 945*
auflösende Bedingung 233*
Auflösungsvorgang 121*
Aufriss 615
Aufriss eines Häuserblocks 104*
aufschiebende Bedingung 232*
Aufsicht 1047
Auftrag 207
Aufzug 649
ausdrückliche Vereinbarung 393
Ausführung 388
Ausgaben 764
Ausgleichungsfonds 367*
Ausgleichungsgebühr 89*
Auslandsinvestition 445
ausrüsten 418
Ausschreibung 446*, 1069
Ausschreibungsangebot im
 versiegelten Umschlag 959*
Ausschreibungsunterlagen 1070
Ausschreibungsvorgang 1071
Aussenwände 365
Ausstellungsraum 984

auszahlen 155
Autobahnnetz 708

Ballungsgebiet 257
Barreserve 179
Barwert 180
Basismiete 92*
Bauabnahmeschein 186*
Bauabsprache 128*
Bauantrag 803
Bauarbeiten 245
Baubeschreibung 468, 1005
Bauerlaubnis 137*
Baufälligkeit 322
Baufirma 254, 313
Baufläche 129
Baugenehmigung 141, 805, 808*
Baugenehmigung für ein
 denkmalgeschütztes
 Gebäude 658*
Baugerüst 954
Baugutachten 144
Baugutachter 145*
Bauherr 139
Bauinspektion 134
Baukosten 241
Baukostenindex 142
Baukostensachverständiger 868
Bauland 597
Bauleitung 842
Baumaterial 138
Baupacht 494*
Baupacht (vertrag) 136*
Baupreisindex 242
Baurecht 135
Bauschein 132*
Bauskizzierung 804
Bausperre 130
Bautechnik 244
bautechnische Untersuchung 1031
Bautiefe 146*
Bauträger 307*
Bauträgergewinn(verlust) 308
Bauträgermehrheit 584
Bauträgerrisiko 309

Bauverordnung - eigengenutzt

DEUTSCH

Bauverordnung 143
Bauvertrag 133*, 1092*
Bauvorbescheid 765
Bauvorhaben 686*
Bauvorschriften 131*
Bauzeit 140, 243
Bauzustand 1029
Bauzustandsbeschreibung 955*
beauftragter Makler 929*
Bebauung 310*
Bebauungssperre 317
Bebauungsvorteil 807*
bedingte Baugenehmigung 235*
bedingter Vertrag 234*
Bedingungen 1074
befristeter Mietvertrag 79*
begrenztes Angebot 654
Begünstigter 98
belasten 190
Beleuchtung 650
Beleuchtungsstärke 651
benachbart 249*
Berater 30, 246*
berichtigter Netto-
  Handelsgewinn 27*
Beschlagnahmung 333*
beschränkte Ausschreibung 198*
beschränkte Haftung 652
Beschränkungsklausel 920
Besitz 746, 815
Besitzer 750
Besitztitel 816
Besprechungszimmer 689
Bestätigung und Zusicherung 18*
beste Miete 824*
bestellen 763
bester Mietvertrag 823
Besteuerung 877
Beton 230
bewegliche Güter 709
bewegliches Eigentum 193*
Beweglichkeit 700
Bewertung 1114*
Bewertungsbericht 1117
Bewertungsdatum 279, 1116

Bewertungsmethode 1073*
Bewertungsurkunde 1115*
bewilligte Nutzung 85*
Bezirk 335
Bieter 101
Bilanz 88
bindendes Angebot 416
Blaues Buch 105
Boden 431
Bodenbelastbarkeit 433
Bodenfläche 432
Bodengutachten 994
Bodenkanäle 1098
Bodenplatte 435
Boiler 107
Boom 113
Broschüre 124
Brutto 479
brutto Tilgungsrendite 488*
Bruttobauwert 480
Bruttoeinkommen 484
Bruttofonds 483
Bruttogeschäftsgewinn 490
Bruttogeschossfläche
  481*, 482*, 485*
Bruttogewinn 487
Bruttomiete 489
Bruttomietfläche 486
Bruttowert 491*
Buchführungseintrag 9
Buchgewinn (Verlust) 111
Buchwert 110, 112
Bürge 498
Bürgschaft 408, 1050
Büro 754

Cash-Flow 177
Cash-Flow Analyse 178

Dach 946
Dachgeschoss 82
Dachgesellschaft 517
Dachrinne 500
Dachrinnenhöhe 351*
Dachziegel 1077

Darlehen 661
Darlehen ohne Sicherung 737*
Dauerzustand 794
Decke 182
Defizitfinanzierung 293
Dehnung 390
Dehnungsfuge 391
Dekapitalisierung 283*
Dekoration 285
Delikt 1083
Denkmal 50*
denkmalgeschütztes Gebäude
  657*, 858, 957*
Denkmalschutzgebiet 239*
derzeitige Miete 780*
dezentralisiertes Gebiet 284
die Zeit ist sehr knapp 1079*
Direktverkauf 323
Discountgeschäft 327*
diskontieren 325
diskontierte Cash-Flow-
  Analyse 329*
diskontierte Cash-Flow-
  Rendite 330*
Diskontsatz 90, 326
Diskontsatz (der Bank of
  England) 693
Diskontverzinsung 328*
Doppel 269*
Doppelsatzjahrlicher Käuf 345*
Doppelsatzmethode 343*
Doppelsatztabelle 344*
doppelter Boden 401, 873
Doppelverglasung 339
Dreiphasenstärke 1076
durch schlüssiges Verhalten
  erteilte Vollmacht 33*
Durchschnittsmiete 767
Durchschnittsrendite 374*

Effektenbörse 1026
effektive Fläche 354*
effektiver Zinssatz 355*
Eigenfinanzierung 371
eigengenutzt 773

Eigenkapital - gemischte Büro- und Industrieimmobilie

DEUTSCH

Eigenkapital 370
Eigenschaft 404
Eigentum 3*, 774
Eigentümer 772
Eigentumserwerb 7
Eigentumsrecht 406*
Eigentumsurkunde 594*
Eigentumsurkunden 1081
Einbauarbeiten 419
Einbauten 427
einfache Methode 986*
Einfuhr 533
Eingang (zu einem Gebäude) 6
eingeschlossene
 Wachstumsrate 532
eingetragener Grundbesitz 895*
Eingriff 358*
Einheitstrustgewinn 1104*
Einheitswert 1062*
Einkaufslage 798
Einkaufszentrum 978*, 979
Einkommensteuer 536
Einrichtungsgegenstände 420
einseitig verpflichtender
 Vertrag 1101*
Einzelhandel 921, 925
Einzelhandelsgeschäft 540
Einzelhandelsimmobilie 924
Einzelhandelspreis 922
Einzelhandelspreisindex 923
Einzelhandelsumsatz 926
Einzelhändler 928
Einzelheiten 776
Einzugsgebiet 181*
elektrische Anlagen 356
Endwert von £1 48*
Energieverwaltung 360
Enteignung 224*
Enteignungsbeschluss 225*
Entschädigung 216, 538
Entwertung 306
Entwicklungsrendite 321*
Entwurf 701
Entwurfs- und
 Ausführungsvertrag 305*

Erbschaftssteuer 380*
Erdgeschoss 492
erhoffte Wertsteigerung 518*
Erholungsgebiet 631
Erlaubnis 644*
Erneuerungsfonds 901*
Erschliessungsauftrag 314
Erschliessungsaufwand 316
Erschliessungskontrolle 315*
erstklassige Immobilie 827*
erstklassige Rendite 829*
erstklassiger Handelsplatz 828
erteilen 477
Ertragswertverfahren 13*
Erwerb 20
Erwerb des Volleigentums 623*
erwerben 19
Etagenwohnung 428
Europäische
 Wirtschaftsgemeinschaft
 (EWG) 383
Expose 953

Fabrik 397
Fachgeschäft 1004
Fahrbahn 174
Fallrecht 175*
Fassade 357, 394
Fast-Food Restaurant 402
Fehlbetrag 983*
Fenster 1138
Fernheizung 336
Fertigstellung 219*
Fertigstellungserklärung 221
Fertigstellungstermin 220
feste Parität 423
Festmiete 425*
Festpreisvertrag 424
feststehende Belastung 422*
Feststellung 70
festverzinslich 426
Feuererkennungssystem 412
feuerresistente Konstruktion 415
Feuerschein 411
Feuerversicherung 414

Finanz-Leasing-Vertrag 409
finanzieren 459
Finanzierungsmethode 1058*
Fläche 68
Flächenbewertungsmethode
 1151*
Flächennutzungsplan
 318*, 1034*, 1152*
fliessende Belastung 430*
Fluchtweg 413
Fluktuation 437
Flur 263
Fonds 460
Fonds für Kapitalanlagen in
 Grundbesitz 848*
Forderungen 15
Fortdauer 795
Franchising 452
Freibetrag 41*
freie Marktwirtschaft 832
Fundament 451
Fusion 690
Fussweg 439

Garage 462
Garantie 499, 1132*
Garten 463
Gasheizung 464
Gebäude 127, 820
Gebäude mit Service 971*
Gebühr 405
Gebühren 191*
geeignetes Abkommen 866*
Gegenprämie 933*
gegenwärtiger Nutzungswert 389*
gegenwärtiger Wert 825
Gelbes Buch 1146*
Geldmarkt 704
Gemeinkosten 470
gemeinsame Grenzmauer 779
gemeinsame Teile 211
gemeinsamer Grundbesitz 835*
Gemeinschaftsfläche 208*
gemischte Büro- und
 Industrieimmobilie 698

genehmigte Bebauung - Immobilien

DEUTSCH

genehmigte Bebauung 84*, 792
genehmigte Nutzung 793*
Genehmigung 238
Generalunternehmer 469
Gerät 61
Gerichtsvollzieher 87*
Gesamtentwicklungsgebiet 223*
Gesamthandeigentum 586
Gesamthandeigentümer 585
Gesamthandgemeinschaft 210*
Gesamtrendite 1084*
gesamtschuldnerische
 Verpflichtung 583*
Geschäftsbücher 12
Geschäftsjahr 410, 417
Geschäftskosten 148
Geschäftsräume 147, 151*
Geschäftszentrum 205
Geschoss 641
Geschossflächenzahl (GFZ)
 297, 811*
Gesellschaft 212
Gesellschaft mit beschränkter
 Haftung (GmbH) 831
Gesetzesrecht 1018
gesetzliche Hypothek 629
gesetzliche Rechtsmittel 630
gesetzlicher Schadenersatz 1019
gesicherte Anleihe 960
gesicherte Miete 961
gesicherter Mietvertrag 962
gesichertes Mietverhältnis 80*
gewährleisten 497
Gewerbe Park 150*
Gewerbefläche 152*
gewerblicher Mietvertrag 149
gewerbliches
 Mietverhältnis 153*
Gewinn- und Verlustrechnung 838
Gewinnrendite 349*
Gewinnschwellenanalyse 119
Gewinnspannevertrag 268*
Gewohnheitsrecht 209*, 377*
Gips 810
Glass 471

gleichlaufender
 Mietvertrag 231*
gleichwertige jährliche
 Kosten 373
Goad-Plan 473*
Goodwill 474*
Grenze 114
Grenzrendite 679*
Grenzsatz 678
grobe Fahrlässigkeit 837*
Grosshandel 927*, 1136, 1137
Grossraum-Büro 759
Grossraumbüro 758
Grund- und
 Gebäudeobligation 846*
Grundbesitz 1072
Grundbesitzer 598
Grundbuch 600, 853
Grundbuchamt 602
Grundbuchauszug 4*
Grundbucheintragung 601
Grunddienstbarkeit 350*, 942
Grundeigentum 453
Grundeigentümer 454
gründen 450
Grunderwerbssteuer 855, 1015*
Grundflächenzahl (GRZ) 991*
Grundmiete 702*
Grundriss 434
Grundsteuer 604, 876
Grundstück 988
Grundstücksbelastung 595
Grundstückseigentümer bei
 Verpachtung 493
Grundstücksfinanzierungskosten
 992
Grundstücksgrösse 989
Grundstückskapitalanlagegesellschaft
 856*
Grundstückskosten 990
Grundstücksplan 993
Grundstückspreis 599
Grundstücksrecht 770*
Grundstücksrechtstitel 867*
Grundstücksreserven 606*

Grundstücksvermögensverwaltung
 852*
Grundstückswert 605, 995
Grundwert 93
Gutachten 64, 1054
Gutachter 1121*
gute Einkaufslage 711*

halbjährlich 501
Handelsbeschränkung 919
Handelsbrauch 276
Handelsgewinn 1087
Handelsregister 206
Hardcore-methode 502*
Hardcore-miete 503
Hauptgewerbe 592
Hauptmiete 506
Hauptmieter 591*
Hauptmieter, der andere Mieter
 anzieht 49*, 668
Hauptmietvertrag 504
Hauptnutzung 826
Hauptpunkte 508*
Hauptverwaltung 505
Hausbesetzer 1013
Heimwerkergeschäft 337
Heizkörper 872
Heizung 509
Hektar 511
Herkunft und Investition von
 finanziellen Mitteln 1000
herrenlose Sache 303
Hi-Tech Gebäude 512*
Hintereingang 882
höchstmögliche Miete 99*
höhere Gewalt 22*
Holzbinderkonstruktion 1078
Hypothek 705
Hypothekengläubiger 706
Hypothekenschuldner 707
hypothetisches
 Mietverhältnis 529

Immobiliarvermögen 880
Immobilien 843, 879

DEUTSCH

Immobilienberater 1055*
Immobilienbüro 379
Immobiliengesellschaft 847
Immobiliengutachter 857
Immobilieninvestmentfonds 849*
Immobilienmakler 844
Immobilienmanagement 396*
Immobilienverwalter 851
Immobilienverwaltung 845, 850
indexgebundene Miete 543
Indexierung 541
Indexierungszugabe 542
Indossament 359
Industrie- und Handelskammer 188*
Industriegebäude 544
Industriegebiet 545
Industriegrundstück 546
Industrieimmobilien 547
Inflationsrate 548
Infrastruktur 550
Ingenieur 362
Innenarchitekt 566
Innenstadt 341
innere Rendite 567*, 727*
innerlich 569
Insolvenz 555
Instandhaltung 669
Instandhaltungskosten 670
institutioneller Anleger 558*
Inventar des Vermieters 608
investieren 570
Investitionsaufwand 161
Investment-Trust 577*
Investmentfonds mit veränderlichem Portefeuille 673*
Investmentgesellschaft 573*
Investmenttrust-Gesellschaft 578
Isolierung 559

Jahresabschluss 52
Jahresäquivalent 53*
Jahresertrag 57*
Jahresprämie 55
jährlicher Mieter 1144
jährlicher Prozentsatz 54*
jährlicher Schuldentilgungsfonds 56*
jährliches Mietverhältnis 1143
jetziger Gebrauchswert 274*
Joint Venture 588

Kabelkanäle 791
Kanal 346
Kanäle 1090*
Kanalisation 342
Kapitalanlage 572, 576
Kapitalanlagegesellschaft 1102
Kapitalanlagemarkt 574
Kapitalanlagemethode 575*
Kapitalanlagerendite 580*
Kapitalanlagewert 579
Kapitalertrag 931
Kapitalertragssteuer 163
kapitalisieren 172
Kapitalisierung 169*
Kapitalisierungsrate 171*
Kapitalreserve 166
Kapitalverbesserung 164*
Kapitalverlust 165
Kapitalwert 168
Kataster 157*
Katasterbeamter 603
Kauf 863
kaufen 154
Käufermarkt 156*
Kaufhaus 298
Kaufkraft 865
Kaufvertrag 252*, 833, 864
Kaution 299
Kerngebiet 184*
Klimaanlage 37
Kommanditgesellschaft 653
Kondominium 237*
Konferenzzentrum 259
Konkursverwalter 884
kontaminiertes Gelände 248

kontrolliertes Mietverhältnis 256*
Konzession 226
Konzessionsinhaber 228
Konzessionsmiete 227*
Körperschaft 261
Körperschaftssteuer 262
Kostenanalyse 264
Kostenberater 265
Kostenregister 192*
Kostenvoranschlag 870
Kreditor 271
Küche 593
Kunde 277
Kündigung 743, 744
Kündigungsklausel 118*
kurzfristig 981
kurzfristiges Darlehen 158*

Ladenkette 187*
Ladenlokal 665, 977
Lage 663, 996
Lageplan 664
Lagerhalle 1131
Lagerraum 1027
Landschaftsarchitektur 610*
laufende Rendite 947
Laufzeit 347
Leasing-Gesellschaft 627
Lebenshaltungskosten 266
lebenslänglicher Niessbrauch 648
leer übergeben 1113*
Leerstandsdauer 1128
leerstehender Raum 1112
legitimer Gebrauch 614
Leistungsverzeichnis 103
Leuchtstoffröhren 438
lichte Höhe 183, 195*, 507
Lieferant 1048
Lieferung 1049
Liegenschaftssteuer 854
lineare Abschreibung 1028*
Liquidationswert 655
Liquidität 656

Lizenzgeber - Pfandrecht

DEUTSCH

Lizenzgeber 646
Lizenznehmer 645
Luftvermessung 31*
Luxusgeschäft 514

Maisonettewohnung 671
Makler 34, 125
Makler mit Alleinauftrag 998
Maklerbüro 32
Maklergebühr 126
Maklermehrheit 582*
Mandant 197
Mangel 982
Mängelaufstellung 956
Markt 680
Marktforschung 682, 684
Marktmiete 871*
Marktpreis 681
Marktwert 757*
Marmor 677
materielle Erwägung 685*
materieller Eigentumsanspruch 95
mechanisches
  Ventilationssystem 687
Mehrwert 24
Mehrwertsteuer (MwSt) 1119
Melioration 100*
Messverfahrensregeln 201*
Mietangaben 639
Mietanpassung an
  Marktmiete 756*
Mietbefreiungsklausel 905*
Mietbesitz 1064
Miete 456, 748, 903
Mietenausgleich 368*
Mieter 632, 1066
Mieterhöhung 1107
Mietermix 1067
Mieterschutz 964
Mietertrag 910
Mietfläche 635*
mietfreie Zeit 906
Mietgewinn 839*
Mietobjekt 295*
Mietpreisniveau 907

Mietregister 909*
Mietrückstand 69
Mietvereinbarung 36*
Mietvertrag 618, 1065*
Mietvertrag mit
  Eigenkapital 372*
Mietvertrag mit
  Instandsetzungs- und
  Versicherungsklauseln 458*
Mietvertrag mit
  Instandsetzungsklausel 568*
Mietvertrag mit
  Umsatzklausel 1094*
Mietvertragsverlängerung 620
Mietwert 457*, 640*, 911*
mindern 304
Minoritätsanteile 694
Mischentwicklung 697
Mischgebrauch 699
Missachtung 332*
Miteigentum 587
Miteigentümer 200
Möbel 461
Modernisierung 703
Morgen 21
Multiplikator 1145*

Nachlässigkeit 714
Nebenabmachung 202*
Nebenkosten 970*
Negativwert 713*
Nennpreis 734
Nennwert 395, 735
netto 717
netto-vermietbare Fläche 724
Nettobetrag 718
Nettobuchwert 720*
Nettoeinkommen 722
Nettoertrag 730*
Nettogeschäftsfläche 728
Nettoinnenfläche 723
Nettonutzfläche 719, 721
Nettotageswert 725*
Nettotageswert-Methode 726
Nettoverkaufsfläche 729*

Neubewertung 932
Neuerung 554
Neuverhandlung 898
Neuverhandlung des
  Mietvertrags 619
Neuwert 1120
nicht offiziell notiert 740
nicht vertragsgemässer
  Gebrauch 736*
Nichterfüllung 292
nichtiger Vertrag 1127
nominell 733
normale
  Abnutzungserscheinungen 738
Notar 741*
Nutzung 1109
Nutzungsänderung 189*
Nutzungsberechtigter 96
Nutzungsentgelt 495*
Nutzungsklausel 1111*

obere Schicht 1082*
Obligation 108, 280
offene Ausschreibung 549
offene Mietanpassung 1106
offensichtlicher Mangel 781*
öffentliche Hand 862
ohne Voreingenommenheit
  1139
Ölzentralheizung 755
Opportunitätskosten 761
Option 762

Pacht 622*
Pacht zur Eigennutzung 749
Pächter 626
Pachtwert 624*, 625
Parkplatzkoeffizient 173
Partnerfirma 78
Parzelle 667
Pensionsfonds 784
Personengesellschaft
  (OHG) 778
persönliches Eigentum 796
Pfandrecht 647*

DEUTSCH

Pfund 1024
Plan 799
Planung 801
Planungsrevision 802*
Portefeuille 813
Prämie 821
Preisvorstellung 71
pro Jahr 786
pro Monat 788
Produktionsmöglichkeiten 836
Projekt 841
Prozent 787
prozentuale Mietabgabe 789
Public Private Partnership (PPP) 860
Public Relations 861

Quadratfuss 1011
Quadratmeter 1012
qualifiziert 217
Quartalstag 869*

Ratenzahlung 557
Raumhöhe 436
Rauminhalt 272
rechtshemmender Einwand 382*
Rechtsmissbrauch 5
Rechtsnachfolger 75
Rechtsprechung 589
Rechtsverordnung 1020*
Register für Grundstücksbelastungen 596
registriertes (börsenfähiges) Unternehmen 659*
reguliertes Mietverhältnis 896*
Reinschrift 363
Rendite 40*, 319, 429*, 537*, 768*, 875, 930, 934*, 1147*
Renditenausgleich 369*
Renovierung 894, 899, 902, 918
Rentabilität 840
Rentabilitätsberechnung 63*, 1125
Rentabilitätsgrenze 120
Reparaturen an der Bausubstanz 1030

Reservenkapitalisierung 170*
Restbuchwert 300*
Restwert 917*
Reversion 935*
Reversionsinvestment 937*
Reversionsrendite 938*, 939*
Revision 60*
Rezeption 885
Risikokapital 944, 1124
Rohbauland 478*
Rohkonstruktion 976*
Rohstoff 878
Rolltreppe 375
Rotes Buch 888
Rücklagen 914*

Sachverständigengutachten 392
Sanierung 892
Sanierungsklausel 893*
Satellitenstadt 731*
Säule 204
Schaden 278
Schätzung 381
Schenkungs-und Erbschaftssteuer 167
Schiedsgerichtsverfahren 65*
Schiefer 997
Schlichtung 972
Schlusstag 199
Schönheitsreparaturen 286*
schriftliche Zustimmung 1142
Schulden 642
Schuldner 282
Schuldschein 281
schwebend unwirksamer Vertrag 1096
Schwerindustrie 510
Selbstkostenpreis 267
Sendschreiben 696
Senkung 1042
Sensitivitätsanalyse 969*
Sicherheit 963
Sicherungsgegenstand 203
Skelettbaukonstruktion 812
Sonderkäufer 1001*

Sondervergütung 109
Spekulation 1006
Spekulationsgeschäft 1009*
Spekulationsobjekt 1007*
spekulative Finanzierung 1008*
spezialisierte Immobilie 1002
spezialisiertes Einkaufszentrum 1003
Spitzenwert 1150
Spitzenzone 1149*
Sprinklersystem 1010
staatliche Monopolisten 1021*
Staatsanleihe 475
Städtesanierung 1108
Stadtmitte 194
Stadtplan 676
Stadtplaner 800
Stadtplanung 1085*, 1086
Stadtrand 766
Stadtverwaltung 662
Stahl 1022
Stahlbaukonstruktion 1023
Standardladenlokal 1016*
steigende Miete 943*
Steuer 1060
Steuerausgleich 1061
stille Reserve 513
stillschweigende Vereinbarung 531
Strafe 783
Strafmiete 782*
Strassenfront 455
Struktur 1033
Substitutionsgüter 215*
Subunternehmervertrag 1037
Subvention 1043
Supermarkt 1046
symbolische Miete 785*

tatsächlicher Kapitalwert 353*
Technologiepark 1063
Teilbaugenehmigung 775
Telefonzentrale 1057
Terminverkauf 449
tilgen 889

DEUTSCH

Tilgungsplan 46
Tilgungsrate 45*
Tilgungszeit 47*
Time-Sharing 1080
tragende Wand 660, 1032
Träger 797
Transaktion 1088
Treppe 1014
Trust 1091*

Überproduktion 769
Überprüfung der Miethöhe 908*
übertragen 74*
Übertragung 38*, 260*
Übertragungsklausel 39*
Übertragungsurkunde 288*
übliche Abnutzung 399*
Umbau 42
Umbauwert 320*
Umgestaltungsinstruktionen 312*
Umsatz 1093
Umsatzrate 1095
umweltschädigend 366
umziehen 710
unabhängiger Sachverständiger 539
unanwendbar 739
unbefugtes Betreten 1089*
unbelastet 1100
unbeschränktes Eigentum 2*
unbeweglich 530*
unbillige Erhöhung des Kaufpreises 465*
uneingeschränktes Recht 196*
ungesicherter Pachtzins 1105*
ungültig 1126
Unitisation 1103*
unrechtmässiger Besitz 28*
Untergeschoss 94
Unterhaltskosten 747
Unterkunft 8
Untermiete 1099
Untermieter 1040, 1044
Untermietvertrag 1039*

Unternehmenszone 364*
Unterschätzung 1097
unterschreiben 985
Untersuchung 571
Untervermietung 1036
Untervertreter 1035
Urteil 26*

variable Miete 1122
Veralterung 745
Veräusserung 331
Veräusserungsgewinn 162
Veräusserungswert 881
Verbesserung 534
Verbesserungen durch den Mieter 1068
Verbindlichkeit 643
Verbindlichkeiten 14
Verbrauchermarkt 526
Verbrauchsgüter 247
Verdrehung 695
Vereinbarung (schriftlich) 35*
Verglasung 472
Vergleichsmietenprinzip 214*
Vergleichsobjekte 213*
Verhältnis zwischen Eigenkapital, Obligationen, Vorzugsaktien 467
verhandeln 91
Verhandlungen 715
Verhandlungsführer 716
Verkauf 949
Verkauf mit Rückmiete 950*
Verkauf und Rückvermietung 621
verkaufen 965
Verkäufer 966, 1123
Verkäufermarkt 967
Verkaufsangebot 752
Verkaufsbedingungen 236
Verkaufsfläche 952
Verkaufspreis 968
Verkehrswert 683
Verletzung der Gewährleistungspflicht 117*

Verlust 666
vermieten 515, 617, 634, 904
Vermieter 607, 633
Vermietung 636
Vermietungsmarkt 638
Vermietungsprospekt 637
vermitteln 688
Vermögensmasse 378
Vermögenszuwachs 160*
Verpachtung 616*
verpfänden 527
Versicherungsgesellschaft 560
Versicherungsprämie 562, 822
Versicherungsvertrag 561
Versicherungswert 563
versteckter Mangel 551, 612
versteckter Schaden 611
versteckter Wert 613
Versteigerung 83*, 951
Verteilung 334
Vertrag 250
vertragliches Mietverhältnis 255*
Vertragsabrede 1*, 270*
Vertragsabschluss 229, 385
Vertragsanzahlung 251*
Vertragsbeziehung 834*
Vertragserfüllungsgarantie 790*
Vertragsobligation 814
Vertragspreis 253
Vertragsurkunde 376*
Vertragsverlängerung 900
Vertragsverletzung 116
Verwahrer 86
Verwalter 675
Verwaltung 674
Verwaltungsrat 106
Verzicht 1051, 1130
verzichten 1052
Verzichtsklausel 1053
Volkseinkommen 712
vom Vermieter durchgeführte Reparaturen 609
Vorausfinanzierungsabsprache 448
Voraussage 443

DEUTSCH

Vorausvertrag 447*
vorbehaltlich des
 Vertragsabschlusses 1038
Vorkaufsrecht 819*
Vorlage 1041
Vorort 1045
vorrangiger Mietvertrag 771
Vorrangsrendite 830*
Vorvermietung 818

Wachstumsrate 496
Waren des täglichen
 Gebrauchs 258
Wärmeisolierung 1075
Warmmiete 535*
Warmwasserversorgung 1134
Wechsel 102
Wechselkurs 386
Werbemittel 29
Werkstatt 1141
Wert 1118
Wert bei alternativer Nutzung 43*
Wertpapierbörse 1025*
Wertsteigerung durch
 Nutzungsänderung 806*
Wertverminderung 302

Wettbewerbsklausel 218
wiederaufbauen 886
Wiederaufbauungsklausel 883*
wiedererlangen 887
Wiederherstellung 897
Wiederherstellungskosten 912
Wiederrufungsaufforderung 940*
wirksam 760
wirtschaftliche
 Nutzungsdauer 352
wirtschaftlicher Eigentümer 97*
Wirtschaftlichkeitsanalyse 311
Wirtschaftlichkeitsberechnung
 403
Wissenschaftspark 958*
wöchentliches (monatliches)
 Mietverhältnis 1135
Wohnamt 520*
Wohnbezirk 916
Wohnsiedlung 522
Wohnsitz 915
Wohnung 59, 348
Wohnungsgenossenschaft
 519*, 521*, 524*
Wohnungsmarkt 523
Work-Station 1140

Zedent 77
Zentralheizung 185
Ziegelstein 122
Zieltilgungsrendite 1059*
Zinsen 564
Zinseszins 222
Zinssatz 874
Zone 1148*
zu verkaufen 440
zur Räumung zwingen 384
zusätzliche Miete 25*
zusätzlicher Raum 51
Zuschuss 476
Zuteilung 62*
Zutrittsrecht 941
Zwangsversteigerung 441
Zwangsversteigerungswert 442*
Zwangsvollstreckung 444
Zwangsvollstreckungsbescheid
 361*
Zweigstelle 115
Zwischenbilanz 565
Zwischenertrag 691*
Zwischenfinanzierung 123*
Zwischenstockwerk 692
Zwischenwand 777

ESPAÑOL

a corto plazo 980*, 981
abandonado 303
abuso de ley 5
acceso 6
acceso de trasero 882
acción 975
acero 1022
acre 21
acreedor 271
acreedor hipotecario 706
activo 72
activo fijo 421
activo y pasivo 73
acuerdo 972
acuerdo colateral 202*
acuse de recibo y garantía 18*
adjudicación 26*
administrador 87*
adquirir 19
adquisición 20
advenimiento 7
agencia 32
agencia inmobiliaria 379
agencia por desestimación de una demanda 33*
agente 34
agente administrativo 675
agente de negocios 125
agente exclusivo 998
agente inmobiliario 844
agente inmobiliario único 387
agente retenido 929*
agravio 1083
aguas residuales 1133
aire acondicionado 37
al año 786
al mes 788
al por mayor 1136
alcantarilla 974
alcantarillado 342
alienación 38*
almacén 1131
almacén de venta al por menor 927*
almacenaje 1027

alojamiento comercial 147
alojamiento con algunos servicios 971*
alquilar 515, 617, 634, 904
alquiler 616*, 749, 903, 1064
alquiler calculado como un porcentaje de los ingresos totales 789
alquiler de álza 943*
alquiler de base 92*
alquiler de terreno no garantizado 1105*
alquiler del terreno por un contrato prolongado 702*
alquiler excesivo 824*
alquiler garantizado 961
alquiler máximo 871*
alquiler mejor 99*
alquiler nominal 785*
alquiler por la vida 648
alquiler total 767
alquiler variable 1122
alquileres 636
altura de alero 351*
altura del techo 183, 436
altura libre de techo 195*
alzado 357
amortización 890
amortizar 889
análisis de costes 264
análisis de punto de equilibrio 119
análisis de sensibilidad 969*
análisis del flujo de caja 178
análisis del flujo de caja descontado 329*
andamio 954
año económico 410
año fiscal 417
anualidad 55
anualidad con £1 se puede comprar 58*
anulado 1126
apalancamiento 467
apartamento 59, 428

apelación 60*
apreciación de la promoción 311
arbitraje 65*
archivo 407
área 68
área arrendable 635*
área bruta alquilable 486
área común 208*
área de conservación 239*
área de construcción 129
área de empresa 364*
área de urbanización comprensiva 223*
área de ventas 952
área neta 719
área para el tiempo libre 631
área total 432, 721
área total alquilable 724
área total de venta 729*
armazón de hormigón (esqueleto de madera/acero) 976*
arquitecto 67
arrendador 633
arrendamiento 622*
arrendamiento bruto 489, 535*
arrendamiento comercial 149
arrendamiento concurrente 231*
arrendamiento conjunto 587
arrendamiento de construcción 136*
arrendamiento fijo 425*
arrendamiento garantizado 962
arrendamiento hipotético 529
arrendamiento principal 506
arrendamiento que inclue obligaciones de reparaciones 458*
arrendamiento regulado 896*
arrendamiento sobre facturación 1094*
arrendatario 626, 632
arriendo anual 1143
arriendo asegurado de breve duración 79*

ESPAÑOL

arriendo calculado 466
arriendo con la posibilidad de participar en los beneficios 372*
arriendo contractual 255*
arriendo semanal 1135
artículos de primera necesidad 258
ascensor 649
asesor 30
asignar 74*
asociación de viviendas 519*
ático 82
atrasos (de alquiler) 69
atrio 81*
autoridad local 662
autorización de modificar un edificio declarado de interés histórico 658*
aviso 744
ayuntamiento de la vivienda 521*

bajo oferta 1096
balance 88
baldosa 1077
banco agrícola 606*
banco fideicomisario de inversión 578
barrio 335
barrio de vivientas 522
base depreciado del costo de reposición 300*
beneficiario 98
beneficio comercial 1087
beneficio (pérdida) del promotor 308
beneficios intermedios 691*
beneficios sobre capital 162
bienes de comparación 215*
bienes de consumo 247
bienes inmuebles 879
bienes muebles 193*
bienes raíces 880
bloque 435

boceto de licencia 765
bolsa 1025*
bonanza 113
bonificación juzgada 291*
bricolaje 337
bruto 479

caldera 107
calefacción 509
calefacción central 185
calefacción central de fuel-oil 755
calefacción central de gas 464
calefacción centralizada 336
cambio de uso 189*
Cámira de Comercio e Industria 188*
canalización perimetral 791
canalización por el subsuelo 1098
canalón 500
capacidad cúbica 272
capital de riesgo 944, 1124
capital social 370
capitalización 169*
capitalización de reservas 170*
capitalizar 172
característica 404
carga territorial 595
cargar 190
carretera de doble calzada 174
carta de oferta 753*
cartera 813
casita 671
caso de fuerza mayor 22*
catastro 157*
ceder 1052
cédula hipotecaria 846*
centralita 1057
centro comercial 205, 978*, 979
centro comercial especializado 1003
centro de convenciones 259
centro de la ciudad 194
centros de negocios 150*

certificado de finalización de la obra 186*
certificado de seguridad contra incendios 411
certificado de valorción 1115*
certificado del terreno 594*
certificados de deuda 281
cesión 76, 1051
cesión estimada 290*
cesionario 75
cesionista 77
ciudad nueva 731*
clasificación de usuario 1110*
cláusula de alienación 39*
cláusula de cesión 1053
cláusula de competencia 218
cláusula de desarrollo 893*
cláusula de la cesión de arriendo 905*
cláusula de reconstrucción 883*
cláusula de salvaguarda 118*
cláusula de usuario 1111*
cliente 197, 277
co-agentes 582*
cocina 593
código de las normas de medición 201*
columna 204
comerciante 928
comerciante clave 592
comercio al por mayor 1137
comercio al por menor 921, 925
comisión 207
comisión de tanto por libra esterlina 817
comodidades 44*
compañía arrendataria 627
compañía asociada 78
compañía cotizada en bolsa 659*
compañía de seguros 560
compañía inversionista 573*
compañía mancomunada de promoción 584

ESPAÑOL

Compañía privada de responsabilidad limitada 831
compañía tenedora (holding) 517
comparables 213*
compensación 216
competente 217
compra 863
compra y alquiler al vendedor 621
comprador particular 1001*
comprar 154
comprar la parte de (un socio) 155
comprobación 70
compromiso de venta 385
Comunidad Económica Europea (CEE) 383
conceder 477
concesión 226, 476
concesionario 228
conclusión del contrato 229
condición previa 232*
condiciones 1074
condiciones de venta 236
condominio 237*
conducto 346
confección 615
confianza 1091*
consejo de administración 106
consentimiento 238
consentimiento escrito 1142
consideración 240
consideración material 685*
consolidación en fecha futura 448
construcción con perfiles de acero 1023
construcción con resistencia a los incendios 415
construcción industrial 544
consultor 246*
consultor de coste 265
contabilidad de costos corrientes 273*

contiguo 249*
contraparte 269*
contratista 254, 469
contrato 35*, 250
contrato a precio fijo 424
contrato anulable 1129
contrato con salvedades 866*
contrato condicional 234*
contrato de arrendamiento 36*, 618, 1065*
contrato de arrendamiento financiero 409
contrato de arrendamiento principal 504, 771
contrato de arrendamiento que obliga el propietario a hacer las obras 568*
contrato de compra 864
contrato de coste más honorarios 268*
contrato de la promoción 314
contrato de obras 133*
contrato de proyecto y construcción 305*
contrato de renta 494*
contrato de seguros 561
contrato en venta 252*
contrato llave en mano 1092*
contrato no válido 1127
contrato privado 833
contrato unilateral 1101*
control de la promoción 315*
controlador de costes de construcción de un edificio 868
conurbación 257
convenio absoluto 1*
convenio de construcción 128*
convenio explícito 393
convenio positivo 814
copropiedad 586
copropietario 200, 585
corporación 261
corredor 263
corretaje 126

coste anual equivalente 373
coste contable 110
coste de la vida 266
coste de ocupación 747
coste de oportunidad 761
coste fijo 422*
coste flotante 430*
costes 191*
costes de construcción 241
costes de mantenimiento 670
costo inicial 516
cotización 870
crédito provisional 123*
cristal 471
cuaderno de exámenes 105
cuadro de amortización 46
cubicación de obra 103
Cuenta de Pérdidas y Ganancias 838
cuentas 12
cuentas a pagar 14
cuentas a recibir 15
cuentas anuales 52

daño latente 611
daños 278
de pago al contado sin entrega a domicilio 176*
declaración de finalización de obras 221
decoración 285
decorador de interiores 566
deducción 287
defecto inherente en la construcción 551
defecto latente 612
defecto patente 781*
déficit 983*
demolición 296
densidad 297
depositario 86
depósito de garantía 251*
depreciación 302
depreciación en línea recta 1028*

ESPAÑOL

derecho común 209*
derecho condicionado 867*
derecho de acceso 941
derecho de ocupar 816
derecho de paso 942
derecho de servidumbre 350*
derecho preferente de compra 819*
derogar 304
desahuciar 384
descapitalización 283*
desconocer 324
descontar 325
descripción general de la construcción 468
descuento por la revalorización con referencia 542
desgaste natural 738
desgravación sobre bienes de capital 159*
desocupado 1112
detalles 776
detalles de venta 953
detalles del arrendamiento 639
deudor 282
devaluación 306
día en que se paga un trimestre 869*
dilapidación 322
dirección 674
dirección de energía 360
dirección del proyecto 842
directores de pompás fúnebres estatutarios 1021*
disposición 331
distribución 334
distrito central de negocios 184*
diversidad de negocios 1067
doble acristalamiento 339
doctrina de tiempo esencial 1079*
documento de oferta 1070
domiciliado 338
duración 347

edificio 127
edificio declarado de interés histórico-artístico 657*
edificio inteligente 512*
edificio protegido 858
edificios 820
ejecución de una hipoteca 444
ejercicio contable 10
el que se establece como propietario sin título o adquirirlo 1013
emancipación del arrendamiento 623*
embargar 333*
emplazamiento de edificio 973
empleo autorizado 793*
empleo principal 826
empresa 212
empresa de la promoción 313
empresa en común 588
empréstito 661
empréstito del Estado 475
empréstito sin la posibilidad de recurrir 737*
en el centro de la ciudad 341
endoso 359
ensanche 686*
entrar sin derecho 1089*
envolvente 365
equipar 418
equiparación de impuestos 1061
equivalente anual 53*
escalera mecánica 375
escaleras 1014
escasez 982
escritura 288*
escritura de título 1081
espacio abierto 759
espacio útil al por menor 728
especificación 1005
especulación 1006
establecimiento deficitario 295*
estado estructural 1029
estatuto secundario de construcción 131*

esterlina 1024
estructura 1033
estudio 1054
estudio aéreo 31*
estudio de viabilidad 403, 1125
evaluación 63*
exceso de producción 769
exceso de rendimiento sobre la deuda 934*
expansión 390
experto independiente 539
extracto financiero provisional 565
extraer 1058*

fábrica 397
fachada 394, 455
falso suelo 873
falso techo 400, 1056
falta 292
fase iniziale 1017
fecha de la valorción 279, 1116
fiador 1050
fianza 299
fideicomisario de inversiónes 577*
fideicomisario de la inversión inmobiliaria 849*
fideicomisario de viviendas 524*
filial 115
financiación de capital 371
financiación del terreno 992
financiación especulativa 1008*
financiamiento deficitario 293
financiar 459
finanza bancaria 408
finca 378
firmar 985
fluctuación del mercado 437
flujo de caja 177
folleto 124
folleto de arrendamiento 637
fondo de amortización 987
fondo de amortización anual 56*

ESPAÑOL

fondo de comercio 474*
fondo de compensación 367*
fondo de inversión inmobiliaria 848*, 856*
fondo de inversión mobiliaria 1102
fondo de pensiones 784
fondo de reposición 901*
fondo de reserva 914*
fondo dirigido 673*
fondos 460
fondos brutos 483
franquicia 452
fuerza electrica trifásica 1076
fundación 451
fundar 450
fusión 690

galería 66
ganancia 930
ganancia bruta 487
ganancia bruta de la compraventa 490
ganancia (pérdida) contable 111
ganancia neta de benéficio de explotacion 27*
garaje 462
garante 498
garantía 499, 1132*
garantía colateral 203
garantizar 497
gasto inicial 552
gastos 764
gastos de la promoción 316
gastos de los negocios 148
gastos de substitución 912
gastos generales 470
gastos legales 732
gerencia de bienes inmuebles 845
gerencia de la cartera de propiedad 852*
gerencia de las instalaciones 396*
gerencia de propiedad 850

gerente 851
gestión activa 23*
giro de venta al por menor 926
Goad-plano 473*
grandes almacenes 298
gratificación 109
gravamen de retención 647*

habitación principal 507
hacer un pedido 763
hectárea 511
hipermercado 526
hipoteca 705
hipoteca legal 629
hipotecante 707
hipotecar 527
hipotetizar 528
honorario 405
honorarios de balance 89*
honorarios legales 628
honorarios simples 406*
hormigón 230
hospedaje 8
hundimiento 1042

iluminación 650
iluminación fluorescente 438
impedimento 382*
importación 533
importe de £1 48*
importe neto 718
impuesto de sucesiones 380*
impuesto de transmisiones patrimoniales 855
impuesto del timbre 1015*
impuesto sobre bienes raíces 604
impuesto sobre el valor añadido (IVA) 1119
impuesto sobre la propiedad 854
impuesto sobre la renta 536
impuesto sobre la renta de sociedades 262
impuesto sobre las ganancias de capital 163

impuesto sobre transmisiones de capital 167
inaplicable 739
incumplimiento de la garantía 117*
incumplimiento del contrato 116
incurrir en gastos 948
indemnización 538
indemnización estatutaria 1019
índice de precios al por menor 923
índice de precios de la construcción 142
índice de rotación de existencias 1095
índice del coste de construcción 242
indiferencia 332*
industria pesada 510
información del mercado 684
informe de la evaluación 64
informe de valorción 1117
informe del especialista 392
informe estructural 1031
informe ubicación 994
infraestructura 550
ingeniero 362
ingreso bruto 484
ingreso neto 722
ingresos por alquileres 910
ingresos por alquileres de una finca 909*
inmueble 530*, 843
innovación 554
inquilinato asegurado 80*
inquilinato comercial 153*
inquilino 1066
inquilino anual 1144
inquilino cierto 49*
inquilino clave 591*
insolvencia 555
inspección de una construcción 144
inspección del edificio 134

ESPAÑOL

inspector 1055*
inspector de obra 145*
instalación 556
instalación termal 1075
instalaciones de producción 836
instalaciones del
 propietario 608
instalaciones eléctricas 356
instalaciones fijas 427
instalar el cable elétrico 1090*
instituto de la vivienda 520*
intensidad de iluminación 651
interés 564
interés acumulado 16*, 945*
interés compuesto 222
interés fijo 426
interés principal 770*
intermediar 688
intrínseco 569
inventario que describe el estado ruinoso de un edificio 956
inventario que describe la condición físico de un edificio 955*
inversión 572
inversión especulativa 1009*
inversión extranjera 445
inversión revertible 937*
inversiones de capital 161
inversionista 581
inversionista institucional 558*
invertir 570
investigación 571
investigación del
 mercado 682
isalamiento 559

jardín 463
jurisdiccíon 589
jurisprudencia 175*
juzgado 289

ladrillo 122
legislación 1020*
Letra de Cambio 102

ley escrita 1018
ley respecto de la
 construcción 135
libro amarillo 1146*
licencia 644*
licencia de obras 137*, 775
linde 114
liquidez 656
lista de cuentas que tienen
 duedas 888
llamamiento de
 construcción 802*
local standard 1016*
locales comerciales 924

mano de obra 672
mantenimiento 669
mapa 676
maqueta 701
marco de madera 1078
marco de puerta 812
mármol 677
materia prima 878
materiales de construcción 138
medio de publicidad 29
mejora 534
mejoramiento del capital 164*
mejoras que hace el
 propietario 609
mercado 680
mercado de alquiler 638
mercado de comprador 156*
mercado de dinero 704
mercado de inversión 574
mercado de la vivienda 523
mercado de valores 1026
mercado de vendedores 967
método de cambio
 doble 343*, 345*
método de cuentas 13*
método de invertir 575*
método de plazos y
 amortizaciones 1073*
método de típo único 986*
método de zonificación 1151*

método por calcular el valor
 actual 726
método por valorar una
 propiedad 502*
metro cuadrado 1012
minusvalozar 1097
misiva 696
mobiliario 420, 709
modernización 703
monumento catalogado 957*
monumento histórico
 (antiguo) 50*
movilidad 700
mudarse 710
muebles 461
multa 783
multa si no paga el
 alquiler 782*
muro estructural 1032
muro maestro 660

nave industrial 547
negligencia 714
negligencia profesional 837*
negociación 715
negociador 716
negociar 91
neto 717
nivel del precio de alquiler 907
nominal 733
notario público 741*
nueva construcción que está
 provechoso al público 806*

**objetivo rendimiento de
 rescate 1059***
obligación 108, 280
obligación de actuación 790*
obligación solidaria e
 indivisa 583*
obras 245
obras de equipamiento de un
 edificio 419
obsolescencia 745
ocupación 746

ESPAÑOL

ocupado por propietario 773
ocupante 750
oferta 751, 1049, 1069
oferta de venta 752
oferta en firme 416
oferta limitada 654
oferta oficial 446*
oferta oficiosa 549
oferta y demanda 294
oficina 754
oficina central 505
oficina comercial 151*
oficina de descuenta 327*
oficina sin particiones 758
oficinas entre planta 692
opción 762
operación de liquidación 121*
operativo 760
orden de compra forzosa 225*
orden de revocación 940*
orígen y aplicación de fondos 1000
otorgamiento 388

pacto 270*
pacto implícito 531
pacto restrictivo 920
pago de entrada 340
paisajismo 610*
paralización de la promoción 317
pared medianera 779
paridad fija 423
parque científico 958*
parque tecnológico 1063
partes comunes 211
participación de la minoría 694
partida de contabilidad 9
pasivo 642
pérdida 666
pérdida de capital 165
periferia 766, 1045
periferia residencial 916
período de amortización 47*
período de arriendo regulado 256*

período de carencia 906
período de construcción 243
período de perpetuidad 795
período nulo 1128
perjudicial al medio ambiente 366
permiso de construcción 805
permiso de construcción condicionado 235*
permiso de obras 141
permiso urbanístico 808*
perpetuidad 794
persona autorizada 645
persona que autoriza 646
pie cuadrado 1011
pilar 797
piso 431, 641
pizarra 997
plan 799
plan de la promoción 318*
plan de zonificación 1152*
planeamiento urbano y rústico 1085*
planificación 801
planificación urbanística 1086
planificador 800
plano 434
plano de ubicación 664
plano del terreno (solar) 993
plano diminuto de una área 104*
planta baja 492
planta y maquinaria 809
plazo 557
plazo de desalojo 743
plazo de ejecución 361*
plazo de obras 140
plazo para acabar un proyecto de construcción 742
plica 376*
plusvalía 100*, 160*
poder de compra 865
poner vidrios 472
por ciento 787
posesión 815

posesión abandonada 1113*
posesión absoluta 2*
posesión adversa 28*
posición de la mejor calidad 525*
posición múltiple 711*
postor 101
prearrendamiento 818
precio al por menor 922
precio contractual 253
precio de coste 267
precio de mercado 681
precio de salida 71
precio de venta 968
precio del solar 990
precio del terreno 599
precio nominal 734
préstamo garantizado 960
préstamo reembolsable a la vista 158*
presupuesto 381
prima 821
prima de arrendamiento 823
prima de póliza de seguro 562
prima de seguro 822
prima invertida 933*
principio comparativo de renta 214*
principios de contabilidad 11
procedimiento de hacer una oferta 1071
procurador 999*
producto anual 1145*
profundidad de edificación 146*
programa mixto de oficinas naves 698
prohibición de edificar 130
promoción 310*
promoción autorizada 792
promoción mixta 697
promotor 307*
pronosticar 443
propiedad 774
propiedad absoluta 453

ESPAÑOL

propiedad comprada por motivos de inversión 576
propiedad en común 210*
propiedad inmobiliaria 796
propiedad principal 827*
propiedades especializadas 1002
propietario 598, 607, 772
propietario absoluto 454
propietario del edificio 139
propietario del terreno 493
proporción de espacio para el aparcamiento 173
proporción del espacio útil 811*
proporción del solar ya urbanizado 991*
propuesta cerrada 198*
propuestas selladas 959*
prórroga 900
protección 964
proveedor 1048
proyecto 841
proyecto de construcción 804
punto de equilibrio 120
punto independiente de venta al detalle 540
puntos principales de un contrato 508*

radiador 872
recepción 885
reconstruir 886
recuperable 936
recuperar 887
recurso lícito 630
red dc autopistas 708
rédito 1147*
rédito de todos los riesgos 40*
reformas 42
reformas hechas por el inquilino 1068
registro comercial 206
registro de carga territorial 596
registro de los débitos 192*

registro de propiedades 853
registro de solares (terrenos) 600
registro del terreno 601
reglamento de construcción 143
rehabilitación 894
reinstalación 897
relación contractual 834*
relación de desarollo municipal 1034*
relación entre terrateniente y aparcero 835*
relaciones públicas 861
rendimiento corriente 275*, 947
rendimiento de capital 931
rendimiento de la ganancia 349*
rendimiento de la inversión 580*
rendimiento de la promoción 319, 321*
rendimiento de la reversión 938*
rendimiento de rescate 727*, 891*
rendimiento de rescate bruto 488*
rendimiento de retroventa 939*
rendimiento del unitización 1104*
rendimiento en el flujo de caja descontado 330*
rendimiento equiparado 369*
rendimiento equivalente 374*
rendimiento fijo 429*
rendimiento inicial 553*
rendimiento marginal 537*, 679*
rendimiento neto 730*
rendimiento primario 829*
rendimiento prioritario 830*
rendimiento total 768*, 1084*
renovación 899, 902
renovación del contrato de arrendamiento 620
renovación urbana 1108
renta adicional 25*
renta completa 456
renta con revisión según indice 543

renta de ocupación 748
renta del beneficio 839*
renta del concesionario 227*
renta del terreno 495*
renta equiparada 368*
renta justa 398*
renta nacional 712
renta segura 503
renta simbólica 780*
rentabilidad 840
renuncia 1130
reorganización 892
reparaciones de decoración 286*
reparaciones estructurales 1030
repartición 62*
representación falsa 695
requirimiento 913
requisito ulterior 233*
reserva en efectivo 179
reserva latente 513
reservas de capital 166
responsabilidad 643
responsabilidad limitada 652
responsable del registro de terrenos 602
restauración 918
restaurante fast-food 402
restricción del comercio 919
resumen de la promoción 312*
resumen del título 4*
revalorización 932
revalorización con referencia 541
reversión 935*
revisión al alza de la renta 1107
revisión de alquiler 908*
revisión de renta 1106
revisión del alquiler no fija 756*
revisión del contrato de alquiler 898
revisión del contrato de arrendamiento 619
riesgo del promotor 309

ESPAÑOL

sala de reunión **689**
sala técnica en una oficina 1140
salida de incendios 413
salón de demostraciones 984
se vende 440
sector privado 832
sector público 862
seguridad 963
seguro de incendios 414
semestre 501
senda 439
servicio 970*
sin cargas 1100
sin cotización oficial 740
sin perjuicio de 1139
sindico 884
sistema de agua caliente 1134
sistema de aspersión 1010
sistema de identificación de incendios 412
sitio comercial 152*
situación 996
situación comercial de primer orden situación 828
soborno 590*
sociedad 778
Sociedad Anónima (SA) 859*
sociedad en comandita (limitada) 653
sociedad inmobiliaria 847
sociedad pública privada 860
solar 667, 988
solicitud de construcción 803
sótano 94
subagente 1035
subalquiler 1036
subarrendamiento 1039*
subarrendatario 1040, 1044
subarriendo 1099
subasta 83*
subcontrato 1037
subida del precio de una casa una vez que ya ha sido apalabrado 465*
subsidio 41*, 1043

sucursal de cadena de almacenes 187*
suelo falso 401
sujeto al contrato 1038
sumisión 1041
superficie auxiliar 51
superficie bruta 482*
superficie construida bruta 481*
superficie construida neta 485*
superficie del terreno 989
superficie util 723
superficie util total 354*
superficie viva sobre el piso 433
supermercado 1046
supervisión 1047

tabiques **777**
tabla de cambio doble 344*
taller 1141
tasa 876
tasa de crecimiento 496
tasa de crecimiento implícito 532
tasa de descuento 326
tasa de descuento bancario 90
tasa de inflación 548
tasa de rendimiento 328*
tasa de rendimiento interno 567*
tasa efectiva de interés 355*
tasación 877
tasador 1121*
tasador de terrenos 603
tasador inmobiliario 857
techo 182, 946
técnicas de construcción 244
tenencia 1072
terminación 219*
terreno 798
terreno contaminado 248
terreno declarado 895*
terreno industrial 545, 546
terreno no urbanizado 478*
terreno por urbanizar 597

tienda 977
tienda de especialidad 1004
tienda de lujo 514
tienda magnética (capaz de atraer una clientela) 668
tienda pequeña sin alojamiento (trastienda) 665
tipo de acumulación 17*
tipo de amortización 45*
tipo de cambio 386
tipo de capitalización 171*
tipo de interés 874
tipo de interés mínimo 693
tipo de porcentaje anual 54*
tipo de rendimiento 875
tipo marginal 678
título absoluto 3*
título de construcción 132*
título limpio 196*
transacción 1088
traspaso de propiedad 260*
tributación 1060

ubicación **663**
ultimo día 199
último fecha para la terminación de las obras 220
un boquete en acero o hormigón dejado por extensión termal 391
unitización 1103*
urbanización autorizada 84*
urbanización especulativa 1007*
uso (empleo) autorizado 85*
uso comercial 276
uso legítimo 614
uso no conforme 736*
uso reconocido 377*
uso y desgaste razonable 399*
usos mixtos 699
usufructo 95
usufructuario 96, 97*
usurpación 358*
utensilio 61

ESPAÑOL

utilidad del contrato de arrendamiento 1082*
utilización compartida 1080
utilizador 1109

valor 1118
valor actual 725*, 825
valor agregado 24
valor al contado 180
valor anual 57*
valor bruto 491*
valor bruto de la promoción 480
valor completo del arrendamiento 457*
valor contable 112, 720*
valor de base 93
valor de capital efectivo 353*
valor de imposición de impuestos 1062*
valor de inversión 579
valor de la finca 605
valor de la promoción 320*
valor de la venta forzosa 442*
valor de la zona A 1150
valor de liquidación 655
valor de mercado 683
valor de mercado abierto 757*
valor de realización 881
valor de seguros 563
valor del arrendamiento 625, 640*
valor del empleo alternativo 43*
valor del solar 995
valor del uso actual 274*, 389*
valor deprecido 301
valor en activo 168
valor en alquiler 911*
valor en nuevo 1120
valor espectatua 518*
valor latente 613
valor negativo 713*
valor nominal 395, 735
valor residual 917*
valoración 1114*
valoración del contrato de arrendamiento 624*
vendedor 966, 1123
vender 965
venta 949
venta directa 323
venta en fecha futura 447*
venta forzosa 224*, 441
venta futura 449
venta por subasta 951
venta y alquiler al vendedor 950*
ventajes de un projecto 807*
ventana 1138
ventilación mecánica 687
versión final del documento de propiedad 363
vida económica 352
vivienda 348, 915
volumen de ventas 1093

yeso 810

zona 1148*
zona A 1149*
zona de captación 181*
zona descentralizada 284

FRANÇAIS

à court terme 981
à courte échéance 980*
à la hausse uniquement
 (révision) 1107
à vendre 440
abus de droit 5
accès (à un bâtiment) 6
accession (à la propriété) 7
accord 35*, 238
accord écrit 1142
accorder 477
accorder des remises de
 prix 325
accroissement du plan
 d'occupation des sols
 (POS) 807*
accusé et réception 18*
achat annuel dualiste 345*
acheter 154
acheteur particulier 1001*
achèvement 219*
acier 1022
acompte 340, 557
acquérir 19
acquisition 20, 863
acquisition par le locataire du
 terrain 623*
acre 21
acte 288*
acte de vente 260*
actif 72, 760
actif et passif 73
actifs immobilisés 421
action 975
affaissement 1042
agence 32
agence immobilière 379
agent 34
agent délègué 1035
agent exclusif 387, 998
agent général 675
agent immobilier 844
agent immobilier chargé d'une
 mission 929*
airconscription 335

alienation (de biens) 38*
allocation 41*
allocation de l'indexation 542
amélioration 534
amélioration du capital 164*
amélioration du propriétaire 609
améliorations effectuées par les
 locataires 1068
aménagements 44*
amortissement linéaire 1028*
analyse de sensibilité 969*
analyse des coûts 178, 264
analyse du cash flow 329*
analyse du seuil de
 rentabilité 119
année fiscale 417
annuité de 1 livre achetera 58*
annulation d'une autorisation de
 construire 940*
annuler un contrat 1127
appareil 61
appartement 59, 428
appel 60*
application du plan d'occupation
 des sols (POS) 803
arbitrage 65*
architecte 67
ardoise 997
arrêt de l'aménagement ou de la
 construction 317
arreté d'expropriation 225*
arriérés (de loyer) 69
ascenseur 649
assurance contre l'incendie 414
atelier 1141
atrium 81*
augmentation du plan
 d'occupation des sols
 (POS) 806*
autorisation (permis) de
 construire 128*
autorisation d'un schéma
 directeur 765
autorisation d'usage
 spécifique 85*

autorités locales 662
avenant 202*
avis 744
avis d'exécution 742
avis de congé 743
avis des bâtiments 658*

bail 616*
bail à construction 136*
bail avec une prime 823
bail commercial 149, 153*
bail contractuel 255*
bail d'habitation 256*
bail de location 504
bail de location avec droit de
 participation 372*
bail de location
 hypothétique 529
bail de location
 réglementé 896*
bail dont la totalité des coûts
 sont supportées par le
 locataire 458*
bail dont le loyer est fonction du
 chiffre d'affaires 1094*
bail du terrain 494*
bail du travail 749
bail garanti 962
bail incluant les réparations à la
 charge du preneur 568*
bail spécial 771
bailleur 633
banlieue 1045
banlieue résidentielle 916
bâtiment industriel 544
bâtiments 820
bénéfice brut 487
bénéfice (perte) comptable 111
bénéfice d'exploitation 1087
bénéfice de l'opération
 d'aménagement et
 d'immobilière 319
bénéfice intérimaire 691*
bénéfice net d'exploitation après
 impôts 27*

FRANÇAIS

bénéficiaire 75, 98
béton 230
biens de consommation 247
biens de consommation courante 258
biens immobiliers (immeubles) 880
biens meubles 193*, 796
biens mobiliers 709
bilan (d'inventaire) 88
bilan annuel 52
bilan provisoire 565
bonne location 711*
boom 113
bourse 1025*
boutique 977
boutique de luxe 514
boutique spécialisée 1004
bricolage 337
brique 122
brochure 124
brochure de location 637
brut 479
bureau 754
Bureau du Cadastre 602
bureau paysager 758
bureaux hotels 971*

cadastre 157*, 600
caisse de retraite 784
caisse des provisions pour travaux 367*
canalisation 346, 1090*
canalisation périmètre 791
capital-risque 944, 1124
capital social 370
capitalisation 169*
capitaliser 172
caractéristique 404
carte 676
cas de force majeure 22*
cash flow 177
caution 1050
caution bancaire 408
cédant 77

ceder 74*
centre commercial 205, 978*
centre de congrès 259
centre spécialisé 1003
centre-ville 194, 341
certificat d'achèvement des travaux 186*
certificat de conformité 132*
certificat de resistance au feu 411
certificat du cadastre 594*
cession (d'un bail) 76
cession de bail 295*
Chambre de Commerce et d'Industrie 188*
changement d'affectation 189*
charge au sol 433
charge foncière 599, 990
charges particulières 970*
chaudière 107
chauffage 509
chauffage central 185
chauffage central au fuel 755
chauffage central au gaz 464
chauffage urbain 336
chaussée 174
chef responsable de la comptabilité 265
chiffre d'affaires 1093
chiffre d'affaires de la vente au détail 926
clause d'utilisation 1111*
clause de concurrence 218
clause de rachat 1053
clause de résiliation 118*
clause de sous-lou 39*
clause qui oblige le locataire à rebatir en cas de sinistre 883*
clause qui prévoit dans le bail la rénovation par l'une des part 893*
clauses (du contrat) 1074
client 197, 277
climatisation 37
cloison 777

co-agence 582*
co-location 587
co-promoteur 584
co-propriétaire 200
code de mesures 201*
coefficient d'occupation du sol 811*
colonne 204
commerce de détail 925
commerce de gros 1137
commission 207
Communauté Economique Européenne (CEE) 383
compagnie d'assurance 560
comparables 213*
compensation 216
compétent 217
comptabilité 12
Compte de Profits et Pertes 838
comptes clients 15
comptes fournisseurs 14
concession 226
concessionnaire 228, 645
condition prépensive 232*
condition suspensive 233*
conditions de vente 236
conditions structurelles 1029
conseil 246*
conseil d'administration 106
conseiller 30
considération 240
considération d'aménagement 685*
construction du châssis 812
construction resistant au feu 415
contigu 249*
contrat 250
contrat à prix ferme 424
contrat à terme 447*
contrat annulé 1129
contrat clef en main 1092*
contrat d'acquisition 864
contrat d'assurance 561
contrat d'étude et de construction 305*

FRANÇAIS

contrat de bail 618
contrat de construction 133*
contrat de l'aménagement ou de l'opération immobilière 314
contrat de leasing de financement 409
contrat de location (ou de vente) 36*
contrat de location parallèle 231*
contrat de travaux de gré à gré 268*
contrat de vente 252*
contrat jurisprudentiel 834*
contrat sous conditions suspensives 234*
contrat tacite 531
contrat unilatéral 1101*
contre prime 933*
contrôle publique des opérations d'aménagement 315*
controleur technique 145*
conurbation 257
convention 1*, 270*
convention en vigueur 814
convention expresse 393
convention secrète 920
convention sous conditions 866*
coopérative de construction 519*
copie certifiée 269*
copropriétaire 585
copropriété 210*, 237*, 586
coque en béton 976*
cotation 870
couloir 263
courant triphasé 1076
courtage 126
courtier 125
coût de l'aménagement ou de l'opération immobilière 316
coût de la maintenance 670
coût de la vie 266
coût de remplacement 912
coût historique 516

coûts d'occupation 747
coûts de la construction 241
créancier hypothécaire 706
crédit-relais 123*
créditeur 271
croissance 390
cuisine 593

date d'achèvement 220
date d'évaluation 279, 1116
date limite 199
de gré à gré 833
débiteur 282
débiteur hypothécaire 707
décapitalisation 283*
déclaration fausse 695
décorateur d'intérieur 566
décoration 285
déduction 287
déduction fiscale sur les investissements 159*
défaut 292
défaut inhérent 551
déficit 983*
déficit de rendement inverse 934*
délabrement 322
demande 913
déménager 710
démolition 296
densité 297
dépenses 764
dépenses d'investissement 161
dépositaire 86
dépôt de garantie 251*, 299
dépôt-vente 176*
dépréciation 302
déroger 304
descriptif de vente 953
descriptif tous corps d'état 468
détaillant 928
détails 776
détermination de la valeur locative par comparaison des loyers 214*

dévaluation 306
devis 103, 381
disposition 615
disposition du bail qui autorise une franchise de loyer 905*
dissolution de l'entreprise 121*
distribution 334
document de soumission 1070
document sous sequestre 376*
domicilié 338
dommage 278
donneur de licence 646
dossier 407
double vitrage 339
drainage 342
droit au bail 625
droit d'accès 941
droit de rétention 647*
droit de timbre 1015*
droit écrit 1018
droits de mutation 855
droits de succession 380*
dual rate method 343*
dual rate table 344*
durée 347

eaux usées 1133
échafaudage 954
échange de contrats à la signature 385
éclairage 650
éclairage fluorescent 438
écriture comptable 9
égoûts 974
éléments non pris en considération 332*
élévation 357
empiètement 358*
emplacement 996
emplacement sur un marché 798
emprunt garanti 960
emprunt public 475
enchérisseur 101
encombrement vertical 507

FRANÇAIS

endossement 359
enfoncement du bâtiment 973
engagement conjointe et
   solidaire 583*
enquête 571, 1054
entrepôt 1131
entrepreneur 254
entrepreneurs concessionnaires
   1021*
entreprise commune 588
entreprise de construction 313
entreprise générale 469
entrer sans permission 1089*
enveloppe 365
épaisseur d'un immeuble 146*
équipements 420, 427
équiper 418
équivalent annuel 53*
escalator 375
escalier 1014
estimation d'aménagement ou
   de l'opération 311
estimation de la valeur de la
   location à bail 624*
état d'achèvement 221
état descriptif
   (d'un bâtiment) 955*
étude de faisabilité 403, 1125
étude de structure 1031
étude du marché 682
évaluation (de la valeur locative
   pour les impôts locaux) 877
excédent d'exploitation
   brut 490
exécution (d'un contrat) 388
exercice comptable 10
exercice financier 410
expert 539, 1055*, 1121*
expert géomètre 603
expert immobilier 857
expertise 63*, 1114*
expertise en valeur
   venale 1115*
expropriation 224*
expulser 384

façade 394, 455
façon de la terre 1110*
facturer 190
faire une bonne affaire 91
fait de revenir sur une prone de
   vente pour accepter une
   suroffre 465*
faux plafond 400, 1056
faux plancher 401, 873
fênêtre 1138
filiale 78
financement à terme 448
financement d'opération
   immobilière (non pré-vendue)
   1008*
financement du déficit
   budgétaire 293
financement du terrain 992
financement par fonds propres
   371
financer 459
fluctuation du marché 437
fond d'investissement
   immobilier 848*
fondation 451
fonder 450
fonds bruts 483
fonds d'amortissement 987
fonds d'amortissement
   annuel 56*
fonds d'investissement
   immobilier 856*
fonds de commerce 474*
fonds de provisions 901*
fonds de réserve 914*
fournisseur 1048
frais 89*, 191*
frais annuel équivalent 373
frais commerciaux 148
frais d'exploitation 948
frais de justice 732
frais flottants 430*
frais fonciers 595
frais généraux 470
frais occasionnels 761

franchisage 452
franchise de loyer 906
friche 303
fusion 690

galerie marchande 66, 979
gamme de tous les différents
   locataires 1067
garage 462
garant 498
garantie 499, 1132*
garantie additionnelle 203
garantir 497
gérance immobilière 850
gérant immobilier 851
gestion 674
gestion d'immeubles 396*
gestion de fonds
   d'investissement 673*
gestion de l'énergie 360
gestion du patrimoine
   immobilier 845
gestion du portefeuille
   immobilier 852*
gestion dynamique 23*
Goad-plan 473*
gouttière 500
grands magasins 298
grenier 82
grosse 363

habitation 915
hauteur des avant-toit 351*
hauteur des plafonds 183
hauteur libre 195*
hauteur sous plafond 436
hectare 511
honoraires 405
honoraires de justice 628
honoraires simples 406*
hors-côte 740
hotel d'entreprise 147
huissier 87*
hypermarché 526
hypothèque 705

FRANÇAIS

hypothèque judiciaire 629
hypothéquer 527

immeuble 127
immeuble classé (inscrit) 858
immeuble high-tech 512*
immeuble inscrit 657*
immeubles spécialisés 1002
immobilier 530*, 879
importation 533
impôt 1060
impôt foncier 854
impôt sur le revenu 536
impôt sur les plus-values 163
impôt sur les sociétés 262
impôts fonciers 604
impôts locaux 876
impôts sur dons et libéralités 167
indemnité 538
indemnité judiciaire 782*
indemnité légale 1019
indexation 541
indice des prix de détail 923
indice des prix de la
  construction 142
indice du coût de la
  construction 242
industrie lourde 510
information commerciale 684
infrastructure 550
ingénieur 362
innovation 554
inscription au cadastre 601
insolvabilité 555
inspection d'immeuble 134, 144
installation 556
installations 809
installations du propriétaire 608
installations électriques 356
installation thermique 1075
instruction de
  réorganisation 312*
instrument légal 1020*
intégration des réserves dans le
  capital 170*

intensité de l'éclairage 651
interdiction de construire 130
intérêt 564
intérêt composé 222
intérêt fixe 426
intérêt spécial 770*
intérêts capitalisés 945*
intérêts courus 16*
intrinsèque 569
investir 570
investissement 572
investissement à l'étranger 445
investissement en blanc 1009*
investissement immobilier 576
investissement réversible 937*
investisseur 581
investisseurs
  institutionnels 558*
isolation 559

jardin 463
jointure d'allongement 391
jouissance immédiate 1113*
jour du terme 869*
jugé 289
juridiction 589
jurisprudence 175*, 209*

leaseback 621, 950*
Lettre de Change 102
libre 1112
licence 644*
limite 114
limite de temps 1079*
liquidité 656
liste des locataires 909*
livre 1024
Livre Bleu 105
Livre Jaune 1146*
Livre Rouge 888
locataire 1066
locataire à bail 626, 632
locataire annuel 1144
location 636, 1064
location à bail 622*

location à vie 648
location annuelle 1143
location avec bail 80*
location hebdomadaire
  (mensuelle) 1135
location précaire 79*, 1065*
locaux commerciaux 151*, 924
locaux d'activité 152*
locomotive 49*, 591*, 592, 668
logement 8, 348
lot 667
lotissement 522
louer 515, 617, 634, 904
loyer 398*, 903
loyer à pourcentage 789
loyer actualisé 368*
loyer augmenté 943*
loyer brut 489
loyer complémentaire 25*
loyer de base 92*
loyer de bénéfice 1082*
loyer de convention 227*
loyer de très faible valeur 785*
loyer du terrain 495*
loyer en cours 780*
loyer endurci 503
loyer excluant les impôts
  locaux 535*
loyer exorbitant 871*
loyer ferme et non
  révisable 425*
loyer garanti 961
loyer global 767
loyer indexé 466, 543
loyer maximum 456
loyer principal 506
loyer professionnel 748
loyer variable 1122

**magasin à succursales
  multiples 187***
magasin de détail
  indépendant 540
magasin de discount 327*
magasin de fast-food 402

magasin sans logement attenant - plan de situation

FRANÇAIS

magasin sans logement
   attenant 665
main-d'oeuvre 672
maintenance 669
maissonnette 671
maîtrise d'ouvrage déléguée 842
maquette 701
marbre 677
marchandise substituable 215*
marché 680
marché acheteur 156*
marché de l'habitation 523
marché de l'investissement 574
marché des titres 1026
marché locatif 638
marché monétaire 704
marché vendeur 967
matériaux de construction 138
matière première 878
media publicitaire 29
meilleur loyer 99*
méthode comptable 13*
méthode de la valeur actuelle
   nette 726
méthode d'évaluation 1073*
méthode d'investissement 575*
méthode d'occupation des
   sols 1151*
méthode de remède de
   cheval 502*
méthode simple 986*
metre carré 1012
métreur-vérificateur 868
mezzanine 692
missive 696
mobilier 461
mobilité 700
mode de soumission 1071
modernisation 703
montant de 1 livre 48*
montant du loyer 907
montant du loyer tiré d'une sous
   location 839*
montant net 718
monument ancien 50*

monument classé 957*
moyens de production 836
multiplicateur 1145*
multipropriété 1103*
municipalité de logement 520*
mur mitoyen 779
mur porteur 1032
mur utile 660

négligence 714
négligence professionnelle 837*
négociateur 716
négociation 715
net 717
niveau 641
nominal 733
non applicable 739
non hyphothèque 1100
notaire 741*, 999*
notification d'une infraction aux
   règles d'urbaniste 361*
nuisible à l'environnement 366
nul 1126, 1128

obligation 108, 280
obligation adossée à la propriété
   foncière 846*
obsolescence 745
occupant propriétaire 773
occupation (d'un immeuble) 746
offre 751, 1049
offre a été faite 1096
offre cachatée 959*
offre de vente 752
offre écrite 753*
offre et demande 294
offre ferme 416
offre informelle 549
offre officielle 446*
offre restreinte 654
open space 759
opération autorisée 792
opération d'aménagement 686*
opération de promotion (non
   pré-vendue) 1007*

opération de promotion
   d'aménagement autorisé 84*
opération immobilière 310*
opération mixte 697
option 762

par an 786
par mois 788
parc d'entreprise 150*
parc technologique 958*, 1063
parité fixe 423
participation minoritaire 694
partie commune 208*
parties communes 211
pas de porte 590*
passer une commande 763
passif 642
pénalité 783
pénurie 982
période d'amortissement 47*
période de construction 140, 243
période de démarrage 1017
période perpétuelle 795
péripherie 766
permis de construire
   141, 805, 808*
permis de construire
   (autorisation) 137*
permis de construire avec
   réserves 235*
permis de construire
   partiel 775
perpétuité 794
perte 666
perte en capital 165
pied carré 1011
pilier 797
plafond 182
plan 434, 799
plan d'amortissement 46
plan d'occupation des sols (POS)
   318*, 801, 1086, 1152*
plan d'urbanisme 1085*
plan de masse 104*, 993
plan de situation 664

FRANÇAIS

planche 435
planificateur 800
plantation 610*
plâtre 810
pleine propriété 196*
plus value 100*, 160*
plus values 162
points fondamentaux 508*
portefeuille 813
poste de travail 1140
pour cent 787
pouvoir cré 33*
pouvoir d'achat 865
pratiques courantes de la profession 276
pré-location 818
préemption 819*
préjudice 1083
préjudice occulte 611
présupposer 528
prêt 661
prêt au jour le jour (remboursable à la demande) 158*
prêt de non-recours 737*
prévision 443
prime 109, 821
prime annuelle 55
prime d'assurance 562, 822
prime supposée 291*
principe d'irrévocabilité 382*
principes comptables 11
prix au détail 922
prix comptable 110
prix contractuel 253
prix de revient 267
prix de vente 968
prix demandé 71
prix du marché 681
prix fixe 422*
prix nominal 734
profit (perte) de promotion 308
programme 956
programme bureaux-activités 698
projet 841

promoteur 307*
propriétaire 772
propriétaire de l'immeuble 139
propriétaire foncier 493, 598, 607
propriétaire foncier à perpetuité 454
propriétaire qui bénéfice 97*
propriété 2*, 378, 774, 815, 843
propriété exceptionnelle 827*
propriété foncière perpetuelle et libre 453
propriété industrielle 547

quartier de commerces et de bureaux 184*

rachat 1051
racheter 155, 1052
radiateur 872
rapport d'évaluation 64, 1117
rapport d'expert 392
ratio d'emprise au sol 991*
ratio de place de parking 173
ratio fonds propres 467
réaménagement 892
réception 885
recheche et demande de financement 1000
reconnaissance de dette 281
reconstruire 886
recours administratif (contre une réfus du permis de construire) 802*
recours judiciaires 630
récupérer 887
redevance foncière sans garantie 1105*
réévaluation 932
réévaluation des bilans 273*
refinancement long terme (en remplacement d'un court terme) 1058*
registre des frais 192*
registre du cadastre 596, 853
registre du commerce 206

règlement 972
règlement d'urbaniste 131*
règlementation de la construction 135
règles de construction 143
régularisation fiscale 1061
réintégration 897
rélations publiques 861
relevé de terrain 994
relevé topographique aérien 31*
remboursement 890
rembourser 889
rendement 930
rendement à l'échéance net 727*
rendement actuariel des fonds propres 330*
rendement d'égalisation 369*
rendement d'un investissement 931
rendement de base 829*
rendement de l'action 349*
rendement de la remise 328*
rendement de multipropriété 1104*
rendement de priorité 830*
rendement de réversion 939*
rendement fixe (uniforme) 947
rendement global 768*, 891*
rendement interne brut 488*
rendement marginal 679*
rendement net 730*
rendement qui augmente régulièrement 537*
rendement total 1084*
rendement tous risques 40*
rendement uniforme 429*
rendement visé 1059*
renégociation du bail 619
rénonciation 1130
renouvellement 900
renouvellement de bail 620
rénovation 894, 899, 902
rénovation urbaine 1108
renseignements concernant la location 639

rentabilité 840, 1147*
rentabilité de
    l'investissement 580*
rentabilité de réversion 938*
rentabilité équivalente 374*
rentabilité initiale 553*
rentabilité prévisionnelle pour
    un acquéreur 321*
répartition 62*
réseau autoroutier 708
réseau sprinkler 1010
réserve de trésorerie 179
réserve foncière 606*
réserve occulte 513
réserves en capital 166
responsabilité 643
responsabilité limitée 652
ressources 460
restauration 918
résumé du titre (de propriété) 4*
retenue de garantie 790*
retraits de la vente 919
revenu brut 484
revenu locatif 910
revenu national 712
revenu net 722
réversible 936
réversion 935*
révision du bail 898
révision du loyer 756*, 908*
révision du loyer vers le bas et
    vers le haut 1106
rez-de-chaussée 492
risque du promoteur 309
rupture de contrat 116
rupture de garantie 117*

s'entremettre 688
saisie 333*
saisie d'un bien
    hypothéqué 444
salle d'exposition 984
salle de réunion 689
schema directeur
    d'urbanisme 1034*

se désister 324
secteur privé 832
secteur public 862
sécurité 963
semestre (comptable) 501
sentier pour piétons 439
servitude 350*, 942
seuil de rentabilité 120
siège social 505
signature du contrat 229
signer 985
site 988
situation 663
situation exceptionnelle 525*
société 212, 261
société à responsabilité limitée
    (SARL) 831
société anonyme (SA) 859*
société anonyme cotée en
    Bourse 860
société cotée en Bourse 659*
société d'investissement
    573*, 578, 1091*
société d'investissement à
    capital variable 1102
société d'investisseur
    immobilier 849*
société de leasing 627
société de logement 521*
société de personnes 778
société en commandité 653
société fiduciaire de
    placements 577*
société holding 517
société immobilière 847
sol 431
sortie de derrière 882
sortie de secours 413
soumis à contrat 1038
soumission 1041, 1069
soumission scellée 198*
sous-évaluation 1097
sous-locataire 1040, 1044
sous-location 1036, 1039*, 1099
sous-sol 94

sous-traitance 1037
sous toutes réserves 1139
spécification 1005
spécification du plan
    d'occupation des sols
    (POS) 804
spéculation 1006
squatter 1013
squatteriser 28*
stabilité d'une propriété 964
standard téléphonique 1057
stockage 1027
structure 1033
structure de sous-sol 1098
structure en bois 1078
structure métallique 1023
subvention 476, 1043
succursale 115
superficie du terrain 989
supermarché 1046
surface 68
surface annexe 51
surface au sol 432
surface de ventes 952
surface hors oeuvres
    brute 481*
surface hors oeuvre brute
    d'emprise au sol 482*
surface louable 635*
surface utile 354*, 719
surface utile (louable) 486
surface utile au sol 721
surface utile brute 485*, 723
surface utile de vente 729*
surface utile (au sol) de
    vente 728
surface utile louable 724
surloyer 824*
surproduction 769
surveillance 1047
syndic de faillite 884
système de détection
    incendie 412
système de production d'eau
    chaude 1134

FRANÇAIS

taille standard (de boutique) 1016*
taux annuel 54*
taux d'amortissement 45*
taux d'escompte 90, 326
taux d'inflation 548
taux d'intérêt 874
taux d'intérêt cumulé 17*
taux d'intérêt effectif 355*
taux de capitalisation 171*
taux de change 386
taux de chiffre d'affaires 1095
taux de croissance 496
taux de croissance implicite 532
taux de rendement 275*, 875
taux de rendement interne 567*
taux marginal 678
taux minimum du crédit 693
taux né par livre 817
taxe à la valeur ajoutée (TVA) 1119
technique de construction 244
temps partagé 1080
ténure 1072
terrain à bâtir 478*, 597
terrain cadastré 895*
terrain contaminé 248
terrain industriel 546
terre jurisprudentielle 835*
titre (de propriété) 3*
titre de propriété 816, 1081
titre de propriété avec servitudes 867*
toit 946
transaction 1088
travaux d'aménagement 419
travaux de construction 245
travaux de gros oeuvre 1030
travaux de remise en état 286*
travaux de transformation 42
trust de logement 524*
tuile 1077

usage autorisé 793*
usage établi 377*
usine 397
usufruit 95
usufruitier 96
usure normale 399*, 738
utilisateur 750
utilisation 1109
utilisation de base 826
utilisation légale 614
utilisation mixte 699
utilisation non-conforme 736*

valeur 1118
valeur à neuf 1120
valeur actuelle nette 725*
valeur ajoutée 24
valeur comptable 112
valeur d'acquisition 552
valeur d'aménagement brute 480
valeur d'amortissement 301
valeur d'assurance 563
valeur d'investissement 579
valeur de base 93
valeur de l'opération d'aménagement 320*
valeur de la zone A 1150
valeur de liquidation 655
valeur de marché 881
valeur de marché vénale 757*
valeur de remplacement 300*
valeur de vente forcée 442*
valeur des terres (du terrain) 605
valeur du terrain 995
valeur en capital 168
valeur en capital effective 353*
valeur en espèces 180
valeur faciale 395
valeur hors droits de taxes 491*
valeur locative 640*, 911*
valeur locative annuelle 57*
valeur locative du foncier lors du renouvellement du bail 702*
valeur locative maximum 457*
valeur marchande 274*
valeur négative 713*
valeur nette comptable 720*
valeur nominale 735
valeur occulte 613
valeur potentielle 43*, 518*
valeur prenant en compte l'affectation actuelle 389*
valeur présente 825
valeur résiduelle 917*
valeur servant de base à l'imposition 1062*
valeur vénale 683
vendeur 966, 1123
vendre 965
vente 331, 949
vente à terme 449
vente au détail 921
vente au détail en entrepôt 927*
vente aux enchères 83*, 951
vente directe 323
vente en gros 1136
vente forcée 441
vente judiciaire 26*
vente supposée 290*
ventilation mécanique 687
vérification (d'un fait) 70
verre 471
vice apparent 781*
vice caché 612
vie économique 352
ville nouvelle 731*
vitrage 472
volume cubique 272

zone 1148*
zone A 1149*
zone d'aménagement concertée (ZAC) 223*
zone d'échéance principale 828
zone d'entreprise 364*
zone de chalandise 181*
zone de construction 129
zone de loisirs 631
zone décentralisée 284
zone industrielle 545
zone préservée 239*

ITALIANO

a breve scadenza 980*
a breve termine 981
abbandonato 303
abbuono 41*
abitazione 915
abitazione di piccole dimensioni 671
abuso legislativo 5
accertamento 70
accesso 6, 7
accessori 420
acciaio 1022
acconto 340
accordare 477
accordo 35*, 476
accordo d'affitto (o di vendita) 36*
accordo di garanzia accessoria 202*
accordo per l'occupazione in affitto 1065*
accordo vantaggioso 814
accordo vincolante 866*
acque bianche 1133
acquirente privilegiato 1001*
acquisizione 20
acquistare 19
acquisti in actre monete effettuabili con una annualità di £1 58*
acquisto 863
acro 21
adattamento automatico secondo un dato indice 541
addebitare 190
affittare 515, 617, 634, 904
affittare con accordo di acquisto 621
affitto 903
affitto a vita 648
affitto adattato 466
affitto agevolato 227*
affitto attualmente soddisfacente 780*
affitto bloccato 425*

affitto certo (per valutazioni) 503
affitto con canone concordato 372*
affitto con manutenzione interna a carico dell'affittuario 568*
affitto contrattuale 255*
affitto controllato 256*
affitto del terreno 495*
affitto di breve durata e garantito 79*
affitto di terreno di cui non è certa la possibilità di edificazione 1105*
affitto esorbitante 871*
affitto garantito 80*
affitto il cui pagamento è imposto dall'autorità giudiziaria 782*
affitto in via di aumento 943*
affitto inclusivo di ogni spesa 767
affitto indicizzato 543
affitto ipotecario 529
affitto minimo 92*
affitto nominale 785*
aff:tto percentuale 789
affitto principale 504
affitto rivalutato 368*
affitto subordinato alla costruzione di un nuovo edificio 136*
affitto supplementare 25*
affitto totale 456
affittuario 1066
affittuario annuale 1144
affittuario chiave 591*
affittuario di richiamo 49*
agente 34
agente che ha un'esclusiva 387
agente con mandato esclusivo 998
agente immobiliare 844
agente immobiliare mandatario 929*

agenzia 32
agenzia immobiliare 379
aiuto sceriffo 87*
albo commerciale 206
all'anno 786
alloggio 8
altezza dal pavimento al soffitto 183, 436
altezza delle gronde 351*
altezza libera 195*
altezza libera di passaggio 507
amministratore straordinario 884
amministrazione 674
ammissione all'uso di una proprietà fondiaria in affitto 623*
ammontare degli interessi maturati su un prestito 945*
ammontare del £1 48*
ammortamento 302
ammortamento lineare 1028*
ampliamento 390, 391
analisi dei costi 264
analisi del flusso di cassa 178
analisi del flusso di cassa scontato 329*
analisi del punto di pareggio 119
analisi di sensibilità 969*
anno fiscale 417
appaltatore generale 469
apparecchio 61
appartamento 59, 348, 428
approvazione 359
approvazione della richiesta di concessione edilizia 808*
arbitrato 65*
architetto 67
architetto arredatore 566
area 68
area ad uso magazzino 1027
area da valorizzare nel suo insieme 223*
area edificabile 129

ITALIANO

area in comproprietà 208*
area lorda esterna 481*
area protetta 239*
arretrati 69
ascensore 649
assegnare 74*
assegnatario 75
assenso scritto 1142
assenza di spese legali 732
assicurazione incendi 414
asta 83*
atrio 81*
attivi e passivi 73
attivo 72
attivo commerciale netto corretto con opportune variazioni 27*
atto 288*
atto affidato ad un terzo ed operante solo dopo l'adempimento 376*
attrattive 44*
autorimessa 462
autorità locale 662
autorizzazione 238
autorizzazione edilizia 137*
avviamento 474*
avviamento di un esercizio commerciale 1017
avviso 744
azione (di società) 975
azione di preclusione 33*

bacino di raccolta 181*
bene immobiliare 879
beneficiario 97*, 98
beni comparabili a fini valutativi 213*
beni di conforto 258
beni di consumo 247
beni mobili 193*
beni reali 421
bilancio 88
bilancio finanziario in corso di esercizio 565

blocco dell'attività edificatoria 317
bonifica 342
borsa valori 1025*
buonuscita 590*

cablaggio 1090*
calcestruzzo 230
caldaia 107
Cambiale 102
cambio di destinazione d'uso 189*
Camera di Commercio 188*
canale 346
canone d'affitto garantito 961
canone d'affitto regolato legalmente 398*
canone di affitto calcolato in percentuale al giro d'affari 1094*
canone di affitto tra i più elevati del mercato 824*
canone di affitto variabile 1122
canone di occupazione 748
canone inclusivo di altri oneri 535*
canone lordo 489
canone massimo 99*
canone per affitto di un terreno a scopo edificatorio 702*
canone principale 506
capitale di rischio 944, 1124
capitale netto 370
capitalista 581
capitalizzare 172
capitalizzazione 169*
capitalizzazione delle riserve 170*
capitolato 1005
caratteristiche 404
carenza 982
carico sopportabile dal pavimento 433
carreggiata 174
categoria d'uso 1110*

cedente 77
cedere 1052
cedimento 1042
centro città 194, 341
centro commerciale 205, 978*
centro commerciale specializzato 1003
centro congressvale 259
centro di arrività produttive avanzate 150*
certificati di debito 281
certificato cadastrale 594*
certificato conformità con le norme antincendio 411
certificato di collaudo o di abitabilità 132*
certificato di fine lavori 186*
cessione 76
cessione (di contratto di affitto) 1051
cessione in giudicato 290*
chi vive in casa di proprietà 773
città nuova 731*
clausola concernente gli utilizzatori 1111*
clausola di cessione 1053
clausola di inadempienza contrattuale 118*
clausola di morosità 905*
clausola di nuova edificazione 893*
clausola di ricostruzione 883*
clausola di vendita 39*
clausola dipendente da quanto indicato in precedenza nel contratto 233*
clausola la cui entilata in vigore dipende il resto del contratto 232*
clausola limitativa 920
clausole della locazione 639
cliente 197, 277
co-agenzia de arrendamento 582*

ITALIANO

codice di procedura per misurare gli immobili 201*
collaudo 1031
colonna 204
colui a beneficio del quale una proprietà è ipotecata 706
colui che accende una ipoteca sulla sua proprietà 707
commerciante chiave 592
commercio al dettaglio 925
commercio all'ingrosso 1137
commissione da pagare 817
compagnia di assicurazione 560
compenso di mediazione 126
competente 217
compimento 219*
componenti della zona vendite 953
comprare 154
comproprietà 586, 587
comproprietario 200, 585
Comunità Economica Europea (CEE) 383
concernente un diritto futuro su una proprietà 936
concessionario 228
concessione 226, 452
concessione edilizia 128*
concessione edilizia subordinata a convenzione 235*
condizionamento d'aria 37
condizione permanente 794
condizione strutturale 1029
condizioni (di un contratto) 1074
condizioni di vendita 236
condominio 237*
conferimento in proprietà di un immobile 973
conoscenza del mercato 684
considerato 289
considerazione degli elementi materiali 685*
consigliere 30

consiglio d'amministrazione 106
consorzio per investimenti 577*
consulente 246*
consulente dei costi 265
contabilità a costi correnti 273*
contabilità annuale 52
contenuto volumetrico 272
conti 12
conti attivi 15
conti passivi 14
contiguo 249*
Conto Profitti e Perdite 838
contratto 250
contratto a prezzo fisso 424
contratto apposito 393
contratto che obbliga l'affittuario a ripagare gli eventuali danni 458*
contratto chiavi in mano 1092*
contratto con obblighi per una sola parte 1101*
contratto d'affitto commerciale 149
contratto d'affitto concomitante con un secondo contratto 231*
contratto d'affitto finanziario 409
contratto d'affitto garantito 962
contratto d'affitto per attività economiche 153*
contratto di acquisto 864
contratto di affitto annuale 1143
contratto di affitto del terreno (generalmente a lungo termine) 494*
contratto di affitto di primaria importanza 823
contratto di affitto prioritario 771
contratto di assicurazione 561
contratto di costruzione 133*
contratto di costruzione in base al costi più una percentuale 268*

contratto di locazione 618
contratto di occupazione 749
contratto di subaffitto 1039*
contratto di vendita 252*
contratto nullo 1127
contratto per la progettazione e costruzione 305*
contratto revocabile 1129
contratto sottinteso 531
contratto vincolato 234*
contro soffitto 1056
controllo di un edificio 134
controllo verifica di conformità al progetto autorizzato 315*
controparte 269*
controsoffitto 400
conurbazione 257
convenzione 270*
corridoio 263
costi di costruzione 241
costi di rimpiazzo 912
costi variabili 430*
costo annuo equivalente 373
costo contabile 110
costo del lotto edificabile 990
costo del servizio 970*
costo della scelta alternativa 761
costo della vita 266
costo di manutenzione 670
costo iniziale 516
costo totale di realizzazione 316
costruzione autorizzata 792
costruzione edilizia 1033
costruzione per un acquirente da determinarsi 1007*
costruzione resistente agli incendi 415
creditore 271
cristal 471
cucina 593

danni 278
danno implicito 611

ITALIANO

data della valutazione 279, 1116
debitore 282
decapitalizzazione 283*
decorazione 285
deduzione 287
deduzione fiscale in conto capitale 159*
definizione (di una causa legale) 972
demolizione 296
densità 297
deperimento fisico nella norma 738
depositario di fiducia 86
deposito 299
deposito di garanzia 251*
derogare 304
descrizione della costruzione nel suo insieme 468
descrizione voce per voce dello stato di fatto 955*
dettagliante 928
dettaglio (nella distribuzione commerciale) 921
dichiarazione di fine lavori 221
difetto congenito 551
difetto evidente 781*
difetto latente 612
differenza tra canone pagato e canone richiesto dal mercato 839*
differenza tra rendimento stimato e reale 934*
direttore dei lavori 145*
diritto consuetudinario 209*
diritto del beneficiario 95
diritto di passaggio 941, 942
diritto di prelazione 819*
diritto di sequestro 647*
diritto futuro su una proprietà o su una sua parte 935*
disposizione 331
disposizione in senso orizzontale 615
distribuzione 334
divieto di costruire 130
divisione tra soggetti del tempo di utilizzo di un bene 1080
documento 407
documento che indica una valutazione di una proprietà immobiliare 1115*
documento di offerta 1070
domanda e offerta 294
domiciliato 338
dovere fondiario 595
durata 347

edificazione nuova in sostituzione di una precedente 892
edificio 127
edificio costruito e dotato con tecnologie avanzata 512*
edificio industriale 544
edificio nuovo privo delle finizioni interne ed esterne 976*
edificio storico tutelato dalle apposite autorità 657*
edificio tutelato 858
elenco dettagliato delle parti da restaurare 956
ente che concede una licenza 646
ente per alloggi popolari 524*
ente per la gestione e promozione di edilizia residenziale 519*
ente per la gestione fiduciaria di investimenti immobiliari 849*
ente per la promozione di interventi di edilizia residenziale 521*
ente pubblico per edilizia residenziale 520*
entrata posteriore 882
equipaggiare 418
equivalente annuo 53*
esecuzione 388
esercizio finanziario 10, 410
esperto (perito) indipendente 539
esperto di valutazioni immobiliari 857
esproprio 224*
estratto del certificato di proprietà 4*
ettaro 511

fabbrica 397
fabbrica e macchinario 809
facciata 394, 455
fai-da-te 337
falso pavimento 873
fideiussione a garanzia del completamento dei lavori 790*
filiale 115
financiare 459
finanziamento a rischio 1008*
finanziamento della quota capitale 371
finanziamento di un disavasanzo 293
finanziamento posticipato 448
finestra 1138
firmare 985
flusso di cassa 177
fluttuazione del mercato 437
fogna 974
fondamento 451
fondare 450
fondi 460
fondo amministrato 673*
fondo comune di investimento 1102
fondo d'ammortamento 367*
fondo d'ammortamento annuale 56*
fondo d'investimento immobiliare 856*

ITALIANO

fondo di ammortamento 987
fondo di riserva 914*
fondo lordo per investimenti 483
fondo pensionistico 784
fondo per investimenti immobiliari 848*
fondo per opere di manutenzione straordinaria 901*
fornitore 1048
forza lavoro 672
forza maggiore 22*
frazionamento 121*
fusione 690

garante 498
garantire 497
garanzia 499, 1050, 1132*
garanzia accessoria 203
garanzia del titolo di proprietà 964
garanzia finanziaria 408
geometra 603, 868
gestione del progetto 842
gestione delle risorse 396*
gestione di proprietà immobiliari 845, 850
gestione di proprietà in favore di terzi 1091*
gestione di un portafoglio di proprietà immobiliari 852*
gestione diretta 23*
gestione energetica 360
gestore di proprietà immobiliari 851
giardino 463
giorno di scadenza cei pagamenti trimestrali 869*
giro d'affari 1093
giro d'affari del commercio al dettaglio 926
giurisdizione 589
Goad-Plan 473*
grande magazzino 298

grondaia 500
guadagni da capitale 162
guadagno 930
guadagno (perdita) contabile 111
guadagno reversibile 938*
guadagno sul capitale 931

illuminazione a fluorescenza 438
immobile 530*
immobile ad uso commercio al dettaglio 924
immobili con destinazioni d'uso diverse 697
immobilizzazione 161
impalcatura 954
impegno contrattuale irrevocabile 1*
impegno posticipato 447*
impianti di servizio all'interno dei muri perimetrali 791
impianti di servizio della caldana-massetto 1098
impianto antincendio automatico 1010
impianto di illuminazione 650
impianto di riscaldamento centralizzato a gasolio 755
impianto per il riscaldamento dell'acqua 1134
importazione 533
importo contrattuale 253
importo del canone d'affitto 907
importo netto 718
imposta di successione 380*
imposta sui terreni 604
imposta sul reddito 536
imposta sul trasferimento di capitali 167
imposta sul valore aggiunto (IVA) 1119
imposta sulle grandi imprese 262

imposta sulle proprietà immobiliari 854
impresa 212
impresa che eroga finanziamenti in "leasing" 627
impresa di grandi dimensioni 261
impresa immobiliare 313, 847
impresa in compartecipazione 588
impresario 254
in vendita 440, 1096
inadempienza 292
inadempienza di garanzia 117*
inapplicabile 739
incremento di capitale 164*
indagine 1054
indagine geologica 994
indagine sull'edilia o su un particolare edificio 144
indennità 538
indennità secondo statuto 1019
indennizzi legali 630
indennizzo 216
indice dei costi di costruzione 242
indice dei prezzi al consumo 923
indice dei prezzi di costruzione 142
indice di copertura fondiaria 991*
indice di utilizzo fondiario 811*
indici fiscali 876
indicizzazione fiscale 877
industria pesante 510
infrastruttura 550
ingegnere 362
ingiunzione di abbandono di locali 743
ingiunzione per portare a termine una transazione 742
ingrosso 1136
iniziative secondo statuto 1021*
innovazione 554
inoccupazione 1112

insediamento ad uso misto uffici e industrie - metodo per stimare il valore di una proprietà

ITALIANO

insediamento ad uso misto uffici
e industrie 698
insediamento industriale 545
insolvenza 555
installazione 556
installazioni elettriche 356
intensità della illuminazione 651
interesse 564
interesse composto 222
interesse fisso 426
interesse maturato 16*
interesse prioritario 770*
interessi di minoranza 694
interessi di terzi in un
contratto 834*
interessi di terzi in una
proprietà 835*
intestatario del contratto di
affitto di una proprietà
fondiaria 626
intonaco 810
intrinseco 569
intromissione 358*
investigazione 571
investimento 572
investimento estero 445
investimento reversibile 937*
investimento speculativo 1009*
investire 570
investitore istituzionale 558*
involucro 365
ipermercato 526
ipoteca 705
ipoteca legale 629
ipotecare 527
ipotizzare 528
iscrizione di un terreno al
catasto 601
isolamento 559
isolamento termico 1075
ispezione aerea 31*

laboratorio 1141
lastra 997
lastra di pavimento 435
lastra di vetro a due
strati 339
lavori decorativi 286*
lavori di allestimento 419
lavori di vetreria per un
edificio 472
lavoro di costruzione 245
legge dello stato 1018
legge edilizia 135
lettera 696
lettera di offerta 753*
libro fondiario 600
Libro Rosso (registro dei
creditori) 888
licenza 644*
licenza edilizia 141
licenza edilizia relativa a parte
di un intervento 775
limite 114
linee guida per la progettazione
urbanistica date
dall'autorità 804
linee guida per un intervento di
valorizzazione
immobiliare 312*
liquidità 656
locali (di un edificio) 820
locali ceduti o affittati 295*
localizzazione 663, 996
localizzazione eccellente 525*
localizzazione eccellente per la
attività commerciali 828
locatario 632
locatore 633
locazione 616*, 636
locazione soggetta a clausole
particolari 896*
locazione sulla carta 818
lordo 479
lotto 667

magazzino 1131
magazzino per grossisti operante
anche vendite
aldettaglio 927*

magazzino per la vendita al
dettaglio senza servizio di
consegna 176*
maggiorazione stimata 291*
mancanza 983*
manutenzione 669
mappa 676
mappa del lotto edificabile 993
mappa edilizia 104*
marmo 677
marqine del quale aumentare o
diminuire un valore
calcolato 542
materia prima 878
materiali da costruzione 138
mattone 122
mediare 688
mediatore 125
mercato 680
mercato azionario 1026
mercato degli investimenti 574
mercato dell'affitto 638
mercato della abitazioni 523
mercato favorevole ai
compratori 156*
mercato favorevole ai
venditori 967
mercato monetario 704
merci di confronto 215*
metodo d'investimento 575*
metodo del duplice tasso 343*
metodo del valore attuale
netto 726
metodo della zonizzazione 1151*
metodo di calcolo di un flusso di
redditi basandosi su un solo
tasso 986*
metodo di contabilità 13*
metodo di valutazione del
canone secondo parametri di
mercato 214*
metodo di valutazione
immobiliare 502*
metodo per stimare il valore di
una proprietà 1073*

ITALIANO

metro quadro 1012
mezzi di produzione 836
mezzo pubblicitario 29
miglioramenti della proprietà
 attuati dal proprietario 609
miglioramenti edilizi pagati
 dall'affittuario 1068
miglioramento 534
mobili 461
mobilità 700
modello 701
modifiche 42
moltiplicatore del duplice
 tasso 345*
moltiplicatore finanziario 1145*
monumento antico 50*
monumento tutelato 957*
motore elettrico trifase 1076
multiproprietà 1103*
muro divisorio tra la proprietà di
 due proprietari diversi 779
muro facente parte di una
 struttura edilizia 1032
muro portante 660
mutuo edilizio a breve
 termine 992

negligenza 714
negligenza professionale 837*
negoziare 91
negoziatore 716
negoziazione 715
negozio 977
negozio appartenente ad una
 catena commerciale 187*
negozio che vende a prezzi di
 saldo 327*
negozio di grande
 richiamo 668
negozio di lusso 514
negozio non dipendente da
 catene 540
negozio senza abitazione
 annessa 665
negozio specializzato 1004

netto 717
nocivo all'ambiente 366
nominale 733
non gravata da ipoteca 1100
non quotato ufficialmente 740
norma afferente 218
normativa edilizia locale 131*
normativa secondo
 statuto 1020*
norme edilizie 143
notaio 741*
notifica di ordine 361*
nulla osta delle autorità
 competenti a modifiche di un
 edificio storico 658*
nullo 1126

obbligazione 108, 280
obbligazione fondiaria 846*
obbligazione solidale 583*
obsolescenza 745
occupante 750
occupante abusivo di una
 abitazione 1013
occupazione (di un
 edificio) 746
occupazione con affitto
 settimanale (mensile) 1135
occupazione in affitto 1064
offerente 101
offerta 751, 1049, 1069
offerta di vendita 752
offerta esclusiva 198*
offerta in busta chiusa 959*
offerta informale 549
offerta limitata 654
offerta non negoziabile 416
offerta ufficiale 446*
ogni mese 788
omissione 332*
onorario 405
onorario in senso stretto 406*
opera edilizia autorizzata 84*
operativo 760
opuscolo 124

opuscolo di presentazione delle
 locazioni 637
opzione 762
ordinare 763
ordine di esproprio 225*
origine e utilizzo di fondi 1000

parco scientifico 958*
parco tecnologico 1063
parità fissa 423
parte di un ufficio attrezzata con
 tecnologie avanzate 1140
parti 776
parti comuni 211
passività 642
patrimonio fondiario 606*
pavimento 431
pavimento rialzato 401
penale 783
per cento 787
percentuale di superficie da
 destinare a posto
 macchina 173
perdita 666
perdita di capitale 165
perequazione fiscale 1061
periferie 766
periodo di ammortamento 47*
periodo di costruzione 140, 243
periodo di validità 1079*
periodo di validità della
 condizione permanente 795
periodo esente da affitto 906
periodo nullo 1128
perizia 392
permesso di costruzione 314
pertinenze 427
pertinenze di una proprietà 608
pianificazione urbana 1086
pianificazione urbana e
 regionale 1085*
piano 799
piano delle strutture
 urbanistiche 1034*
piano di costruzione 318*

ITALIANO

piano di un edificio 641
piano di zonizzazione 1152*
piano mezzanino 692
piano particolareggiato 765
piano terra 492
pianta 664
pianta (di edificio) 434
piede quadrato 1011
pilastro 797
plusvalore 100*, 160*
portafoglio 813
porticato 66
posizione ottima per il commercio 711*
possesso 815, 1072
possesso abusivo 28*
possesso assoluto 2*
possesso collettivo 210*
potere di acquisto 865
preclusione 382*
preclusione del diritto ipotecario 444
premio 109, 821
premio annuale 55
premio di assicurazione 562, 822
premio inverso 933*
presentazione 1041
presentazione errata 695
prestito 661
prestito a breve per operazioni immobiliari 123*
prestito a garanzia limitata 737*
prestito da su richiesta del creditore 158*
prestito garantito 960
prestito pubblico 475
preventivo 103, 381
previsione 443
prezzo al dettaglio 922
prezzo di costo 267
prezzo di mercato 681
prezzo di vendita 968
prezzo fondiario 599
prezzo nominale 734

prezzo richiesto 71
principi di contabilità 11
procedura di richiesta delle offerte (in una gara d'appalto) 1071
procuratore legale 999*
profitti intermedi 691*
profitto (perdita) del promotore immobiliare 308
profitto dell'intervento immobiliare 319
profondità di un edificio rispetto al fronte 146*
progetto 841
promotore immobiliare 307*
proprietà 378, 774, 843
proprietà acquista per ragioni d'investimento 576
proprietà adatta ad usi specifici 1002
proprietà allodiale 453
proprietà di caratteristiche e localizzazione eccellenti 827*
proprietà fondiaria in affitto 622*
proprietà immobiliare 880
proprietà immobiliare non occupata 1113*
proprietà industriale 547
proprietà mobiliare 709
proprietà personale 796
proprietario 598, 772
proprietario allodiale 454
proprietario del terreno 493
proprietario di un edificio 139
proprietario terriero 607
prospetto di un edificio 357
provvigione 207
pubblicazione inerente le borse internazionali 1146*
punti fondamentali di un accordo 508*
punto di pareggio 120
putrella 1023

quadro addetto alla amministrazione 675
quadro di controllo 1057
quartiere 335
quartiere degli affari 184*
quartiere periferico 1045
quartiere residenziale 522
quartiere residenziale periferico 916
quotazione 870

radiatore 872
ragione di un pagamento 240
rapporto di valutazione 64, 1117
rata 557
recuperare 887
redditività 840
reddito con valutazione di tutti i fattori di rischio 40*
reddito costante 429*
reddito da affitto 910
reddito dal investimento 580*
reddito equivalente 374*
reddito lordo 484
reddito nazionale 712
reddito netto 722
reddito rivalutato 369*
redimere (titoli obbligazionari) 889
registro degli affitti e degli affittuari 909*
registro delle proprietà immobiliari 853
registro delle spese 192*
registro di doveri terrieri 596
relazioni pubbliche 861
rendimento 328*, 1147*
rendimento atteso dal rimborso anticipato di obbligazioni 1059*
rendimento attuale 275*
rendimento corrente 947
rendimento da guadagni in conto capitale 349*

ITALIANO

rendimento da rimborso (anticipato) 891*
rendimento del flusso di cassa scontato 330*
rendimento di un bene immobile in multiproprietà 1104*
rendimento di un intervento immobiliare 321*
rendimento globale 768*
rendimento incrementale 537*
rendimento iniziale 553*
rendimento lordo di conversione 488*
rendimento marginale 679*
rendimento netto 730*
rendimento netto di redenzione (di obbligazioni) 727*
rendimento principale 829*
rendimento prioritario 830*
rendimento reversibile 939*
rendimento totale 1084*
repertorio di persone influenti in un dato settore 105
requisizione 913
responsabilità 643
responsabilità limitata 652
restauri di un edificio 1030
restrizione del commercio 919
rete autostradale 708
revisione del canone d'affitto 908*
revisione del canone finalizzata ad una maggiorazione 1107
revisione del canone per un aumento o una diminuzione 1106
revisione del canoni d'affitto in base ai valori di mercato 756*
revoca di un ordine 940*
rialzo improvviso 113
riammodernamento 703
ricerca di mercato 682
ricevimento 885
richiesta di concessione edilizia 803

riconoscimento e impegno 18*
ricorso 60*
ricorso ad una autorità urbanistica superiore 802*
ricostruire 886
rilevare la quota di una proprietà 155
rilevatore 1055*
rimanenza da pagare 89*
rimborso 890
rinegoziazione 898
rinegoziazione del contratto di locazione 619
rinnovo 894, 902
rinnovo (di locazione) 900
rinnovo (di un immobile) 899
rinnovo della locazione 620
rinnovo urbano 1108
rinuncia 1130
rinuncia momentanea ad una offerta per una maggiore 465*
rinunciare 324
ripartizione 62*
ripristino 897
riscaldamento 509
riscaldamento centrale a gas 464
riscaldamento centralizzato 185
rischio del promotore immobiliare 309
riserva in contanti 179
riserva occulta 513
riserve di capitale 166
ristorazione 918
rivalutazione di una proprietà 932
rivendita di panini 402
rogito 363, 1081
rottura di contratto 116
rovina 322

saggio d'interesse reale 355*
saggio di ammortamento 45*
sala di esposizione 984
sala riunioni 689

scadenza 199
scadenza per il completamento 220
scala mobile 375
scale 1014
scambiatore di contratti 385
scantinato 94
scontare 325
sede commerciale 147
sedi di arrività economiche 151*
semestre (nel bilanci) 501
sentenza che hanno valore giuridico in tutti i casi analoghi 175*
sentenza legale 26*
sentiero 439
senza pregiudizi 1139
sequesto di beni 333*
servitù 350*
settore privato 832
settore pubblico 862
sfrattare un inquilino 384
sicurezza 963
sistema di allarme antincendio 412
sistemazione paesaggistica 610*
società 778
società a responsabilità limitata 653, 831
Società Anonima (SA) 859*
società che valorizza terreno collettivamente con altre soci 584
società collegata 78
società di consorzio per investimenti 578
società madre 517
società mista pubblico-privato 860
società per investimenti 573*
società quotata in borsa 659*
soffitta 82
soffitto 182

ITALIANO

sotto valutazione 1097
sovraproduzione 769
spazio aperto 759
speculazione 1006
spesa iniziale 552
spesa ricorrente 422*
spese 191*
spese commerciali 148
spese correnti 948
spese di bollo 1015*
spese di occupazione 747
spese generali 470
spese legali 628
sterlina 1024
studio di fattibilità 403, 1125
sub locazione 1099
subaffitto 1036
subaffittuario 1040, 1044
subagente 1035
subappalto 1037
subordinato ad un contratto 1038
superficie ausiliare 51
superficie coperte usare da attività economiche 152*
superficie da cedere in locazione 635*
superficie di pavimento 432
superficie di vendita 952
superficie interna lorda 485*
superficie lorda da affittare 486
superficie lorda di pavimento 482*
superficie netta 354*, 719
superficie netta da affittare 724
superficie netta di pavimento 721
superficie netta di vendita 729*
superficie netta per il commercio al minuto 728
superficie utile netta 723
supermercato 1046
supervisione 1047
sussidio 1043

tabella del duplice tasso 344*
tabella di ammortamento 46
tassa 1060
tassa sui guadagni da capitale 163
tassa sui passaggi di proprietà dei beni immobili 855
tasso bancario 90
tasso cumulativo 17*
tasso d'inflazione 548
tasso d'interesse implicito 532
tasso di cambio 386
tasso di capitalizzazione 171*
tasso di crescita 496
tasso di interesse 874
tasso di rendimento 875
tasso di rendimento calcolato sul giro d'affari 1095
tasso di sconto 326
tasso interno di rendimento 567*
tasso marginale 678
tasso minimo di interesse sui prestiti 693
tasso percentuale annuo 54*
tecnica costruttiva 244
tecnica costruttiva scandinava per la realizzazione di abitazioni 1078
tegola 1077
telaio 812
teleriscaldamento 336
termine del contratto 229
terreno 988
terreno accatastato 895*
terreno agricolo divenuto edificabile per la prima volta 478*
terreno di una costruzione 989
terreno edile 597
terreno industriale 546
tetto 946
titolare di una licenza 645
titolo di proprietà 816
titolo di proprietà assoluto 3*

titolo di proprietà non gravato da ipoteche 196*
titolo restrittivo 867*
togliere 1058*
torto 1083
tramezzo 777
transazione 1088
trasferimento dei beni 260*
trasferirsi 710

ufficio 754
ufficio a pianta aperta 758
ufficio del catasto edilizio e fondiario 157*
ufficio del catasto terreni 602
ufficio dotato di ogni servizio 971*
ufficio principale 505
unità commerciale di dimensione corrente 1016*
urbanista 800
urbanistica 801
uscita di sicurezza 413
uscite 764
uso 1109
uso approvato 377*
uso autorizzato 85*
uso commerciale 276
uso consentito 793*
uso di un mutuo 467
uso legittimo 614
uso misto 699
uso non conforme 736*
uso principale 826
usufruttuario 96
usura normale 399*
utile commerciale 1087
utile generato da una proprietà in affitto 1082*
utile lordo 487
utile lordo commerciale 490

valore 1118
valore a nuovo 1120
valore aggiunto 24

ITALIANO

valore ammortizzato 301
valore annuale 57*
valore assicurativo 563
valore atteso 518*
valore attuale 825
valore attuale netto 725*
valore contabile netto 720*
valore d'inventario 112
valore d'investimento 579
valore d'uso alternativo 43*
valore d'uso attuale 389*
valore del capitale 168
valore del capitale netto 353*
valore del terreno 605
valore del terreno edificabile 995
valore dell'intervento 320*
valore della zona di affaccio sulla via migliore 1150
valore di base 93
valore di liquidazione 655
valore di mercato 274*, 683
valore di una proprietà fondiaria in affitto 625
valore di vendita obbligata 442*
valore fiscale 1062*
valore in contanti 180
valore latente 613
valore legale della pianificazione 807*

valore locativo 640*, 911*
valore lordo 491*
valore lordo della realizzazione 480
valore negativo 713*
valore nel mercato libero 757*
valore nominale 395, 735
valore realizzabile 881
valore residuo 917*
valore totale del reddito immobiliare 457*
valorizzazione (di una proprietà) 310*
valorizzazione degli elementi materiali 686*
valutatore 1121*
valutazione 63*, 306, 1114*
valutazione basato sul costo di sostituzione al netto di ammortamenti 300*
valutazione di un intervento immobiliare 311
valutazione di una proprietà fondiaria in affitto 624*
vantaggio generato da una disposizione urbanistica 806*
varietà degli esercizi al dettaglio in un centro commerciale 1067
vendere 965

vendita 38*, 949
vendita all'asta 951
vendita di una proprietà con un accordo privato 833
vendita diretta 323
vendita ed affitto contestuale della stessa proprietà 950*
vendita obbligata 441
vendita posticipata 449
vendita reclamizzata 798
venditore 966, 1123
ventilazione meccanica 687
via ricca di negozi (o galleria commerciale) 979
violazione di proprietà 1089*
visto dall'autorità urbanistica di livello superiore 805
vita economica (di un edificio) 352
voce di contabilità 9

zona 1148*

zona decentralizzata 284
zona di affaccio sulla via migliore 1149*
zona di sviluppo industriale e commerciale 364*
zona inquinata 248
zona per attività ricreative 631

NEDERLANDS

aanbetaling 340
aanbieding 1069
aanbod 1049
aandeel 975
aandelenfinanciering 371
aandelenkapitaal 370
aangepaste netto bedrijfswinst 27*
aangewezen bestemming 1110*
aangrenzend 249*
aankondiging 744
aanloopkosten 948
aanmaning om het klaar te krijgen 742
aanmaning om het pand te verlaten 743
aannemer 254
aanschaffing 863
aanschafkosten 552
aansprakelijkheid 643
aanvaarding 7
aanvangsrendement 553*, 1147*
aanvangsrendement van eersteklas onroerend goed 829*
aanzetsperiode 1017
accommodatie 8
accommodatie met alle gemakken 971*
accountancyperiode 10
achterafgaande bepaling 233*
achteringang 882
achterstand (van huur) 69
acre 21
actief management 23*
activa 72
activa en passiva 73
adviseur 30, 246*
afbraak 296
afbreuk doen aan 304
afkoop van een huurovereenkomst 1051
afkoopclausule 1053
aflossingsrendement 891*
afmetingsrichtlijnen 201*

afnemer 277
afschrift van een akte 363
afstaan 1052
afstand (van een recht) 1130
afvalwater 1133
afvoer 342
afwijkend gebruik 736*
agent voor 1 partij 998
agentschap 32
airconditioning 37
akte 288*
algemeen bouwkundige omschrijving 468
algemene onkosten 470
alternatieve gebruikswaarde 43*
amortisatiefonds 987
amortisatieperiode 47*
amortisatieplan 46
amortisatiewaarde 45*
annuïteit van £1 zal kopen 58*
apparaat 61
appartement 59, 237*
arbitrage 65*
architekt 67
atrium 81*
attractie 44*

baksteen 122
balans 88
basishuur 92*, 506
bebouwingsintrinsiteit 811*
bedrag van £1 48*
bedrijf 212
bedrijfsgebouw 544
bedrijfshuurovereenkomst 149
bedrijfsobject 547
bedrijfspacht 153*
bedrijfsresultaat 1087
bedrijfsruimte 147, 151*, 152*
bedrijfsuitgaven 148
bedrijfsverzamelgebouw 698
bedrijvencentrum 150*, 1063
begane grond 492
beglazing 472

begrensd eigendom 867*
begunstigde 96, 98
begunstigde eigenaar 97*
beheer 674
beheerd fonds (bij bv verzekeringsmaatschappij) 673*
beheerder van onroerend goed 851
belasten 190
belasting 877, 1060, 1061
belasting toegevoegde waarde (BTW) 1119
belasting van de vloer 433
belastingjaar 417
belastingwaarde 1062*
belegger 581
belegging 572
belegging vanuit het buitenland 445
beleggingsfonds voor onroerend goed 848*
beleggingsmaatschappij 573*
beleggingsmarkt 574
beleggingsmethode 575*
beleggingsrendement 580*
beleggingstrust 577*
beleggingstrustmaatschappij 578
beleggingswaarde 579
belemmerende convenant 920
bemiddelen 688
beplanting 610*
berechting 26*
berekeningsmethode 13*
bergruimte 1027
beroep 60*
beschermd (natuur)gebied 239*
beschermd gebouw 858
beschermd monument 657*
beslag 333*
Besloten Vennootschap 652
Besloten Vennootschap (BV) met beperkte aansprakelijkheid 831

Besloten Vennootschap op de beurs genoteerd - dakgoothoogte

NEDERLANDS

Besloten Vennootschap op de beurs genoteerd 860
beste lokatie (van een gebouw) 525*
bestellen 763
bestemmingsplan 318*
betaaldag 869*
beton 230
beurs (effecten) 1025*
bevoegd 217
bewijs van eigendom 1081
bewoner 750
bezetting 746
bezit van een leegstaand gebouw 1113*
bezittingen 193*
bezittingen van een eigenaar 608
bezwaar of beroep tegen afwijzing bouwvergunning 802*
bieder 101
bijzonderheden 776
binnenhuisarchitekt 566
binnenstad 341
Blauwe Boek 105
bod 751
bod voor onroerend goed is al geaccepteerd 1096
boekhouden 9
boekhouding 12
boekhoudrichtlijnen 11
boekjaar 410
boekwaarde 110, 112
boekwinst (verlies) 111
boete 783
boiler 107
bonus 109
borg 499
bouwbedrijf 313
bouwcertificaat 132*
bouwcontract 133*, 305*
bouwcontract na de oplevering 186*
bouweconoom 868
bouwinstructie 804

bouwkosten 241
bouwkostenindex 242
bouwkundig onderzoek 1031
bouwkundige 145*
bouwkundige toestand 1029
bouwlicentie 137*
bouwmateriaal 138
bouwonderzoek 144
bouwovereenkomst 128*, 136*
bouwperiode 243
bouwplan 993
bouwprijsindex 142
bouwrecht 135
bouwstop 317
bouwtechniek 244
bouwterrein 129, 989
bouwtijd 140
bouwtoezicht 134
bouwvergunning 141, 805, 808*
bouwvergunningenstelsel 315*
bouwvergunningsaanvraag 803
bouwverordening 131*
bouwvoorschriften 143
bouwwerkzaamheden 245
brandblussysteem 412
brandcertificaat 411
brandverzekering 414
break-even analyse 119
break-even punt 120
breukclausule 118*
brief 696
brochure 124
bruto 479
bruto bedrijfswinst 490
bruto contanten 483
bruto huur 489
bruto inkomen 484
bruto ontwikkelingswaarde 480
bruto oppervlak 481*
bruto verhuurbaar oppervlak 486
bruto vloeroppervlak 482*
bruto waarde 491*
brutowinst 487
buitenwijken 766

centrale gasverwarming 464
centrale olie-verwarming 755
centrale verwarming 185
cessionaris 77
cliënt 197
commanditaire vennootschap 653
commercieel centrum 184*, 205
commissiehuur 789
concessie 452
concessiehouder 228
concessiehuur 227*
concurrentieclausule 218
conferentiecentrum 259
consumptiegoederen 247
contante waarde 180, 825
contract 250
contract gebaseerd op alle kosten 268*
contract met vastgestelde prijs 424
contract waar alles inbegrepen is 1092*
contractbreuk 116
contractdeposito 251*
contractprijs 253
contractuele huurovereenkomst 255*
contractuitwisseling 385
controle 1047
convenant met bepaalde voorwaarden 866*
corporatie 261
courtage 207
crediteur 271
crediteuren 14
cumulerende rentevoet 17*
curator 884

dagelijkse goederen 258
daggeldlening 158*
dagwinkel 665
dak 946
dakgoot 500
dakgoothoogte 351*

NEDERLANDS

debiteur 282
debiteuren 15
dekapitalisatie 283*
depositaire 86
depreciatie 302
detailhandel 921
detailhandelaar 928
deurwaarder 87*
dichtheid 297
diepte van een gebouw 146*
directe verkoop 323
directie 106
disconteren 325
disconto (bank) 90
discontorendement 328*
discontowinkel 176*, 327*
discounted cash flow
 analysis 329*
distributie 334
doe-het-zelf 337
doorrijhoogte 507
dossier 407
draagmuur 660, 1032
draaistroomsterkte 1076
dual rate years' purchase 345*
dubbele beglazing 339
dwangbevel 361*
dwanghuur 782*
dwangkoop 224*
dwangkoopbevel 225*
dwangverkoop 441

economische levensduur 352
eenvoudige methode 986*
eenzijdig bindend contract
 1101*
eersteklas onroerend goed 827*
eeuwigheid 794
effectenmarkt 1026
effectief vloeroppervlak 354*
effectieve rente 355*
effectieve waarde 353*
egalisatiefonds 367*
eigenaar 607, 772
eigenaar van het gebouw 139

eigenaar-bewoner/gebruiker
 773
eigendom 196*, 774, 815
eigendom- of gebruiksrecht 1072
eigendomsaanspraak 816
eigendomsbewijs 4*
elektrische installatie 356
endossement 359
energiebeheer 360
entresol 692
erfdienstbaarheid 350*
erfpacht 622*
erfpachtcanon 495*, 702*
erfpachtrecht 494*
erkenning en uitvoering 18*
Europese Economische
 Gemeenschap (EEG) 383
expeditieverbintenis 447*
extra huur 25*

fabriek 397
facilities management 396*
fast foodwinkel 402
filiaal 115
financieren 459
financiering van het
 begrotingstekort 293
financiering van het
 land 992
financieringsmethode 1058*
flat 428
flexibele huuraanpassing 1106
fonds voor onderhoudskosten
 901*
fusie 690

gang 263
garage 462
garant 498
garantie 1132*
garantieverklaring 408
geacht 289
gearing 467
gebied 68
gebouw 127

gebrek 292
gebruik 1109
gebruiksclausule 1111*
gecreerde macht 33*
gedecentraliseerde zone 284
gedeeltelijke
 bouwvergunning 775
gegarandeerde huur 961
geïndexeerde huur 466, 543
gekweekte rente 16*
geldmarkt 704
geldontwaarding 306
Gele Boek 1146*
gelijktijdig optredende
 huurovereenkomst 231*
gelijkwaardig rendement 374*
gelijkwaardige jaarlijkse
 kosten 373
gemeenschappelijk
 eigendom 210*
gemeenschappelijke
 ruimte 208*
gemeente 662
gemene (gemeenschappelijke)
 muur 779
gemengd gebruik 699
gemengde ontwikkeling 697
geregistreerd monument 957*
gereguleerde
 huurovereenkomst 896*
geschreven wet 1018
gesloten offerte 654
gesubsidieerd bedrijventerrein
 364*
gevel 455
gevestigd 338
gevoeligheidsanalyse 969*
gevolmachtigde 75
gewoonterecht 209*
gezamenlijk bezit 587
gezamenlijk eigendom 586
gezegelde aanbieding 959*
glas 471
Goad-map 473*
goede locatie 711*

goedkeuring voor een verandering aan een beschermd monument - isolatie van de warmte

NEDERLANDS

goedkeuring voor een
　verandering aan een
　beschermd monument 658*
goodwill 474*
grens (lijn) 114
grenspercentage 678
groeistad 731*
groeivoet 496
grondbelasting 595, 604, 854
grondbezitter 493, 598
grondcertificaat 594*
grondeigendom 453, 895*
grondgebruik 826
grondkosten 990
grondonderzoek 994
grondprijs 599
grondregister 853
grondstof 878
grondvesting 451
grondwaarde 605
groothandel 1136, 1137

haalbaarheidsstudie 403
handelsbeperking 919
handelsgebruik 276
handelsregister 206
hectare 511
herbouwen 886
herbouwingsclausule 883*
herkomst en besteding van
　middelen 1000
heronderhandeling 898
herroepingsbevel 940*
herstelwerkzaamheden
　binnenshuis 286*
herstructurering 892
herstructureringsclausule 893*
herstructureringsgebied 223*
hertaxatie 932
herziening van het
　huurcontract 619
hi-tech gebouw 512*
historische kostprijs 516
honorarium 405
hoofdaannemer 469

hoofdhandelaar 592
hoofdhuurder 591*
hoofdhuurovereenkomst 504
hoofdkantoor 505
hoogconjunctuur 113
hoogste huur 99*
hoogte van het plafond 183
houten frame 1078
huidig rendement 275*
huidige gebruikswaarde 389*
huidige huur 780*
huidige kostenrekening 273*
huisvestingsorgaan 520*
huren 515
huren (ver) 617
huur 748, 903, 1064
huurbescherming 964
huurcontract 616*, 618
huurder 632, 1066
huurder is verantwoordelijk voor
　alle onkosten 458*
huurder is verantwoordelijk voor
　interne reparaties 568*
huurdersmix 1067
huurmarkt 638
huuropbrengst 910
huuroverdracht 76
huurovereenkomst 749, 1065*
huur(koop)overeenkomst 36*
huurovereenkomst gebaseerd op
　omzet 1094*
huurovereenkomst met
　bescherming voor de
　huurder 256*
huurovereenkomst onder de
　marktwaarde 372*
huurpremie 823
huurprijsaanpassing 908*
huurprijsniveau 907
huursom 625
huurstopclausule 905*
huurvereffening 368*
huurverhoging 1107
huurvrije periode 906
huurwaarde 640*, 911*

hypermarkt 526
hypotheek 705
hypotheekgever 707
hypotheekhouder 706
hypotheeklening 737*
hypothetische
　huurovereenkomst 529

impliciet convenant 531
impliciet groeipercentage 532
import 533
in ere herstelling 897
inbreuk 358*
inclusief huur 535*
incourant 740
index van kosten
　levensonderhoud 923
indexering 541
indexeringstegemoetkoming 542
industrieterrein 545, 546
inflatiepercentage 548
informele offerte 549
infrastruktuur 550
ingenieur 362
ingevoerd gebruik 377*
inhoud 272
inkomenspremie 291*
inkomstenbelasting 536
innovatie 554
inrichting 285
inrichting (van winkel) 427
inrichtingswerkzaamheden 419
inschrijvingsproces 1071
insolventie 555
installatie 556
institutionele belegger 558*
interest 564
internal rate of return
　(IRR) 330*, 488*, 567*
intrinsiek 569
inventaris 420
investeren 570
inzinken van een gebouw 973
isolatie 559
isolatie van de warmte 1075

NEDERLANDS

jaarlijks amortisatiefonds 56*
jaarlijks equivalent 53*
jaarlijks percentage 54*
jaarlijkse huurder 1144
jaarlijkse huurovereenkomst 1143
jaarlijkse premie 55
jaarlijkse waarde 57*
jaarrekening 52
joint venture 588
juridische kosten 628
juridische stappen 630
jurisprudentie 175*

kaart 104*
kabelgoten 1098
kadaster 157*, 600, 602
kadastrale registratie 601
Kamer van Koophandel 188*
kanaal 346
kantoor 754
kantoortuin 758
kapitaalreserve 166
kapitaaluitgave 161
kapitaalvergoeding 159*
kapitaalverlies 165
kapitaalwaarde 168
kapitaalwinst 162
kapitalisatie 169*
kapitalisatie van reserves 170*
kapitalisatievoet 171*
kapitaliseren 172
karakteristiek 404
kasreserve 179
kasstroom 177
keerpremie 933*
keuken 593
kleinhandel 925
koers 870
kolom 797
koopcontract 252*, 864
koopkracht 865
kopen 154
korte termijnfinanciering 123*
korting 41*, 287
kortingspercentage 326

kosten 191*, 764
kosten om het pand te
 betrekken 747
kosten van levensonderhoud 266
kostenadviseur 265
kostenanalyse 178, 264
kostenregister 192*
kostprijs 267
kozijnconstructie
 (van een deur) 812
kraker 1013
kraking 28*

land voor ontwikkeling 597
landeigenaar 454
landmeter 603
landreserves 606*
latente waarde 613
leasingsbedrijf 627
leasingscontract 409
leegstand 1112
legale vergoeding 1019
lei 997
leiding 1090*
lening 661
levenslange huurovereenkomst
 648
leverancier 1048
licentiegever 646
licentiehouder 645
lichtsterkte 651
lift 649
ligging 996
liggingscoëfficiënt 991*
lineaire afschrijving 1028*
liquidatiewaarde 655
liquiditeit 656
locatie 663, 798
looptijd 347
loskoping 890
luxe winkel 514

maatschappelijk kapitaal 583*
maatschappij gemachtigd om als
 trustee op te treden 1102

machtigingsbreuk 117*
magazijn 1131
maisonette 671
makelaar 125, 1055*
makelaar die in dienst genomen
 is 929*
makelaar voor 1 partij 387
makelaardij in onroerend
 goed 379
makelaarsprovisie 126
mankracht 672
marginaal rendement 679*
markt 680
markt met meer aanbod dan
 vraag 156*
marktinformatie 684
marktonderzoek 682
marktprijs 681
marktrendement 40*
marktschommelingen 437
marktwaarde 274*
marmer 677
materiële overweging 685*
mechanische ventilatie 687
medeëigenaar 200, 585
medemakelaardij 582*
medium om te
 adverteren 29
methode om inkomsten te
 taxeren 343*
meubilair 461
middelen 460
minderheidsdeelneming
 78, 694
minimum uitleenspercentage
 (van de Bank of England) 693
minimumhoogte van het
 plafond 195*
misrepresentatie 695
mobiliteit 700
model 701
modernisering 703
moedermaatschappij 517
monument(oud) 50*
multiplicator 1145*

NEDERLANDS

**Naamloze Vennootschap
(NV) 859***
nalatigheid 714
nationaal inkomen 712
negatief verschil
 aanvangsrendement en
 staatsleningen 934*
negatieve waarde 713*
netto 717
netto bedrag 718
netto boekwaarde 720*
netto contante waarde 725*
netto contante waarde
 methode 726
netto inkomen 722
netto oppervlak 485*, 719
netto rendement 727*, 730*
netto verhuurbaar oppervlak 724
netto verkoopoppervlakte
 728, 729*
netto vloeroppervlak 721
netwerk van autowegen 708
niet van toepassing 739
nieuwwaarde 1120
nominaal 733
nominale prijs 734
nominale waarde 395, 735
nooduitgang 413
notaris 741*
nutsbedrijven 1021*
nuttig oppervlak 723

obligatie 108, 280, 790*
offerdocument 1070
offerte 753*
officiële inschrijving 446*
omtrek 365
omtrekt schacht van een
 lift/zuil 791
omwonden metalen
 constructie 976*
omzet 1093
omzet van de
 kleinhandel 926
omzetspercentage 1095

onafhankelijke deskundige 539
onbeperkt eigendomsrecht 3*
onder voorbehoud 1139
onderdelen 211
onderdelen en machinerie
 (installatie) 809
onderhandelaar 716
onderhandelen 91
onderhandeling 715
onderhands contract 833
onderhandse inschrijving 198*
onderhandse leningen 281
onderhevig aan contract 1038
onderhoud 669
onderhoudskosten 670
onderhuurder 1040, 1044
onderpand 1050
onderschatting 1097
ondertekenen 985
ondertekenen van het
 contract 229
onderverhuring 1039*, 1099
onderverhuur 1036
onderzoek 571, 1054
ongeldig 1126
ongeldig contract 1127
ongewaarborgd
 erfpachtcanon 1105*
onrecht 1083
onroerend 530*
onroerend goed
 421, 843, 879, 880
onroerend goed dat voor een
 bepaalde functie bestemd
 is 1002
onroerend-goedbeheer 845, 850
onroerend-goedbelegging 576
onroerend-goedbeleggings-
 trust 849*
onroerend-goedmaatschappij
 847
onroerend-goedmaatschappij
 gemachtigd om als trustee op
 te treden 856*
onroerend-goedobligatie 846*

onroerend-goedportefeuille-
 beheer 852*
onroerend-goedspecialist 844
onroerend-goedtaxateur 857
ontkennen 324
ontwerp 615, 799
ontwikkeling 686*
ontwikkeling voor de vrije
 markt 1007*
ontwikkelingscontract 314
ontwikkelingsinstructie 312*
ontwikkelingskosten 316
ontwikkelingsrendement
 319, 321*
ontwikkelingswaarde 320*
ontwikkelingswinst 806*, 807*
ontwikkelingswinst (verlies) 308
onvoorwaardelijk convenant 1*
onzichtbare schade 611
op de beurs genoteerd
 bedrijf 659*
op korte termijn 980*, 981
opbrengstwaarde 881
open ruimte 759
oplevering 219*
opleveringstermijn 220
opleveringsuittreksel 221
oplopende rente 945*
opportuniteitskosten 761
oprichten 450
oproeping 913
opslag- cq personeelsruimte 51
optie 762
overdracht 38*, 260*
overdrachtsbelasting 855, 1015*
overdrachtsclausule 39*
overdragen (van onroerend
 goed) 74*
overeenkomst 35*
overerfd gebouw 295*
overheersende
 huurovereenkomst 771
overmacht 22*
overproduktie 769
overweging 240

NEDERLANDS

pachtbevrijding 623*
pachtboek 909*
pachter 626
pakhuis voor de
  kleinhandel 927*
panden 820
pandrecht 647*
parallele overeenkomst 202*
parallele zekerheid 203
parkeerverhoudingsquote 173
particuliere sector 832
passage 66
passiva 642
pensioenfonds 784
per jaar 786
per maand 788
per pond sterling 817
periode van leegstand 1128
periode van onbeperkte
  duur 795
persoonlijk eigendom 796
plafond 182
plafondhoogte 436
planologie 801
planoloog 800
plattegrond 434, 664, 676
plattegrond getekend van een
  luchtfoto 31*
pleisterkalk 810
pond 1024
portefeuille 813
positieve convenant 814
preferente huurovereenkomst
  962
preferente lening 960
premie 821
premiehuur 824*
procent 787
procureur 999*
produktiefaciliteiten 836
professionele nalatigheid 837*
project 841
projectbegeleiding 842
projectontwikkelaar 307*
projectontwikkeling 310*

projectwaardering 311
public relations 861
publieke sector 862

raam 1138
radiator 872
receptie 885
recht van toegang 941
rechtmatig gebruik 614
rechtsbetrekkend contract 834*
rechtsbetrekkend land 835*
rechtsbevoegdheid 589
rechtsmisbruik 5
recreatiegebied 631
redelijke huur 398*
register met prijzen van land 596
rendement 875, 930
rendement met periodieke
  verhogingen 537*
rendement op het kapitaal 931
rendement van een
  aandeel 349*
renovatie 894, 902
rentabiliteit 840
rentabiliteitsanalyse 1125
rente op rente 222
rentevoet 874
reservefonds 914*
restauratie 918
restwaarde 917*
rijweg 174
riool 974
risico voor de
  projectontwikkelaar 309
risico-belegging 1009*
risicokapitaal 944, 1124
Rode Boek 888
roerende goederen 709
roltrap 375
ruimtelijke ordening 1085*

schade 278
schadelijk voor het milieu 366
schadeloosstelling 216, 538
schakelbord 1057

schatting 381
schatting van de kosten 103
scheidingsmuur 777
schetsplan bouwvergunning 765
schriftelijke goedkeuring 1142
schriftelijke verbintenis 376*
sciencepark 958*
semester 501
servicekosten 970*
sleutelgeld 590*
sleutelhuurder 49*
slijtage 399*, 738
sluitingsdatum 199
souterrain 94
speciaal (overheersend)
  belang 770*
speciaal verdrag 393
speciaalzaak 1004
speciale koper 1001*
specialiteitencentrum 1003
specificatie 1005
speculatie 1006
speculatieve financiering 1008*
sprinkler (sproei)
  systeem 1010
staal 1022
staalconstructie 1023
staatslening 475
stadscentrum 194
stadsvernieuwing 1108
stadsverwarming 336
standaardwinkelruimte 1016*
stedebouw 1086
stedelijke agglomeratie 257
steiger 954
stichting 1091*
stijgende huur 943*
stille reserve 513
structureel onderhoud 1030
structuur 1033
structuurplan 1034*
subagent 1035
subcontract (aanvullend
  contract) 1037
subsidie 476, 1043

NEDERLANDS

substitutiegoederen 215*
successierecht 380*
supermarkt 1046
symbolisch huurbedrag 785*

t.l.-verlichting 438
tarief 876
taxateur 1121*
taxatie 63*, 1114*
taxatie van de pacht 624*
taxatie zonder vergelijkbaar materiaal 300*
taxatiecertificaat 1115*
taxatiedatum 279, 1116
taxatiemethode waar het inkomen van onroerend goed veranderd 1073*
taxatierapport 64, 392, 1117
taxatietabel voor dual rate methode 344*
te koop 440
tegel 1077
tegenhanger 269*
tekort 982, 983*
termijn 557
termijnfinanciering 448
terrein 667, 988
terughuren 621
terugkopen 889
terugvallend 936
terugvallend rendement 938*, 939*
terugvallende belegging 937*
terugvallende bezitting 935*
terugvragen 887
tijdlimiet 1079*
timeshare 1080
toegang (tot een gebouw) 6
toegestaan gebruik 793*
toegestane ontwikkeling 792
toegevoegde waarde 24
toestemming 238
toewijzen 477
toonzaal 984
toplocatie 828

totaal rendement 768*, 1084*
totale huur 767
transactie 1088
trap 1014
tuin 463
tussenpersoon 34
tussentijdse balans 565
tussenwinst 691*

uitbreiding 390
uitbreidingsgebied 478*
uitgangswaarde 93
uitgifte 331
uitkopen 155
uitrusten 418
uitsluiting 382*
uitspansel 391
uitvoering 388
uitzetten 384
unitisatie 1103*
unitisatierendement 1104*

variabele huur 1122
vast recht 422*
vast rendement 429*, 947
vaste pariteit 423
vastgestelde huur 425*
vastgestelde huurovereenkomst 80*
vastgestelde korte huurovereenkomst 79*
vastgestelde rente 426
vastgoed 378
vaststaand aanbod 416
vaststelling 70
veiling 83*
vennootschap (VOF) 778
vennootschapsbelasting 262
verandering van gebruik 189*
verbetering 534
verbetering van het kapitaal 164*
verbeteringen door de eigenaar 609
verbeteringen door de huurder 1068

verbod om te bouwen 130
verboden terrein betreden 1089*
verbonden gebrek 551
verbonden ontwikkelingsmaatschappij 584
verborgen gebrek 612
verbouwing 42
verdeling 62*
verdieping 641
verdrag 270*
vereffening 972
vereffeningsrendement 369*
vereist rendement 1059*
vergaderzaal 689
vergelijkend huurprincipe 214*
vergelijkingen 213*
vergunning 226, 644*
verhoging 357
verhoogde vloer 401
verhuizen 710
verhuren 634, 636, 904
verhuurbaar oppervlak 635*
verhuurbijzonderheden 639
verhuurbrochure 637
verhuurder 633
verkoop 949
verkoop door veiling 951
verkoop in eenheden 121*
verkoopbijzonderheden 953
verkoopoppervlak 952
verkoopprijs 968
verkoopsaanbod 752
verkoopvoorwaarden 236, 508*
verkopen 965
verkopen en terughuren van onroerend goed 950*
verkoper 966, 1123
verkoper dwingt een prijs af die hoger is dan de afgesprokene 465*
verkopersmarkt 967
verlaagd plafond 400, 1056
verlaten 303

NEDERLANDS

verlenging 900
verlenging van het
 huurcontract 620
verlichting 650
verlies 666
vermogensaanwasbelasting 163
vermogensoverdrachtsbelasting 167
vernietigbaar contract 1129
vernieuwing 899
veronderstelde verkoop 290*
veronderstellen 528
verontachtzaming 332*
veroudering 745
verpanden 527
verschuldigd bedrag 89*
verstokte huur 503
verstokte methode 502*
vertegenwoordiger 675
vervalling van een
 hypotheek 444
vervangingskosten 912
vervuilde grond 248
verwaarlozing 322
verwaarlozingsschema 956
verwachte waardeverhoging 518*
verwarming 509
verwerven 19
verwerving 20
verzakking 1042
verzekeringscontract 561
verzekeringsmaatschappij 560
verzekeringspremie 562, 822
verzekeringswaarde 563
verzorgingsgebied 181*
vierkante meter 1012
vierkante voet 1011
vliering 82
vloer 431
vloeroppervlak 432
vloerplaat 435

vlottend kapitaal 430*
voetpad 439
vol honorarium 406*
volle markthuur 871*
volledige huur 456
volledige huurwaarde 457*
volstrekt eigendom 2*
voorafgaande bepaling 232*
voorfinanciering 449
voorgevel 394
voorkeursrecht 819*
voorlegging 1041
voorrangsrendement 830*
voorspelling 443
voorstad 1045
voorverhuur 818
voorwaardelijk contract 234*
voorwaardelijke
 bouwvergunning 235*
voorwaarden 1074
voorwaardenschema 955*
vraag en aanbod 294
vraagprijs 71
vrij (van hypotheek) 1100
vrij op naam 732
vrije doorgang 942
vrije huuraanpassing 756*
vrije marktwaarde 757*
vrije verkoopwaarde 683
vuurbestendige
 constructie 415

waarborgen 497
waarborgsom 299
waarde 1118
waarde van een
 dwangverkoop 442*
waarde van het land 995
waardestijging van het
 kapitaal 160*
waardevermeerdering 100*
waardevermindering 301

warenhuis 298
warmwatersysteem 1134
wekelijkse (maandelijkse)
 huurovereenkomst 1135
weldadig belang 95
werkplaats 1140, 1141
werkzaam 760
wetsinstrument 1020*
wettelijk gebruik van land 85*
wettelijke
 bouwontwikkeling 84*
wettelijke hypotheek 629
wijk 335
winkel 540, 977
winkel die het publiek
 aantrekt 668
winkelcentrum 978*
winkelketen 187*
winkelpassage 979
winkelprijs 922
winkels 924
Winst- en Verliesrekening 838
winsthuur 839*, 1082*
Wissel 102
wisselkoers 386
woning 348
woningcorporatie 519*, 521*
woningmarkt 523
woningstichting 524*
woonhuis 915
woonwijk 522, 916

zekerheid 963
zichtbaar gebrek 781*
zone 1148*
zone A 1149*
zone A-waarde 1150
zoneringsmethode 1151*
zoneringsplan 1152*
zuil 204
zware industrie 510
zwevende (verhoogde) vloer 873

GOOCH & WAGSTAFF
Chartered Surveyors International Property Consultants

Gooch & Wagstaff is a leading firm of Chartered Surveyors and International Property Consultants specializing in office, retail and other commercial property throughout the United Kingdom and in continental Europe. Our objective is to give an independent and comprehensive but personal service to all of our clients. We are committed to providing imaginative solutions to clients' property problems based upon the accumulated skills and experience gained since the inception of the Partnership in 1879.

Gooch & Wagstaff has offices in the City of London, Mayfair and Edinburgh, together with further associated offices in France, Germany, Holland and Spain.

Translations

	ENGLISH	DEUTSCH	ESPAÑOL
1*	absolute covenant	Vertragsabrede *f*	convenio *m* absoluto
2*	absolute ownership	unbeschränktes Eigentum *n*	posesión *f* absoluta
3*	absolute title	Eigentum, dingliches Eigentumsrecht *n*	título *m* absoluto
4*	abstract of title	Grundbuchauszug *m*	resumen *m* del título
5	abuse of law	Rechtsmissbrauch *m*	abuso *m* de ley
6	access (to a building)	Eingang *m* (zu einem Gebäude)	acceso *m*
7	accession (to ownership)	Eigentumserwerb *m*	advenimiento *m*
8	accommodation	Unterkunft *f*	hospedaje *m*
9	accounting entry	Buchführungseintrag *m*	partida *f* de contabilidad
10	accounting period	Abrechnungszeitraum *m*	ejercicio *m* contable
11	accounting principles	Abrechnungsprinzip *n*	principios *m* de contabilidad
12	accounts	Geschäftsbücher *n*	cuentas *f*
13*	accounts method	Ertragswertverfahren *n*	método *m* de cuentas
14	accounts payable	Verbindlichkeiten *f*	cuentas *f* a pagar
15	accounts receivable	Forderungen *f*, Aussenstände *m*	cuentas *f* a recibir
16*	accrued interest	aufgelaufene Zinsen *m*	interés *m* acumulado
17*	accumulative interest rate	akkumulierender Zinssatz *m*	tipo *m* de acumulación
18*	acknowledgement and undertaking	Bestätigung und Zusicherung *f*	acuse *m* de recibo y garantía
19	acquire	erwerben *v*	adquirir *v*
20	acquisition	Erwerb *m*	adquisición *f*
21	acre (4,047 square metres)	Morgen *m*	acre *m*

FRANCAIS	ITALIANO	NEDERLANDS	
convention *f*, contrat *m*	impegno *m* contrattuale irrevocabile	onvoorwaardelijk convenant *o*	1*
propriété *f*	possesso *m* assoluto	volstrekt eigendom *o*	2*
titre *m* (de propriété)	titolo *m* di proprietà assoluto	onbeperkt eigendomsrecht *o*	3*
résumé *m* du titre (de propriété)	estratto *m* del certificato di proprietà	eigendomsbewijs *o*	4*
abus *m* de droit	abuso *m* legislativo	rechtsmisbruik *o*	5
accès *m* (à un bâtiment)	accesso *m*	toegang *m* (tot een gebouw)	6
accession *f* (à la propriété)	accesso *m*	aanvaarding *f*	7
logement *m*	alloggio *m*	accommodatie *f*	8
écriture *f* comptable	voce *f* di contabilità	boekhouden *o*	9
exercice *m* comptable	esercizio *m* finanziario	accountancyperiode *f*	10
principes *m* comptables	principi *m* di contabilità	boekhoudrichtlijnen *f*	11
comptabilité *f*	conti *m*	boekhouding *f*	12
méthode *m* comptable	metodo *m* di contabilità	berekeningsmethode *f*	13*
comptes *m* fournisseurs	conti *m* passivi	crediteuren *m*	14
comptes *m* clients	conti *m* attivi	debiteuren *m*	15
intérêts *m* courus	interesse *m* maturato	gekweekte rente *f*	16*
taux *m* d'intérêt cumulé	tasso *m* cumulativo	cumulerende rentevoet *m*	17*
accusé et réception *f*	riconoscimento e impegno *m*	erkenning en uitvoering *f*	18*
acquérir *v*	acquistare *v*	verwerven *v*	19
acquisition *f*	acquisizione *f*	verwerving *f*	20
acre *m*	acro *m*	acre	21

	ENGLISH	DEUTSCH	ESPAÑOL
22*	Act of God	höhere Gewalt *f*	caso *m* de fuerza mayor
23*	active management	aktive Hausverwaltung *f*	gestión *f* activa
24	added value	Mehrwert *m*	valor *m* agregado
25*	additional rent	zusätzliche Miete *f*	renta *f* adicional
26*	adjudication	Urteil *n*	adjudicación *f*
27*	adjusted net trading profit	berichtigter Netto-Handelsgewinn *m*	ganancia *f* neta de benéficio de explotacion
28*	adverse possession	unrechtmässiger Besitz *m*	posesión *f* adversa
29	advertising medium	Werbemittel *n*	medio *m* de publicidad
30	advisor(er)	Berater *m*	asesor *m*
31*	aerial survey	Luftvermessung *f*	estudio *m* aéreo
32	agency	Maklerbüro *n*	agencia *f*
33*	agency by estoppel	durch schlüssiges Verhalten erteilte Vollmacht *f*	agencia *f* por desestimación de una demanda
34	agent	Makler *m*	agente *m*
35*	agreement	Vereinbarung *f* (schriftlich)	contrato *m*
36*	agreement for lease (or sale)	Mietvereinbarung *f*	contrato *m* de arrendamiento
37	air-conditioning	Klimaanlage *f*	aire *m* acondicionado
38*	alienation	Übertragung, Gebrauchsüberlassung *f*	alienación *f*
39*	alienation clause	Übertragungsklausel *f*	cláusula *f* de alienación
40*	all risk yield	Rendite *f*	rédito *m* de todos los riesgos

FRANCAIS	ITALIANO	NEDERLANDS	
cas *m* de force majeure	forza *f* maggiore	overmacht *f*	22*
gestion *f* dynamique	gestione *f* diretta	actief management *o*	23*
valeur *f* ajoutée	valore *m* aggiunto	toegevoegde waarde *f*	24
loyer *f* complementaire	affitto *m* supplementare	extra huur *f*	25*
vente *f* judiciaire	sentenza *f* legale	berechting *f*	26*
bénéfice *m* net d'exploitation après impôts	attivo *m* commerciale netto corretto con opportune variazioni	aangepaste netto bedrijfswinst *f*	27*
squatterisement *m*	possesso *m* abusivo	kraking *f*	28*
media *m* publicitaire	mezzo *m* pubblicitario	medium *o* om te adverteren	29
conseiller *m*	consigliere *m*	adviseur *m*	30
relevé *m* topographique aérien	ispezione *f* aerea	plattegrond *m* getekend van een luchtfoto	31*
agence *f*	agenzia *f*	agentschap, bureau *o*	32
pouvoir *m* cré	azione *f* di preclusione	gecreerde macht *f*	33*
agent *m*	agente *m*	tussenpersoon *m*	34
accord *m*	accordo *m*	overeenkomst *f*	35*
contrat *m* de location (ou de vente)	accordo *m* d'affitto (o di vendita)	huur (koop) overeenkomst *f*	36*
climatisation *f*	condizionamento *m* d'aria	airconditioning *f*	37
alienation *f* (de biens)	vendita *f*	overdracht, vervreemding *f*	38*
clause *f* de sous-lou	clausola *f* di vendita	overdrachtsclausule *f*	39*
rendement *m* tous risques	reddito *m* con valutazione di tutti i fattori di rischio	marktrendement *o*	40*

	ENGLISH	DEUTSCH	ESPAÑOL
41*	allowance	Freibetrag *m*	subsidio *m*, bonificación *f*
42	alterations (to a building)	Umbau *m*	reformas *f*
43*	alternative use value	Wert *m* bei alternativer Nutzung	valor *m* del empleo alternativo
44*	amenities (see facilities)	Anlagen, Einrichtungen *f*	comodidades, amenidad *f*
45*	amortisation rate	Tilgungsrate *f*	tipo *m* de amortización
46	amortisation table	Tilgungsplan *m*	cuadro *m* de amortización
47*	amortisation term	Tilgungszeit *f*	período *m* de amortización
48*	amount of £1	Endwert *m* von £1	importe *m* de £1
49*	anchor tenant	Hauptmieter *m*, der andere Mieter anzieht	inquilino *m* cierto
50*	ancient monument	Denkmal *n*	monumento *m* histórico (antiguo)
51	ancillary space	zusätzlicher Raum *m*	superficie *f* auxiliar
52	annual accounts	Jahresabschluss *m*	cuentas *f* anuales
53*	annual equivalent	Jahresäquivalent *n*	equivalente *m* anual
54*	annual percentage rate	jährlicher Prozentsatz *m*	tipo *m* de porcentaje anual
55	annual premium	Jahresprämie *f*	anualidad *f*
56*	annual sinking fund	jährlicher Schuldentilgungsfonds *m*	fondo *m* de amortización anual
57*	annual value	Jahresertrag *m*	valor *m* anual
58*	annuity £1 will purchase	Annuität *f* von £1 wird erwerben	anualidad *f* con £1 se puede comprar
59	apartment	Wohnung *f*	apartamento *m*

FRANCAIS	ITALIANO	NEDERLANDS	
allocation *f*	abbuono *m*	korting *f*	41*
travaux *m* de transformation	modifiche *f*	verbouwing, aanpassing *f*	42
valeur *f* potentielle	valore *m* d'uso alternativo	alternatieve gebruikswaarde *f*	43*
aménagements *m*	attrattive *f*	attractie, voorziening *f*	44*
taux *m* d'amortissement	saggio *m* di ammortamento	amortisatiewaarde *f*	45*
plan *m* d'amortissement	tabella *f* di ammortamento	amortisatieplan *o*	46
période *f* d'amortissement	periodo *m* di ammortamento	amortisatieperiode *f*	47*
montant *m* de 1 livre	ammontare *m* del £1	bedrag *o* van £1	48*
locomotive *f*	affittuario *m* di richiamo	sleutelhuurder *m*	49*
monument *m* ancien	monumento *m* antico	monument(oud) *o*	50*
surface *f* annexe	superficie *f* ausiliare	opslag- cq personeelsruimte *f*	51
bilan *m* annuel	contabilità *f* annuale	jaarrekening *f*	52
équivalent *m* annuel	equivalente *m* annuo	jaarlijks equivalent *o*	53*
taux *m* annuel	tasso *m* percentuale annuo	jaarlijks percentage *o*	54*
prime *f* annuelle	premio *m* annuale	jaarlijkse premie *f*	55
fonds *m* d'amortissement annuel	fondo *m* d'ammortamento annuale	jaarlijks amortisatiefonds *o*	56*
valeur *f* locative annuelle	valore *m* annuale	jaarlijkse waarde *f*	57*
annuité *f* de 1 livre achetera	acquisti *m* in actre monete effettuabili con una annualità di £1	annuïteit *f* van £1 zal kopen	58*
appartement *m*	appartamento *m*	appartement *o*	59

	ENGLISH	DEUTSCH	ESPAÑOL
60*	appeal (see planning appeal)	Revision *f*	apelación *f*
61	appliance	Gerät *n*	utensilio *m*
62*	apportionment	Zuteilung *f*	repartición *f*
63*	appraisal (see valuation)	Rentabilitätsberechnung *f*	evaluación *f*
64	appraisal report	Gutachten *n*	informe *m* de la evaluación
65*	arbitration	Schiedsgerichtsverfahren *n*	arbitraje *m*
66	arcade	Arkade, Passage *f*	galería *f*
67	architect	Architekt *m*	arquitecto *m*
68	area	Fläche *f*	área *f*
69	arrears (of rent)	Mietrückstand *m*	atrasos *m* (de alquiler)
70	ascertainment	Feststellung *f*	comprobación *f*
71	asking price	Preisvorstellung *f*	precio *m* de salida
72	asset	Aktivposten *m*, Vermögen *n*	activo *m*
73	assets and liabilities	Aktiva und Passiva *n*	activo y pasivo *m*
74*	assign	übertragen *v*	asignar *v*
75	assignee	Rechtsnachfolger *m*	cesionario *m*
76	assignment	Abtretung *f*	cesión, asignación *f*
77	assignor	Zedent *m*	cesionista *m*
78	associated company	Partnerfirma *f*	compañía *f* asociada
79*	assured shorthold tenancy	befristeter Mietvertrag *m*	arriendo *m* asegurado de breve duración
80*	assured tenancy	gesichertes Mietverhältnis *n*	inquilinato *m* asegurado
81*	atrium	Atrium *n*	atrio *m*

FRANCAIS	ITALIANO	NEDERLANDS	
appel *m*	ricorso *m*	beroep *o*	60*
appareil *m*	apparecchio *m*	apparaat *o*	61
répartition *f*	ripartizione *f*	verdeling *f*	62*
expertise *f*	valutazione *f*	taxatie *f*	63*
rapport *m* d'évaluation	rapporto *m* di valutazione	taxatierapport *o*	64
arbitrage *m*	arbitrato *m*	arbitrage *f*	65*
galerie *f* marchande	porticato *m*	passage *f*	66
architecte *m*	architetto *m*	architekt *m*	67
surface *m*	area *f*	gebied *o*	68
arriérés *m* (de loyer)	arretrati *m*	achterstand *m* (van huur)	69
vérification *f* (d'un fait)	accertamento *m*	vaststelling *f*	70
prix *m* demandé	prezzo *m* richiesto	vraagprijs *m*	71
actif *m*	attivo *m*	activa *f*	72
actif et passif *m*	attivi e passivi *m*	activa en passiva *f*	73
ceder, transferer *v* (une propriété) ayant droit	assegnare *v*	overdragen *v* (van onroerend goed)	74*
bénéficiaire *m*	assegnatario *m*	gevolmachtigde *m*	75
cession *f* (d'un bail)	cessione *f*	huuroverdracht *f*	76
cédant *m*	cedente *m*	cessionaris *m*	77
filiale *f*	società *f* collegata	minderheidsdeelneming *f*	78
location *f* précaire	affitto *m* di breve durata e garantito	vastgestelde korte huurovereenkomst *f*	79*
location *f* avec bail	affitto *m* garantito	vastgestelde huurovereenkomst *f*	80*
atrium *f*	atrio *m*	atrium *f*	81*

	ENGLISH	DEUTSCH	ESPAÑOL
82	attic	Dachgeschoss *n*	ático *m*
83*	auction	Versteigerung *f*	subasta *f*
84*	authorised development (see planning permission and permitted development)	genehmigte Bebauung *f*	urbanización *f* autorizada
85*	authorised use	bewilligte Nutzung *f*	uso (empleo) *m* autorizado
86	bailee	Verwahrer *m*	depositario *m*
87*	bailiff	Gerichtsvollzieher *m*	administrador *m*
88	balance sheet	Bilanz *f*	balance *m*, estado de cuenta
89*	balancing charge	Ausgleichsgebühr *f*	honorarios *m* de balance
90	bank rate	Diskontsatz *m*	tasa *f* de descuento bancario
91	bargain (see negotiate)	verhandeln *v*	negociar *v*
92*	base rent	Basismiete *f*	alquiler *m* de base
93	base value	Grundwert *m*	valor *m* de base
94	basement	Untergeschoss *n*	sótano *m*
95	beneficial interest (in property)	materieller Eigentumsanspruch *m*	usufructo *m*
96	beneficial occupier	Nutzungsberechtigter *m*	usufructuario *m*
97*	beneficial owner	wirtschaftlicher Eigentümer *m*	usufructuario *m*
98	beneficiary	Begünstigter *m*	beneficiario *m*
99*	best rent	höchstmögliche Miete *f*	alquiler *m* mejor
100*	betterment	Melioration *f*	plusvalía *f*
101	bidder	Bieter *m*	postor, ofertante *m*
102	Bill of Exchange	Wechsel *m*	Letra *f* de Cambio
103	bill of quantities	Leistungsverzeichnis *n*	cubicación *f* de obra

FRANCAIS	ITALIANO	NEDERLANDS	
grenier m	soffitta f	vliering f	82
vente f aux enchères	asta f	veiling f	83*
opération f de promotion d'aménagement autorisé	opera f edilizia autorizzata	wettelijke bouwontwikkeling f	84*
autorisation f d'usage spécifique	uso m autorizzato	wettelijk gebruik o van land	85*
dépositaire m	depositario m di fiducia	depositaire m	86
huissier m	aiuto m sceriffo	deurwaarder m	87*
bilan m (d'inventaire)	bilancio m	balans f	88
frais m	rimanenza f da pagare	verschuldigd bedrag o	89*
taux m d'escompte	tasso m bancario	disconto (bank) o	90
faire v une bonne affaire	negoziare v	onderhandelen v	91
loyer m de base	affitto m minimo	basishuur f	92*
valeur f de base	valore m di base	uitgangswaarde f	93
sous-sol m	scantinato m	souterrain o	94
usufruit m	diritto m del beneficiario	weldadig belang o	95
usufruitier m	usufruttuario m	begunstigde m	96
propriétaire m qui bénéfice	beneficiario m	begunstigde eigenaar m	97*
bénéficiaire m	beneficiario m	begunstigde m	98
meilleur loyer m	canone m massimo	hoogste huur f	99*
plus value f	plusvalore m	waardevermeerdering f	100*
enchérisseur m	offerente m	bieder m	101
Lettre f de Change	Cambiale f	Wissel m	102
devis m	preventivo m	schatting f van de kosten	103

	ENGLISH	DEUTSCH	ESPAÑOL
104*	block plan	Aufriss *m* eines Häuserblocks	plano *m* diminuto de una área, croquis
105	Blue Book	Blaues Buch *n*	cuaderno *m* de exámenes
106	Board of Directors	Verwaltungsrat *m*	consejo *m* de administración
107	boiler	Boiler *m*	caldera *f*
108	bond (see debenture)	Obligation *f*, Schuldschein *m*	obligación *f*
109	bonus	Sondervergütung *f*	gratificación *f*
110	book cost (shadow price)	Buchwert *m*	coste *m* contable
111	book gain (loss)	Buchgewinn (verlust) *m*	ganancia *f* (pérdida) contable
112	book value	Buchwert *m*	valor *m* contable
113	boom	Boom *m*	bonanza *f*
114	boundary	Grenze *f*	linde *m*
115	branch (office)	Zweigstelle *f*	filial *f*
116	breach of contract	Vertragsverletzung *f*	incumplimiento *m* del contrato
117*	breach of warranty	Verletzung *f* der Gewährleistungspflicht	incumplimiento *m* de la garantía
118*	break clause	Kündigungsklausel *f*	cláusula *f* de salvaguarda
119	break-even analysis	Gewinnschwellenanalyse *f*	análisis *m* de punto de equilibrio
120	break-even point	Rentabilitätsgrenze *f*	punto *m* de equilibrio
121*	break-up operation	Auflösungsvorgang *m*	operación *f* de liquidación
122	brick	Ziegelstein *m*	ladrillo *m*

FRANCAIS	ITALIANO	NEDERLANDS	
plan *m* de masse	mappa *f* edilizia	kaart *f*, plattegrond *m*	104*
Livre *m* Bleu	repertorio *m* di persone influenti in un dato settore	Blauwe Boek *o*	105
conseil *m* d'administration	consiglio *m* d'amministrazione	directie *f*	106
chaudière *f*	caldaia *f*	boiler *m*	107
obligation *f*	obbligazione *f*	obligatie *f*	108
prime *f*, bonus *m*	premio *m*	bonus *m*	109
prix *m* comptable	costo *m* contabile	boekwaarde *f*	110
bénéfice *m* (perte) *f* comptable	guadagno *m* (perdita) contabile	boekwinst *f* (verlies) *o*	111
valeur *f* comptable	valore *m* d'inventario	boekwaarde *f*	112
boom *m*	rialzo *m* improvviso	hoogconjunctuur *f*	113
limite *f*	limite *m*	grens(lijn) *f*	114
succursale *f*	filiale *f*	filiaal *o*	115
rupture *f* de contrat	rottura *f* di contratto	contractbreuk *f*	116
rupture *f* de garantie	inadempienza *f* di garanzia	machtigingsbreuk *f*	117*
clause *f* de résiliation	clausola *f* di inadempienza contrattuale	breukclausule *f*	118*
analyse *f* du seuil de rentabilité	analisi *f* del punto di pareggio	break-even analyse *f*	119
seuil *m* de rentabilité	punto *m* di pareggio	break-even punt *o*	120
dissolution *f* de l'entreprise	frazionamento *m*	verkoop *f* in eenheden	121*
brique *f*	mattone *m*	baksteen *m*	122

	ENGLISH	DEUTSCH	ESPAÑOL
123*	bridging finance	Zwischenfinanzierung *f*	crédito *m* provisional
124	brochure	Broschüre *f*	folleto *m*
125	broker	Makler *m*	agente *m* de negocios
126	brokerage fee	Maklergebühr *f*	corretaje *m*
127	building	Gebäude *n*	edificio *m*
128*	building agreement	Bauabsprache *f*	convenio *m* de construcción
129	building area	Baufläche *f*	área *f* de construcción
130	building ban	Bausperre *f*	prohibición *f* de edificar
131*	building byelaw	Bauvorschriften *f*	estatuto *m* secundario de construcción *f*
132*	building certificate	Bauschein *m*	título *m* de construcción
133*	building contract	Bauvertrag *m*	contrato *m* de obras
134	building inspection	Bauinspektion *f*	inspección *f* del edificio
135	building law	Baurecht *n*	ley *f* respecto de la construcción
136*	building lease	Baupacht (vertrag) *m*	arrendamiento *m* de construcción
137*	building licence	Bauerlaubnis *f*	licencia *f* de obras
138	building materials	Baumaterial *n*	materiales *m* de construcción
139	building owner	Bauherr *m*	propietario *m* del edificio

FRANCAIS	ITALIANO	NEDERLANDS	
crédit-relais *m*	prestito *m* a breve per operazioni immobiliari	korte termijnfinanciering *f*	123*
brochure, plaquette publicitaire *f*	opuscolo *m*	brochure *f*	124
courtier *m*	mediatore *m*	makelaar *m*	125
courtage *m*	compenso *m* di mediazione	makelaarsprovisie *f*	126
immeuble, bâtiment *m*	edificio *m*	gebouw *o*	127
autorisation *f* (permis) de construire	concessione *f* edilizia	bouwovereenkomst *f*	128*
zone *f* de construction	area *f* edificabile	bouwterrein *o*	129
interdiction *f* de construire	divieto *m* di costruire	verbod *o* om te bouwen	130
règlement d'urbaniste, plan d'occupation des sols *m*	normativa *f* edilizia locale	bouwverordening *f*	131*
certificat *f* de conformité	certificato *m* di collaudo o di abitabilità	bouwcertificaat *o*	132*
contrat *m* de construction	contratto *m* di costruzione	bouwcontract *o*	133*
inspection *f* d'immeuble	controllo *m* di un edificio	bouwtoezicht *o*	134
règlementation *f* de la construction	legge *f* edilizia	bouwrecht *o*	135
bail *m* à construction	affitto *m* subordinato alla costruzione di un nuovo edificio	bouwovereenkomst *f*	136*
permis *m* de construire (autorisation)	autorizzazione *f* edilizia	bouwlicentie *f*	137*
matériaux *m* de construction	materiali *m* da costruzione	bouwmateriaal *o*	138
propriétaire *m* de l'immeuble	proprietario *m* di un edificio	eigenaar *m* van het gebouw	139

	ENGLISH	DEUTSCH	ESPAÑOL
140	building period	Bauzeit *f*	plazo *m* de obras
141	building permit	Baugenehmigung *f*	permiso *m* de obras
142	building price index	Baukostenindex *m*	índice *m* de precios de la construcción
143	building regulations	Bauverordnung *f*	reglamento *m* de construcción
144	building survey	Baugutachten *n*	inspección *f* de una construcción
145*	building surveyor	Baugutachter *m*	inspector *m* de obra
146*	built depth	Bautiefe *f*	profundidad *f* de edificación
147	business accommodation	Geschäftsräume *m*	alojamiento *m* comercial
148	business expenses	Geschäftskosten *f*	gastos *m* de los negocios
149	business lease	gewerblicher Mietvertrag *m*	arrendamiento *m* comercial
150*	business park (see science park)	Gewerbe Park *m*	centros *m* de negocios
151*	business premises	Geschäftsräume *m*	oficina *f* comercial
152*	business space	Gewerbefläche *f*	sitio *m* comercial
153*	business tenancy	gewerbliches Mietverhältnis *n*	inquilinato *m* comercial
154	buy	kaufen *v*	comprar *v*
155	buy out	auszahlen, aufkaufen *v*	comprar la parte de (un socio) *v*
156*	buyer's market	Käufermarkt *m*	mercado *m* de comprador
157*	cadastre (see Land Registry)	Kataster *m*	catastro *m*

FRANCAIS	ITALIANO	NEDERLANDS	
période *f* de construction	periodo *m* di costruzione	bouwtijd *m*	140
permis *m* de construire	licenza *f* edilizia	bouwvergunning *f*	141
indice *m* des prix de la construction	indice *m* dei prezzi di costruzione	bouwprijsindex *m*	142
règles *f* de construction	norme *f* edilizie	bouwvoorschriften *o*	143
inspection *m* d'immeuble	indagine *f* sull'edilia o su un particolare edificio	bouwonderzoek *o*	144
controleur *m* technique	direttore *m* dei lavori	bouwkundige *m*	145*
épaisseur *f* d'un immeuble	profondità *f* di un edificio rispetto al fronte	diepte *f* van een gebouw	146*
hotel *m* d'entreprise	sede *f* commerciale	bedrijfsruimte *f*	147
frais *m* commerciaux	spese *f* commerciali	bedrijfsuitgaven *f*	148
bail *m* commercial	contratto *m* d'affitto commerciale	bedrijfshuurovereenkomst *f*	149
parc *m* d'entreprise	centro *m* di arrività produttive avanzate	bedrijvencentrum *o*	150*
locaux *m* commerciaux	sedi *f* di arrività economiche	bedrijfsruimte *f*	151*
locaux *m* d'activité	superficie *f* coperte usare da attività economiche	bedrijfsruimte *f*	152*
bail *m* commercial	contratto *m* d'affitto per attività economiche	bedrijfspacht *f*	153*
acheter *v*	comprare *v*	kopen *v*	154
racheter *v*	rilevare la quota di una proprietà *v*	uitkopen *v*	155
marché *m* acheteur	mercato *m* favorevole ai compratori	markt *m* met meer aanbod dan vraag	156*
cadastre *m*	ufficio *m* del catasto edilizio e fondiario	kadaster *o*	157*

	ENGLISH	DEUTSCH	ESPAÑOL
158*	call loan	kurzfristiges Darlehen *n*	préstamo *m* reembolsable a la vista
159*	capital allowance	Abschreibung *f*	desgravación *f* sobre bienes de capital
160*	capital appreciation	Vermögenszuwachs *m*	plusvalía *f*
161	capital expenditure	Investitionsaufwand *m*	inversiones *f* de capital
162	capital gains	Veräusserungsgewinn *m*	beneficios *m* sobre capital, plusvalía *f*
163	capital gains tax	Kapitalertragssteuer *f*	impuesto *m* sobre las ganancias de capital
164*	capital improvement	Kapitalverbesserung *f*	mejoramiento *m* del capital
165	capital loss	Kapitalverlust *m*	pérdida *f* de capital
166	capital reserves	Kapitalreserve *f*	reservas *f* de capital
167	capital transfer tax	Schenkungs-und Erbschaftssteuer *f*	impuesto *m* sobre transmisiones de capital
168	capital value	Kapitalwert *m*	valor *m* en activo
169*	capitalisation	Kapitalisierung *f*	capitalización *f*
170*	capitalisation of reserves	Reservenkapitalisierung *f*	capitalización *f* de reservas
171*	capitalisation rate	Kapitalisierungsrate *f*	tipo *m* de capitalización
172	capitalise	kapitalisieren *v*	capitalizar *v*
173	car parking ratio	Parkplatzkoeffizient *m*	proporción *f* de espacio para el aparcamiento
174	carriageway	Fahrbahn *f*	carretera *f* de doble calzada

FRANCAIS	ITALIANO	NEDERLANDS	
prêt *m* au jour le jour (remboursable à la demande)	prestito *m* da su richiesta del creditore	daggeldlening *f*	158*
déduction *f* fiscale sur les investissements	deduzione *f* fiscale in conto capitale	kapitaalvergoeding *f*	159*
plus value *f*	plusvalore *m*	waardestijging *f* van het kapitaal	160*
dépenses *f* d'investissement	immobilizzazione *f*	kapitaaluitgave *f*	161
plus values *f*	guadagni *m* da capitale	kapitaalwinst *f*	162
impôt *m* sur les plus-values	tassa *f* sui guadagni da capitale	vermogensaanwasbelasting *f*	163
amélioration *f* du capital	incremento *m* di capitale	verbetering *f* van het kapitaal	164*
perte *f* en capital	perdita *f* di capitale	kapitaalverlies *o*	165
réserves *f* en capital	riserve *f* di capitale	kapitaalreserve *f*	166
impôts sur dons et libéralités	imposta *f* sul trasferimento di capitali	vermogensoverdrachts- belasting *f*	167
valeur *f* en capital	valore *m* del capitale	kapitaalwaarde *f*	168
capitalisation *f*	capitalizzazione *f*	kapitalisatie *f*	169*
intégration *f* des réserves dans le capital	capitalizzazione *f* delle riserve	kapitalisatie *f* van reserves	170*
taux *m* de capitalisation	tasso *m* di capitalizzazione	kapitalisatievoet *m*	171*
capitaliser *v*	capitalizzare *v*	kapitaliseren *v*	172
ratio *m* de place de parking	percentuale *f* di superficie da destinare a posto macchina	parkeerverhoudingsquote *f*	173
chaussée *f*	carreggiata *f*	rijweg *m*	174

ENGLISH	DEUTSCH	ESPAÑOL
175* case law	Fallrecht *n*	jurisprudencia *f*
176* cash and carry warehouse	Abholmarkt *m*	de pago al contado sin entrega a domicilio
177 cash flow	Cash-Flow *m*	flujo *m* de caja
178 cash flow analysis	Cash-Flow Analyse *f*	análisis *m* del flujo de caja
179 cash reserve	Barreserve *f*	reserva *f* en efectivo
180 cash value	Barwert *m*	valor *m* al contado
181* catchment area	Einzugsgebiet *n*	zona *f* de captación
182 ceiling	Decke *f*	techo *m*
183 ceiling height	lichte Höhe *f*	altura *f* del techo
184* central business district	Kerngebiet *n*	distrito *m* central de negocios
185 central heating	Zentralheizung *f*	calefacción *f* central
186* certificate of practical completion	Bauabnahmeschein *m*	certificado *m* de finalización de la obra
187* chain store	Ladenkette *f*	sucursal *f* de cadena de almacenes
188* Chamber of Industry and Commerce	Industrie- und Handelskammer *f*	Cámara *f* de Comercio e Industria
189* change of use	Nutzungsänderung *f*	cambio *m* de uso
190 charge	belasten *v*	cargar *m*
191* charges	Gebühren *f*	costes *m*

FRANCAIS	ITALIANO	NEDERLANDS	
jurisprudence *f*	sentenza *f* che hanno valore giuridico in tutti i casi analoghi	jurisprudentie *f*	175*
dépôt-vente *m*	magazzino *m* per la vendita al dettaglio senza servizio di consegna	discontowinkel *m*	176*
cash flow *m*	flusso *m* di cassa	kasstroom *f*	177
analyse *f* des coûts	analisi *f* del flusso di cassa	kostenanalyse *f*	178
réserve *f* de trésorerie	riserva *f* in contanti	kasreserve *f*	179
valeur *f* en espèces	valore *m* in contanti	contante waarde *f*	180
zone *f* de chalandise	bacino *m* di raccolta	verzorgingsgebied *o*	181*
plafond *m*	soffitto *m*	plafond *o*	182
hauteur *f* des plafonds	altezza *f* dal pavimento al soffitto	hoogte *f* van het plafond	183
quartier *m* de commerces et de bureaux, quartier d'affaire	quartiere *m* degli affari	commercieel centrum, zakendistrict *o*	184*
chauffage *m* central	riscaldamento *m* centralizzato	centrale verwarming *f*	185
certificat *m* d'achèvement des travaux	certificato *m* di fine lavori	bouwcontract *o* na de oplevering	186*
magasin *m* à succursales multiples, chaine de magasins	negozio *m* appartenente ad una catena commerciale	winkelketen *f*	187*
Chambre *f* de Commerce et d'Industrie	Camera *f* di Commercio	Kamer *m* van Koophandel	188*
changement *m* d'affectation	cambio *m* di destinazione d'uso	verandering *f* van gebruik	189*
facturer *v*	addebitare *v*	belasten *v*	190
frais *m*	spese *f*	kosten *f*	191*

	ENGLISH	DEUTSCH	ESPAÑOL
192*	charges register	Kostenregister n, Gebührenordnung f	registro m de los débitos
193*	chattels	bewegliches Eigentum n	bienes m muebles
194	city centre	Stadtmitte f	centro m de la ciudad
195*	clear height	lichte Höhe f	altura f libre de techo
196*	clear title	uneingeschränktes Recht n	título m limpio
197	client	Mandant m	cliente m
198*	closed tender	beschränkte Ausschreibung f	propuesta f cerrada
199	closing date	Schlusstag m	ultimo día, día de cierre m
200	co-owner	Miteigentümer m	copropietario m
201*	Code of Measuring Practice	Messverfahrensregeln m, DIN-Norm f	código m de las normas de medición
202*	collateral agreement	Nebenabmachung f	acuerdo m colateral
203	collateral security	Sicherungsgegenstand m	garantía f colateral
204	column	Säule f	columna f
205	commercial centre	Geschäftszentrum n	centro m comercial
206	commercial register	Handelsregister n	registro m comercial
207	commission	Auftrag m, Provision f	comisión f
208*	common area	Gemeinschaftsfläche f	área f común
209*	common law (see case law)	Gewohnheitsrecht n	derecho m común
210*	common ownership	Gesamthandgemeinschaft f	propiedad f en común
211	common parts	gemeinsame Teile m	partes f comunes
212	company	Gesellschaft f	empresa f

FRANCAIS	ITALIANO	NEDERLANDS	
registre *m* des frais	registro *m* delle spese	kostenregister *o*	192*
biens *m* meubles	beni *m* mobili	bezittingen *f*	193*
centre-ville *f*	centro *m* città	stadscentrum *o*	194
hauteur *f* libre	altezza *f* libera	minimumhoogte *f* van het plafond	195*
pleine propriété *f*	titolo *m* di proprietà non gravato da ipoteche	eigendom *o*	196*
client *m*	cliente *m*	cliënt *m*	197
soumission *f* scellée	offerta *f* esclusiva	onderhandse inschrijving *f*	198*
date *f* limite	scadenza *f*	sluitingsdatum *m*	199
co-propriétaire *m*	comproprietario *m*	medeëigenaar *m*	200
code *m* de mesures	codice *m* di procedura per misurare gli immobili	afmetingsrichtlijnen *f*	201*
avenant *m*	accordo *m* di garanzia accessoria	parallele overeenkomst *f*	202*
garantie *f* additionnelle	garanzia *f* accessoria	parallele zekerheid *f*	203
colonne *f*	colonna *f*	zuil *f*	204
centre *m* commercial	centro *m* commerciale	commercieel centrum *o*	205
registre *m* du commerce	albo *m* commerciale	handelsregister *o*	206
commission *f*	provvigione *f*	courtage *f*	207
partie *f* commune	area *f* in comproprietà	gemeenschappelijke ruimte *f*	208*
jurisprudence *f*	diritto *m* consuetudinario	gewoonterecht *o*	209*
copropriété *f*	possesso *m* collettivo	gemeenschappelijk eigendom *o*	210*
parties *f* communes	parti *f* comuni	onderdelen *o*	211
société, compagnie *f*	impresa *f*	bedrijf *o*	212

	ENGLISH	DEUTSCH	ESPAÑOL
213*	comparables	Vergleichsobjekte *n*	comparables
214*	comparative rent principle	Vergleichsmietenprinzip *n*	principio *m* comparativo de renta
215*	comparison goods	Substitutionsgüter *n*	bienes *m* de comparación
216	compensation	Entschädigung *f*	compensación *f*
217	competent	qualifiziert *adj*	competente *a*
218	competitional clause	Wettbewerbsklausel *f*	cláusula de competencia
219*	completion	Fertigstellung *f*	terminación *f*
220	completion deadline	Fertigstellungstermin *m*	último fecha *f* para la terminación de las obras
221	completion statement	Fertigstellungserklärung *f*	declaración *f* de finalización de obras
222	compound interest	Zinseszins *m*	interés *m* compuesto
223*	comprehensive development area	Gesamtentwicklungsgebiet *n*	área *f* de urbanización comprensiva
224*	compulsory purchase	Enteignung *f*	venta *f* forzosa
225*	compulsory purchase order	Enteignungsbeschluss *m*	orden de compra *f* forzosa
226	concession	Konzession *f*	concesión *f*
227*	concessionary rent	Konzessionsmiete *f*	renta *f* del concesionario
228	concessionaire	Konzessionsinhaber *m*	concesionario *m*
229	conclusion of contract	Vertragsabschluss *m*	conclusión *f* del contrato
230	concrete	Beton *m*	hormigón *m*
231*	concurrent lease	gleichlaufender Mietvertrag *m*	arrendamiento *m* concurrente

FRANCAIS	ITALIANO	NEDERLANDS	
comparables	beni *m* comparabili a fini valutativi	vergelijkingen *f*	213*
détermination *f* de la valeur locative par comparaison des loyers	metodo *m* di valutazione del canone secondo parametri di mercato	vergelijkend huurprincipe *o*	214*
marchandise *f* substituable	merci *f* di confronto	substitutiegoederen *o*	215*
compensation *f*	indennizzo *m*	schadeloosstelling *f*	216
compétent *adj*	competente *agg*	bevoegd *adj*	217
clause *f* de concurrence	norma *f* afferente	concurrentieclausule *f*	218
achèvement *m*	compimento *m*	oplevering *f*	219*
date *f* d'achèvement	scadenza *f* per il completamento	opleveringstermijn *m*	220
état *m* d'achèvement	dichiarazione *f* di fine lavori	opleveringsuitreksel *o*	221
intérêt *m* composé	interesse *m* composto	rente *f* op rente	222
zone *f* d'aménagement concertée (ZAC)	area *f* da valorizzare nel suo insieme	herstructureringsgebied *o*	223*
expropriation *f*	esproprio *f*	dwangkoop *m*, onteigening *f*	224*
arreté *m* d'expropriation	ordine *m* di esproprio	dwangkoopbevel *o*, onteigeningsacte *f*	225*
concession *f*	concessione *f*	vergunning *f*	226
loyer *m* de convention	affitto *m* agevolato	concessiehuur *f*	227*
concessionnaire *m*	concessionario *m*	concessiehouder *m*	228
signature *f* du contrat	termine *m* del contratto	ondertekenen *o* van het contract	229
béton *m*	calcestruzzo *m*	beton *o*	230
contrat *m* de location parallèle	contratto *m* d'affitto concomitante con un secondo contratto	gelijktijdig optredende huurovereenkomst *f*	231*

	ENGLISH	DEUTSCH	ESPAÑOL
232*	condition precedent	aufschiebende Bedingung *f*	condición *f* previa
233*	condition subsequent	auflösende Bedingung *f*	requisito *m* ulterior
234*	conditional contract	bedingter Vertrag *m*	contrato *m* condicional
235*	conditional planning permission (see planning permission)	bedingte Baugenehmigung *f*	permiso *m* de construcción condicionado
236	conditions of sale	Verkaufsbedingungen *f*	condiciones *f* de venta
237*	condominium	Kondominium *n*	condominio *m*
238	consent	Genehmigung *f*	consentimiento *m*
239*	conservation area	Denkmalschutzgebiet *n*	área *f* de conservación
240	consideration	Abwägung, Gegenleistung *f*	consideración *f*
241	construction costs	Baukosten *f*	costes *m* de construcción
242	construction cost index	Baupreisindex *m*	índice *m* del coste de construcción
243	construction period	Bauzeit *f*	período *m* de construcción
244	construction technique	Bautechnik *f*	técnicas *f* de construcción
245	construction work	Bauarbeiten *f*	obras *f*
246*	consultant	Berater *m*	consultor *m*
247	consumer goods	Verbrauchsgüter *f*	bienes *m* de consumo
248	contaminated land	kontaminiertes Gelände *n*	terreno *m* contaminado

FRANCAIS	ITALIANO	NEDERLANDS	
condition *f* prépensive	clausola *f* la cui entilata in vigore dipende il resto del contratto	voorafgaande bepaling *f*	232*
condition *f* suspensive	clausola *f* dipendente da quanto indicato in precedenza nel contratto	achterafgaande bepaling *f*	233*
contrat *m* sous conditions suspensives	contratto *m* vincolato	voorwaardelijk contract *o*	234*
permis *f* de construire avec réserves	concessione *f* edilizia subordinata a convenzione	voorwaardelijke bouwvergunning *f*	235*
conditions *f* de vente	condizioni *f* di vendita	verkoopvoorwaarden *f*	236
copropriété *f*	condominio *m*	appartement *o*	237*
accord, consentement *m*	autorizzazione *f*	toestemming *f*	238
zone *f* préservée	area *f* protetta	beschermd (natuur) gebied *o*	239*
considération *f*	ragione *f* di un pagamento	overweging *f*	240
coûts *m* de la construction	costi *m* di costruzione	bouwkosten *f*	241
indice *m* du coût de la construction	indice *m* dei costi di costruzione	bouwkostenindex *m*	242
période *f* de construction	periodo *m* di costruzione	bouwperiode *f*	243
technique *f* de construction	tecnica *f* costruttiva	bouwtechniek *f*	244
travaux *m* de construction	lavoro *m* di costruzione	bouwwerkzaamheden *f*	245
conseil *m*	consulente *m*	adviseur *m*	246*
biens *m* de consommation	beni *m* di consumo	consumptiegoederen *m*	247
terrain *m* contaminé	zona inquinata	vervuilde grond *m*	248

	ENGLISH	DEUTSCH	ESPAÑOL
249*	contiguous	benachbart *adj*	contiguo *a*
250	contract	Vertrag *m*	contrato *m*
251*	contract deposit	Vertragsanzahlung *f*	depósito *m* de garantía
252*	contract for sale	Kaufvertrag *m*	contrato *m* en venta
253	contract price	Vertragspreis *m*	precio *m* contractual
254	contractor	Baufirma *f*	contratista *m*
255*	contractual tenancy	vertragliches Mietverhältnis *n*	arriendo *m* contractual
256*	controlled tenancy	kontrolliertes Mietverhältnis *n*	período *m* de arriendo regulado
257	conurbation	Ballungsgebiet *n*	conurbación *f*
258	convenience goods	Waren *f* des täglichen Gebrauchs	artículos *m* de primera necesidad
259	convention centre	Konferenzzentrum *n*	centro *m* de convenciones
260*	conveyance (of property)	Übertragung *f*	traspaso *m* de propiedad
261	corporation	Körperschaft *f*	corporación *f*
262	corporation tax	Körperschaftssteuer *f*	impuesto *m* sobre la renta de sociedades
263	corridor	Flur *m*	corredor *m*
264	cost analysis	Kostenanalyse *f*	análisis *m* de costes
265	cost consultant	Kostenberater *m*	consultor *m* de coste
266	cost of living	Lebenshaltungskosten *f*	coste *m* de la vida
267	cost price	Selbstkostenpreis *m*	precio *m* de coste

FRANCAIS	ITALIANO	NEDERLANDS	
contigu *adj*	contiguo *agg*	aangrenzend *adj*	249*
contrat *m*	contratto *m*	contract *o*	250
dépôt *m* de garantie	deposito *m* di garanzia	contractdeposito *o*	251*
contrat *m* de vente	contratto *m* di vendita	koopcontract *o*	252*
prix *m* contractuel	importo *m* contrattuale	contractprijs *m*	253
entrepreneur *m*	impresario *m*	aannemer *m*	254
bail *m* contractuel	affitto *m* contrattuale	contractuele huurovereenkomst *f*	255*
bail *m* d'habitation	affitto *m* controllato	huurovereenkomst *f* met bescherming voor de huurder	256*
conurbation *f*	conurbazione *f*	stedelijke agglomeratie *f*	257
biens *m* de consommation courante	beni *m* di conforto	dagelijkse goederen *m*	258
centre *m* de congrès	centro *m* congressvale	conferentiecentrum *o*	259
acte *m* de vente	trasferimento *m* dei beni	overdracht *f*	260*
société *f*	impresa *f* di grandi dimensioni	corporatie *f*	261
impôt *m* sur les sociétés	imposta *f* sulle grandi imprese	vennootschapsbelasting *f*	262
couloir *m*	corridoio *m*	gang *m*	263
analyse *f* des coûts	analisi *f* dei costi	kostenanalyse *f*	264
chef *m* responsable de la comptabilité	consulente *m* dei costi	kostenadviseur *m*	265
coût *m* de la vie	costo *m* della vita	kosten *f* van levensonderhoud	266
prix *m* de revient	prezzo *m* di costo	kostprijs *m*	267

	ENGLISH	DEUTSCH	ESPAÑOL
268*	cost-plus contract	Gewinnspannevertrag *m*	contrato *m* de coste más honorarios
269*	counterpart	Doppel *n*	contraparte *f*
270*	covenant	Vertragsabrede *f*	pacto *m*
271	creditor	Kreditor *m*	acreedor *m*
272	cubic content (volume)	Rauminhalt *m*	capacidad *f* cúbica
273*	current cost accounting	aktuelle Kalkulation *f*	contabilidad *f* de costos corrientes
274*	current use value	jetziger Gebrauchswert *m*	valor *m* del uso actual
275*	current yield	aktuelle Rendite *f*	rendimiento *m* corriente
276	custom of the trade	Handelsbrauch *m*	uso *m* comercial, costumbre de la plaza
277	customer	Kunde *m*	cliente *m*
278	damages	Schaden *m*	daños *m*
279	date of valuation	Bewertungsdatum *n*	fecha *f* de la valorción
280	debenture (see bond)	Obligation *f*	obligación *f*
281	debt certificates	Schuldschein *m*	certificados *m* de deuda
282	debtor	Schuldner *m*	deudor *m*
283*	decapitalisation	Dekapitalisierung *f*	descapitalización *f*
284	decentralised area	dezentralisiertes Gebiet *n*	zona *f* descentralizada
285	decoration	Dekoration *f*	decoración *f*
286*	decorative repairs	Schönheitsreparaturen *f*	reparaciones *f* de decoración
287	deduction	Abzug *m*	deducción *f*
288*	deed	Übertragungsurkunde *f*	escritura *f*

FRANCAIS	ITALIANO	NEDERLANDS	
contrat *m* de travaux de gré à gré	contratto *m* di costruzione in base al costi più una percentuale	contract *o* gebaseerd op alle kosten	268*
copie *f* certifiée	controparte *f*	tegenhanger *m*	269*
convention *f*	convenzione *f*	verdrag, convenant *o*	270*
créditeur *m*	creditore *m*	crediteur *m*	271
volume *m* cubique	contenuto *m* volumetrico	inhoud *m*	272
réévaluation *f* des bilans	contabilità *f* a costi correnti	huidige kostenrekening *f*	273*
valeur *f* marchande	valore *m* di mercato	marktwaarde *f*	274*
taux *m* de rendement, rentabilité *f*	rendimento *m* attuale	huidig rendement *o*	275*
pratiques *f* courantes de la profession	uso *m* commerciale	handelsgebruik *o*	276
client *m*	cliente *m*	afnemer, klant *m*	277
dommage *m*	danni *m*	schade *f*	278
date *f* d'évaluation	data *f* della valutazione	taxatiedatum *m*	279
obligation *f*	obbligazione *f*	obligatie *f*	280
reconnaissance *f* de dette	certificati *m* di debito	onderhandse leningen *f*	281
débiteur *m*	debitore *m*	debiteur *m*	282
décapitalisation *f*	decapitalizzazione *f*	dekapitalisatie *f*	283*
zone *f* décentralisée	zona *f* decentralizzata	gedecentraliseerde zone *f*	284
décoration *f*	decorazione *f*	inrichting *f*	285
travaux *m* de remise en état	lavori *m* decorativi	herstelwerkzaamheden *f* binnenshuis	286*
déduction *f*	deduzione *f*	korting *f*	287
acte *m*	atto *m*	akte *f*	288*

	ENGLISH	DEUTSCH	ESPAÑOL
289	deemed	angesehen werden als *adj*	juzgado *a*
290*	deemed disposal	angenommener Verkauf *m*	cesión *f* estimada
291*	deemed premium	angenommene Prämie *f*	bonificación *f* juzgada
292	default	Nichterfüllung *f*	falta *f*
293	deficit financing	Defizitfinanzierung *f*	financiamiento *m* deficitario
294	demand and supply	Angebot *n* und Nachfrage *f*	oferta y demanda *f*
295*	demised premises	Mietobjekt *n*	establecimiento *m* deficitario
296	demolition	Abbruch *m*	demolición *f*
297	density	Geschossflächenzahl *f* (GFZ)	densidad *f*
298	department store	Kaufhaus *n*	grandes almacenes *m*
299	deposit	Kaution *f*	fianza *f*
300*	depreciated replacement cost basis	Restbuchwert *m*	base *f* depreciado del costo de reposición
301	depreciated value	Abschreibungsrestwert *m*	valor *m* deprecido
302	depreciation	Wertverminderung *f*	depreciación *f*
303	derelict	herrenlose Sache *f*	abandonado *a*
304	derogate	mindern, beeinträchtigen *v*	derogar *v*
305*	design and build contract	Entwurfs-und Ausführungsvertrag *m*	contrato *m* de proyecto y construcción
306	devaluation	Entwertung *f*	devaluación *f*
307*	developer	Bauträger *m*	promotor *m*
308	developer's profit(loss)	Bauträgergewinn (verlust) *m*	beneficio *m* (pérdida) del promotor

FRANCAIS	ITALIANO	NEDERLANDS	
jugé *adj*	considerato *agg*	geacht *adj*	289
vente *f* supposée	cessione *f* in giudicato	veronderstelde verkoop *m*	290*
prime *f* supposée	maggiorazione *f* stimata	inkomenspremie *f*	291*
défaut *m*	inadempienza *f*	gebrek *o*	292
financement *m* du déficit budgétaire	finanziamento *m* di un disavasanzo	financiering *f* van het begrotingstekort	293
offre et demande *f*	domanda e offerta *f*	vraag *f* en aanbod *o*	294
cession *f* de bail	locali *m* ceduti o affittati	overerfd gebouw *o*	295*
démolition *f*	demolizione *f*	afbraak *f*, sloop *m*	296
densité *f*	densità *f*	dichtheid *f*	297
grands magasins *m*	grande magazzino *m*	warenhuis *o*	298
dépôt *m* de garantie	deposito *m*	waarborgsom *f*	299
valeur *f* de remplacement	valutazione *f* basato sul costo di sostituzione al netto di ammortamenti	taxatie *f* zonder vergelijkbaar materiaal	300*
valeur *f* d'amortissement	valore *m* ammortizzato	waardevermindering *f*	301
dépréciation *f*, amortissement *m*	ammortamento *m*	depreciatie *f*	302
friche *adj*	abbandonato *agg*	verlaten *adj*	303
déroger *v*	derogare *v*	afbreuk doen aan *v*	304
contrat *m* d'étude et de construction	contratto *m* per la progettazione e costruzione	bouwcontract *o*	305*
dévaluation *f*	valutazione *f*	geldontwaarding, waardevermindering *f*	306
promoteur *m*	promotore *m* immobiliare	projectontwikkelaar *m*	307*
profit (perte) *f* de promotion	profitto *m* (perdita *f*) del promotore immobiliare	ontwikkelingswinst (verlies) *f*	308

	ENGLISH	DEUTSCH	ESPAÑOL
309	developer's risk	Bauträgerrisiko *n*	riesgo *m* del promotor
310*	development (of property)	Bebauung *f*	promoción *f*
311	development appraisal	Wirtschaftlichkeitsanalyse *f*	apreciación *f* de la promoción
312*	development brief	Umgestaltungsinstruktionen *f*	resumen *m* de la promoción
313	development company	Baufirma *f*	empresa *f* de la promoción
314	development contract (authorisation, planning permission)	Erschliessungsauftrag *m*	contrato *m* de la promoción
315*	development control	Erschliessungskontrolle *f*	control *m* de la promoción
316	development expenditure	Erschliessungsaufwand *m*	gastos *m* de la promoción
317	development freeze	Bebauungssperre *f*	paralización *f* de la promoción
318*	development plan	Flächennutzungsplan *m*	plan *m* de la promoción
319	development return	Rendite *f*	rendimiento *m* de la promoción
320*	development value	Umbauwert *m*	valor *m* de la promoción
321*	development yield	Entwicklungsrendite *f*	rendimiento *m* de la promoción
322	dilapidation	Baufälligkeit *f*	dilapidación *f*

FRANCAIS	ITALIANO	NEDERLANDS	
risque *m* du promoteur	rischio *m* del promotore immobiliare	risico *o* voor de projectontwikkelaar	309
opération *f* immobilière	valorizzazione *f* (di una proprietà)	projectontwikkeling *f*	310*
estimation *f* d'aménagement ou de l'opération	valutazione *f* di un intervento immobiliare	projectwaardering *f*	311
instruction *f* de réorganisation	linee *f* guida per un intervento di valorizzazione immobiliare	ontwikkelingsinstructie *f*, programma *o* van eisen	312*
entreprise *f* de construction	impresa *f* immobiliare	bouwbedrijf *o*	313
contrat *m* de l'aménagement ou de l'opération immobilière	permesso *m* di costruzione	ontwikkelingscontract *o*	314
contrôle *m* publique des opérations d'aménagement	controllo *m* verifica di conformità al progetto autorizzato	bouwvergunningenstelsel *o*	315*
coût *m* de l'aménagement ou de l'opération immobilière	costo *m* totale di realizzazione	ontwikkelingskosten *f*	316
arrêt *m* de l'aménagement ou de la construction	blocco *m* dell'attività edificatoria	bouwstop *m*	317
plan *m* d'occupation des sols (POS)	piano *m* di costruzione	bestemmingsplan, bouwplan *o*	318*
bénéfice *m* de l'opération d'aménagement et d'immobilière	profitto *m* dell'intervento immobiliare	ontwikkelingsrendement *o*	319
valeur *f* de l'opération d'aménagement	valore *m* dell'intervento	ontwikkelingswaarde *f*	320*
rentabilité *f* prévisionnelle pour un acquéreur	rendimento *m* di un intervento immobiliare	ontwikkelingsrendement *o*	321*
délabrement *m*	rovina *f*	verwaarlozing *f*	322

	ENGLISH	DEUTSCH	ESPAÑOL
323	direct selling	Direktverkauf *m*	venta *f* directa
324	disclaim	ablehnen *v*	desconocer, renunciar *v*
325	discount	diskontieren *v*	descontar *v*
326	discount rate	Diskontsatz *m*	tasa *f* de descuento
327*	discount store (discount warehouse)	Discountgeschäft *n*	oficina *f* de descuenta
328*	discount yield	Diskontverzinsung *f*	tasa *f* de rendimiento
329*	discounted cash flow analysis	diskontierte Cash-Flow-Analyse *f*	análisis *m* del flujo de caja descontado
330*	discounted cash flow yield	diskontierte Cash-Flow-Rendite *f*	rendimiento *m* en el flujo de caja descontado
331	disposal	Veräusserung *f*	disposición *f*
332*	disregard	Missachtung *f*	indiferencia, desacato
333*	distress	Beschlagnahmung *f*	embargar
334	distribution	Verteilung *f*	distribución *f*
335	district	Bezirk *m*	barrio *m*
336	district heating	Fernheizung *f*	calefacción *f* centralizada
337	DIY (do-it-yourself)	Heimwerkergeschäft *n*	bricolaje *m*
338	domiciled	ansässig *adj*	domiciliado *a*
339	double glazing	Doppelverglasung *f*	doble acristalamiento *m*
340	down payment	Anzahlung *f*	pago *f* de entrada
341	downtown	Innenstadt *f*	en el centro de la ciudad
342	drainage	Kanalisation *f*	alcantarillado *m*
343*	dual rate method	Doppelsatzmethode *f*	método *m* de cambio doble

FRANCAIS	ITALIANO	NEDERLANDS	
vente *f* directe	vendita *f* diretta	directe verkoop *m*	323
se désister *v*	rinunciare *v*	ontkennen *v*	324
accorder des remises de prix *v*	scontare *v*	disconteren *v*	325
taux *m* d'escompte	tasso *m* di sconto	kortingspercentage *o*	326
magasin *m* de discount	negozio *m* che vende a prezzi di saldo	discontowinkel *m*	327*
rendement *m* de la remise	rendimento *m*	discontorendement *o*	328*
analyse *f* du cash flow	analisi *f* del flusso di cassa scontato	discounted cash flow analysis	329*
rendement *m* actuariel des fonds propres	rendimento *m* del flusso di cassa scontato	internal rate of return (IRR)	330*
vente, cession *f*	disposizione *f*	uitgifte *f*	331
éléments *m* non pris en considération	omissione *f*	verontachtzaming *f*	332*
saisie *f*	sequesto *m* di beni	beslag *o*	333*
distribution *f*	distribuzione *f*	distributie *f*	334
airconscription *f*	quartiere *m*	wijk *f*	335
chauffage *m* urbain	teleriscaldamento *m*	stadsverwarming *f*	336
bricolage *m*	fai-da-te	doe-het-zelf	337
domicilié *adj*	domiciliato *agg*	gevestigd *adj*	338
double vitrage *f*	lastra *f* di vetro a due strati	dubbele beglazing *f*	339
acompte *m*	acconto *m*	aanbetaling *f*	340
centre-ville *f*	centro *m* città	binnenstad *f*	341
drainage *m*	bonifica *f*	afvoer *m*	342
dual rate method	metodo *m* del duplice tasso	methode *f* om inkomsten te taxeren	343*

	ENGLISH	DEUTSCH	ESPAÑOL
344*	dual rate table	Doppelsatztabelle *f*	tabla *f* de cambio doble
345*	dual rate years' purchase	Doppelsatzjahrlicher Käuf *m*	método *m* de cambio doble
346	duct	Kanal *m*	conducto *m*
347	duration	Laufzeit *f*	duración *f*
348	dwelling	Wohnung *f*	vivienda *f*
349*	earnings yield	Gewinnrendite *f*	rendimiento *m* de la ganancia
350*	easement (see right of way)	Grunddienstbarkeit *f*	derecho *m* de servidumbre
351*	eaves height	Dachrinnenhöhe *f*	altura *f* de alero
352	economic life (building)	wirtschaftliche Nutzungsdauer *f*	vida *f* económica
353*	effective capital value	tatsächlicher Kapitalwert *m*	valor *m* de capital efectivo
354*	effective floor area	effektive Fläche *f*	superficie *f* util total
355*	effective rate of interest	effektiver Zinssatz *m*	tasa *f* efectiva de interés
356	electric services	elektrische Anlagen *f*	instalaciones *f* eléctricas
357	elevation	Fassade *f*	alzado *m*
358*	encroachment	Eingriff *m*	usurpación *f*
359	endorsement	Indossament *n*	endoso *m*
360	energy management	Energieverwaltung *f*	dirección *f* de energía
361*	enforcement notice	Zwangsvollstreckungsbescheid *m*	plazo *m* de ejecución
362	engineer	Ingenieur *m*	ingeniero *m*

FRANCAIS	ITALIANO	NEDERLANDS	
dual rate table	tabella *f* del duplice tasso	taxatietabel *f* voor dual rate methode	344*
achat *m* annuel dualiste	moltiplicatore *m* del duplice tasso	dual rate years' purchase	345*
canalisation *f*	canale *m*	kanaal *o*	346
durée *f*	durata *f*	looptijd *m*	347
logement *m*	appartamento *m*	woning *f*	348
rendement *m* de l'action	rendimento *m* da guadagni in conto capitale	rendement *o* van een aandeel	349*
servitude *f*	servitù *f*	erfdienstbaarheid *f*	350*
hauteur *f* des avant-toit	altezza *f* delle gronde	dakgoothoogte *f*	351*
vie *f* économique	vita *f* economica (di un edificio)	economische levensduur *m*	352
valeur *f* en capital effective	valore *m* del capitale netto	effectieve waarde *f*	353*
surface *f* utile	superficie *f* netta	effectief vloeroppervlak *o*	354*
taux *m* d'intérêt effectif	saggio *m* d'interesse reale	effectieve rente *f*	355*
installations *f* électriques	installazioni *f* elettriche	elektrische installatie *f*	356
élévation *f*	prospetto *m* di un edificio	verhoging *f*	357
empiètement *m*	intromissione *f*	inbreuk *f*	358*
endossement *m*	approvazione *f*	endossement *o*	359
gestion *f* de l'énergie	gestione *f* energetica	energiebeheer *o*	360
notification *f* d'une infraction aux règles d'urbaniste	notifica *f* di ordine	dwangbevel *o*	361*
ingénieur *m*	ingegnere *m*	ingenieur *m*	362

	ENGLISH	DEUTSCH	ESPAÑOL
363	engrossment	Reinschrift, Ausfertigung *f*	versión *f* final del documento de propiedad
364*	enterprise zone	Unternehmenszone *f*	área *f* de empresa
365	envelope (building)	Aussenwände *f*	envolvente *m*
366	environmentally damaging	umweltschädigend *adj*	perjudicial al medio ambiente *a*
367*	equalisation fund	Ausgleichungsfonds *m*	fondo *m* de compensación
368*	equated rent	Mietenausgleich *m*	renta *f* equiparada
369*	equated yield	Renditenausgleich *m*	rendimiento *m* equiparado
370	equity capital	Eigenkapital *n*	capital *m* social
371	equity financing	Eigenfinanzierung *f*	financiación *f* de capital
372*	equity sharing lease	Mietvertrag *m* mit Eigenkapital	arriendo *m* con la posibilidad de participar en los beneficios
373	equivalent annual cost	gleichwertige jährliche Kosten *f*	coste *m* anual equivalente
374*	equivalent yield	Durchschnittsrendite *f*	rendimiento *m* equivalente
375	escalator	Rolltreppe *f*	escalera *f* mecánica
376*	escrow	Vertragsurkunde *f*	plica *f*
377*	established use	Gewohnheitsrecht *n*	uso *m* reconocido
378	estate (property)	Vermögensmasse *f*	finca *f*
379	estate agency	Immobilienbüro *n*	agencia *f* inmobiliaria

FRANCAIS	ITALIANO	NEDERLANDS	
grosse *f*	rogito *m*	afschrift *o* van een akte	363
zone *f* d'entreprise	zona *f* di sviluppo industriale e commerciale	gesubsidieerd bedrijventerrein *o*	364*
enveloppe *f*	involucro *m*	omtrek *f*	365
nuisible à l'environnement *adj*	nocivo all'ambiente *agg*	schadelijk voor het milieu *adj*	366
caisse *f* des provisions pour travaux	fondo *m* d'ammortamento	egalisatiefonds *o*	367*
loyer *m* actualisé	affitto *m* rivalutato	huurvereffening *f*	368*
rendement *m* d'égalisation	reddito *m* rivalutato	vereffeningsrendement *o*	369*
capital *m* social	capitale *m* netto	aandelenkapitaal *o*	370
financement *m* par fonds propres	finanziamento *m* della quota capitale	aandelenfinanciering *f*	371
bail *m* de location avec droit de participation	affitto *m* con canone concordato	huurovereenkomst *f* onder de marktwaarde	372*
frais *m* annuel équivalent	costo *m* annuo equivalente	gelijkwaardige jaarlijkse kosten *f*	373
rentabilité *f* équivalente	reddito *m* equivalente	gelijkwaardig rendement *o*	374*
escalator *f*	scala *f* mobile	roltrap *m*	375
document *m* sous sequestre	atto *m* affidato ad un terzo ed operante solo dopo l'adempimento	schriftelijke verbintenis *f*	376*
usage *m* établi	uso *m* approvato	ingevoerd gebruik *o*	377*
propriété *f*	proprietà *f*	vastgoed *o*	378
agence *f* immobilière	agenzia *f* immobiliare	makelaardij *f* in onroerend goed	379

	ENGLISH	DEUTSCH	ESPAÑOL
380*	estate duty	Erbschaftssteuer *f*	impuesto *m* de sucesiones
381	estimate	Schätzung *f*	presupuesto *m*
382*	estoppel	rechtshemmender Einwand *m*	impedimento *m*
383	European Economic Community (EEC)	Europäische Wirtschaftsgemeinschaft *f* (EWG)	Comunidad *f* Económica Europea (CEE)
384	evict	zur Räumung zwingen *v*	desahuciar *v*
385	exchange of contracts	Vertragsabschluss *m*	compromiso *m* de venta
386	exchange rate	Wechselkurs *m*	tipo *m* de cambio
387	exclusive agent	Alleinmakler *m*	agente *m* inmobiliario único
388	execution (of contract)	Ausführung *f*	otorgamiento *m*
389*	existing use value	gegenwärtiger Nutzungswert *m*	valor *m* del uso actual
390	expansion	Dehnung *f*	expansión *f*
391	expansion joint	Dehnungsfuge *f*	un boquete en acero o dejado por extensión hormigón termal
392	expert's report	Sachverständigengutachten *n*	informe *m* del especialista
393	express covenant	ausdrückliche Vereinbarung *f*	convenio *m* explícito
394	facade	Fassade *f*	fachada *f*
395	face value	Nennwert *m*	valor *m* nominal
396*	facilities management	Immobilienmanagement *n*	gerencia *f* de las instalaciones
397	factory (see production facilities)	Fabrik *f*	fábrica *f*

FRANCAIS	ITALIANO	NEDERLANDS	
droits *m* de succession	imposta *f* di successione	successierecht *o*	380*
devis *m*	preventivo *m*	schatting *f*	381
principe *m* d'irrévocabilité	preclusione *f*	uitsluiting *f*	382*
Communauté Economique Européenne *f* (CEE)	Comunità *f* Economica Europea (CEE)	Europese Economische Gemeenschap *f* (EEG)	383
expulser *v*	sfrattare un inquilino *v*	uitzetten *v*	384
échange *m* de contrats à la signature	scambiatore *m* di contratti	contractuitwisseling *f*	385
taux *m* de change	tasso *m* di cambio	wisselkoers *m*	386
agent *m* exclusif	agente *m* che ha un'esclusiva	makelaar *m* voor 1 partij	387
exécution *f* (d'un contrat)	esecuzione *f*	uitvoering *f*	388
valeur *f* prenant en compte l'affectation actuelle	valore *m* d'uso attuale	huidige gebruikswaarde *f*	389*
croissance *f*	ampliamento *m*	uitbreiding *f*	390
jointure *f* d'allongement	ampliamento *m*	uitspansel *o*	391
rapport *m* d'expert	perizia *f*	taxatierapport *o*	392
convention *f* expresse	contratto *m* apposito	speciaal verdrag *m*	393
façade *f*	facciata *f*	voorgevel *m*	394
valeur *f* faciale	valore *m* nominale	nominale waarde *f*	395
gestion *f* d'immeubles	gestione *f* delle risorse	facilities management *o*	396*
usine *f*	fabbrica *f*	fabriek *f*	397

	ENGLISH	DEUTSCH	ESPAÑOL
398*	fair rent	angemessene Miete *f*	renta *f* justa
399*	fair wear and tear	übliche Abnutzung *f*	uso *m* y desgaste razonable
400	false ceiling	abgehängte Decke *f*	falso techo *m*
401	false floor	doppelter Boden *m*	suelo *m* falso
402	fast-food shop	Fast-Food Restaurant *n*	restaurante *m* fast-food
403	feasibility study (see appraisal)	Wirtschaftlichkeitsberechnung *f*	estudio *m* de viabilidad
404	feature	Eigenschaft *f*, Merkmal *n*	característica *f*
405	fee	Gebühr *f*	honorario *m*
406*	fee simple	Eigentumsrecht *n*	honorarios *m* simples
407	file	Akte *f*	archivo *m*
408	financial guarantee	Bürgschaft *f*	finanza *f* bancaria
409	financial leasing agreement	Finanz-Leasing-Vertrag *m*	contrato *m* de arrendamiento financiero
410	financial year	Geschäftsjahr *n*	año *m* económico
411	fire certificate	Feuerschein *m*	certificado *m* de seguridad contra incendios
412	fire detection system	Feuererkennungssystem *n*	sistema *m* de identificación de incendios
413	fire escape	Fluchtweg *m*	salida *f* de incendios
414	fire insurance	Feuerversicherung *f*	seguro *m* de incendios
415	fire-resisting construction	feuerresistente Konstruktion *f*	construcción *f* con resistencia a los incendios
416	firm offer	bindendes Angebot *n*	oferta *f* en firme

FRANCAIS	ITALIANO	NEDERLANDS	
loyer *m*	canone *m* d'affitto regolato legalmente	redelijke huur *f*	398*
usure *f* normale	usura *f* normale	slijtage *f*	399*
faux plafond *m*	controsoffitto *m*	verlaagd plafond *o*	400
faux plancher *m*	pavimento *m* rialzato	verhoogde vloer *m*	401
magasin *m* de fast-food	rivendita *f* di panini	fast foodwinkel *m*	402
étude *f* de faisabilité	studio *m* di fattibilità	haalbaarheidsstudie *f*	403
caractéristique *f*	caratteristiche *f*	karakteristiek *f*	404
honoraires *m*	onorario *m*	honorarium *o*	405
honoraires *m* simples	onorario *m* in senso stretto	vol honorarium *o*	406*
dossier *m*	documento *m*	dossier *o*	407
caution *f* bancaire	garanzia *f* finanziaria	garantieverklaring *f*	408
contrat *m* de leasing de financement	contratto *m* d'affitto finanziario	leasingscontract *o*	409
exercice *m* financier	esercizio *m* finanziario	boekjaar *o*	410
certificat *m* de resistance au feu	certificato *m* conformità con le norme antincendio	brandcertificaat *o*	411
système *m* de détection incendie	sistema *m* di allarme antincendio	brandblussysteem *o*	412
sortie *f* de secours	uscita *f* di sicurezza	nooduitgang *m*	413
assurance *f* contre l'incendie	assicurazione *f* incendi	brandverzekering *f*	414
construction *f* resistant au feu	costruzione *f* resistente agli incendi	vuurbestendige constructie *f*	415
offre *f* ferme	offerta *f* non negoziabile	vaststaand aanbod *o*	416

ENGLISH	DEUTSCH	ESPAÑOL
417 fiscal year	Geschäftsjahr *n*	año *m* fiscal
418 fit out	ausrüsten, ausstatten *v*	equipar *v*
419 fitting out works	Einbauarbeiten *f*	obras de equipamiento de un edificio
420 fittings	Einrichtungsgegenstände *m*	mobiliario *m*
421 fixed assets	Anlagevermögen *n*	activo *m* fijo
422* fixed charge	feststehende Belastung *f*	coste *m* fijo
423 fixed parity	feste Parität *f*	paridad *f* fija
424 fixed price contract	Festpreisvertrag *m*	contrato *m* a precio fijo
425* fixed rent	Festmiete *f*	arrendamiento *m* fijo
426 fixed-interest	festverzinslich *adj*	interés *m* fijo
427 fixtures	Einbauten *m*, Grundstückszubehör *n*	instalaciones *f* fijas
428 flat (see apartment)	Etagenwohnung *f*	apartamento *m*
429* flat yield	Rendite *f*	rendimiento *m* fijo
430* floating charge	fliessende Belastung *f*	coste *m* flotante
431 floor	Boden *m*	piso *m*, suelo
432 floor area (space)	Bodenfläche *f*	área *f* total
433 floor loading	Bodenbelastbarkeit *f*	superficie *f* viva sobre el piso
434 floor plan	Grundriss *m*	plano *m*
435 floor slab	Bodenplatte *f*	bloque *m*
436 floor to ceiling height	Raumhöhe *f*	altura *f* del techo

FRANCAIS	ITALIANO	NEDERLANDS	
année *f* fiscale	anno *m* fiscale	belastingjaar *o*	417
équiper *v*	equipaggiare *v*	uitrusten *v*	418
travaux *m* d'aménagement	lavori *m* di allestimento	inrichtingswerkzaamheden *f*	419
équipements, agencements *m*	accessori *m*	inventaris *m*	420
actifs *m* immobilisés	beni *m* reali	onroerend goed *o*	421
prix *m* fixe	spesa *f* ricorrente	vast recht *o*	422*
parité *f* fixe	parità *f* fissa	vaste pariteit *f*	423
contrat *m* à prix ferme	contratto *m* a prezzo fisso	contract *o* met vastgestelde prijs	424
loyer *m* ferme et non révisable	affitto *m* bloccato	vastgestelde huur *f*	425*
intérêt *m* fixe	interesse *m* fisso	vastgestelde rente *f*	426
équipements, aménagements *m*	pertinenze *f*	inrichting *f* (van winkel)	427
appartement *m*	appartamento *m*	flat *m*	428
rendement *m* uniforme	reddito *m* costante	vast rendement *o*	429*
frais *m* flottants	costi *m* variabili	vlottend kapitaal *o*	430*
sol *m*	pavimento *m*	vloer *m*	431
surface *f* au sol	superficie *f* di pavimento	vloeroppervlak *o*	432
charge *f* au sol	carico *m* sopportabile dal pavimento	belasting *f* van de vloer	433
plan *m*	pianta *f* (di edificio)	plattegrond *m*	434
planche *f*	lastra *f* di pavimento	vloerplaat *f*	435
hauteur *f* sous plafond	altezza *f* dal pavimento al soffitto	plafondhoogte *f*	436

	ENGLISH	DEUTSCH	ESPAÑOL
437	fluctuation (market)	Fluktuation *f*	fluctuación *f* del mercado
438	fluorescent lighting	Leuchtstoffröhren - Beleuchtung *f*	iluminación *f* fluorescente
439	footpath	Fussweg *m*	senda *f*
440	for sale	zu verkaufen	se vende
441	forced sale	Zwangsversteigerung *f*, Vollstreckungsverkauf *m*	venta *f* forzosa
442*	forced sale value	Zwangsversteigerungswert *m*	valor *m* de la venta forzosa
443	forecast	Voraussage *f*	pronosticar *v*
444	foreclosure	Zwangsvollstreckung *f*	ejecución *f* de una hipoteca
445	foreign investment	Auslandsinvestition *f*	inversión *f* extranjera
446*	formal tender	Ausschreibung *f*	oferta *f* oficial
447*	forward commitment	Vorausvertrag *m*	venta *f* en fecha futura
448	forward funding	Vorausfinanzierungsabsprache *f*	consolidación *f* en fecha futura
449	forward sale	Terminverkauf *m*	venta *f* futura
450	found (create)	gründen *v*	fundar *v*
451	foundation	Fundament *n*	fundación *f*
452	franchising	Franchising *f*	franquicia *f*
453	freehold	Grundeigentum *n*	propiedad *f* absoluta
454	freeholder	Grundeigentümer *m*	propietario *m* absoluto
455	frontage	Strassenfront *f*	fachada *f*

FRANCAIS	ITALIANO	NEDERLANDS	
fluctuation *f* du marché	fluttuazione *f* del mercato	marktschommelingen *f*	437
éclairage *m* fluorescent	illuminazione *f* a fluorescenza	t.l.-verlichting *f*	438
sentier *m* pour piétons	sentiero *m*	voetpad *o*	439
à vendre	in vendita	te koop	440
vente *f* forcée	vendita *f* obbligata	dwangverkoop *m*	441
valeur *f* de vente forcée	valore *m* di vendita obbligata	waarde *f* van een dwangverkoop	442*
prévision *f*	previsione *m*	voorspelling, prognose *f*	443
saisie *f* d'un bien hypothéqué	preclusione *f* del diritto ipotecario	vervalling *f* van een hypotheek	444
investissement *m* à l'étranger	investimento *m* estero	belegging *f* vanuit het buitenland	445
offre *f* officielle	offerta *f* ufficiale	officiële inschrijving *f*	446*
contrat à terme, engagement ferme *m*	impegno *m* posticipato	expeditieverbintenis *f*	447*
financement *m* à terme	finanziamento *m* posticipato	termijnfinanciering *f*	448
vente *f* à terme	vendita *f* posticipata	voorverkoop *m*	449
fonder, créer *v*	fondare *v*	oprichten *v*	450
fondation *f*	fondamento *m*	grondvesting *f*, fundament *o*	451
franchisage *m*	concessione *f*	concessie *f*	452
propriété *f* foncière perpetuelle et libre	proprietà *f* allodiale	grondeigendom *o*	453
propriétaire *m* foncier à perpetuité	proprietario *m* allodiale	landeigenaar *m*	454
façade *f*	facciata *f*	gevel *m*	455

	ENGLISH	DEUTSCH	ESPAÑOL
456	full rent	Miete *f*	renta *f* completa
457*	full rental value	Mietwert *m*	valor *m* completo del arrendamiento
458*	full repairing and insuring lease	Mietvertrag *m* mit Instandsetzungs- und Versicherungsklauseln	arrendamiento *m* que inclue obligaciones de reparaciones
459	fund	finanzieren *v*	financiar *v*
460	funds	Fonds *f*	fondos *m*
461	furniture	Möbel *n*	muebles *m*
462	garage	Garage *f*	garaje *m*
463	garden	Garten *m*	jardín *m*
464	gas-fired central heating	Gasheizung *f*	calefacción *f* central de gas
465*	gazumping	unbillige Erhöhung *f* des Kaufpreises	subida *f* del precio de una casa una vez que ya ha sido apalabrado
466	geared rent	anteiliger Pachtzins *m*	arriendo *m* calculado
467	gearing	Verhältnis zwischen Eigenkapital, Obligationen, Vorzugsaktien	apalancamiento *m*
468	general construction description	Baubeschreibung *f*	descripción *f* general de la construcción
469	general contractor	Generalunternehmer *m*	contratista *m*
470	general expenses	Gemeinkosten *f*	gastos *m* generales
471	glass	Glass *n*	cristal *m*
472	glazing	Verglasung *f*	poner vidrios *m*
473*	Goad-plan	Goad-Plan *m*	Goad-plano *m*

FRANCAIS	ITALIANO	NEDERLANDS	
loyer *m* maximum	affitto *m* totale	volledige huur *f*	456
valeur *f* locative maximum	valore *m* totale del reddito immobiliare	volledige huurwaarde *f*	457*
bail *m* dont la totalité des coûts sont supportées par le locataire	contratto *m* che obbliga l'affittuario a ripagare gli eventuali danni	huurder *m* is verantwoordelijk voor alle onkosten	458*
financer *v*	finanziare *v*	financieren *v*	459
ressources *f*, capitaux *m*	fondi *m*	middelen *o*	460
mobilier *m*	mobili *m*	meubilair *o*	461
garage *m*	autorimessa *f*	garage *f*	462
jardin *m*	giardino *m*	tuin *m*	463
chauffage *m* central au gaz	riscaldamento *m* centrale a gas	centrale gasverwarming *f*	464
fait de revenir sur une prone de vente pour accepter une suroffre	rinuncia *f* momentanea ad una offerta per una maggiore	verkoper dwingt een prijs af die hoger is dan de afgesprokene	465*
loyer *m* indexé	affitto *m* adattato	geïndexeerde huur *f*	466
ratio *m* fonds propres	uso *m* di un mutuo	gearing *f*	467
description *f* tous corps d'état	descrizione *f* della costruzione nel suo insieme	algemeen bouwkundige omschrijving *f*	468
entreprise *f* générale	appaltatore *m* generale	hoofdaannemer *m*	469
frais *m* généraux	spese *f* generali	algemene onkosten *f*	470
verre *f*	cristal *m*	glas *o*	471
vitrage *f*	lavori *m* di vetreria per un edificio	beglazing *f*	472
Goad-plan *m*	Goad-Plan *m*	Goad-map *m*	473*

	ENGLISH	DEUTSCH	ESPAÑOL
474*	goodwill	Goodwill *m*	fondo *m* de comercio
475	government loan	Staatsanleihe *f*	empréstito *m* del Estado
476	grant	Zuschuss *m*	concesión *f*
477	grant *v*	erteilen *v*	conceder *v*
478*	green field site	Rohbauland *n*	terreno *m* no urbanizado
479	gross	Brutto	bruto
480	gross development value	Bruttobauwert *m*	valor *m* bruto de la promoción
481*	gross external area	Bruttogeschossfläche *f*	superficie *f* construida bruta
482*	gross floor space	Bruttogeschossfläche *f*	superficie *f* bruta
483	gross fund	Bruttofonds *m*	fondos *m* brutos
484	gross income	Bruttoeinkommen *n*	ingreso *m* bruto
485*	gross internal area	Bruttogeschossfläche *f*	superficie *f* construida neta
486	gross leasable area	Bruttomietfläche *f*	área *f* bruta alquilable
487	gross profit	Bruttogewinn *m*	ganancia *f* bruta
488*	gross redemption yield	brutto Tilgungsrendite *f*	rendimiento *m* de rescate bruto
489	gross rent	Bruttomiete *f*	arrendamiento *m* bruto
490	gross trading profit	Bruttogeschäftsgewinn *m*	ganancia *f* bruta de la compraventa
491*	gross value	Bruttowert *m*	valor *m* bruto

FRANCAIS	ITALIANO	NEDERLANDS	
fonds *m* de commerce	avviamento *m*	goodwill	474*
emprunt *m* public	prestito *m* pubblico	staatslening *f*	475
subvention *f*	accordo	subsidie *f*	476
accorder *v*	accordare *v*	toewijzen *v*	477
terrain *m* à bâtir, sols constructibles	terreno *m* agricolo divenoto edificabile per la prima volta	uitbreidingsgebied *o*	478*
brut	lordo	bruto	479
valeur *f* d'aménagement brute	valore *m* lordo della realizzazione	bruto ontwikkelings- waarde *f*	480
surface *f* hors oeuvres brute	area *f* lorda esterna	bruto oppervlak *o*	481*
surface *f* hors oeuvre brute d'emprise au sol	superficie *f* lorda di pavimento	bruto vloeroppervlak *o*	482*
fonds *m* bruts	fondo *m* lordo per investimenti	bruto contanten *m*	483
revenu *m* brut	reddito *m* lordo	bruto inkomen *o*	484
surface *f* utile brute	superficie *f* interna lorda	netto oppervlak *o*	485*
surface *f* utile (louable)	superficie *f* lorda da affittare	bruto verhuurbaar oppervlak *o*	486
bénéfice *m* brut	utile *m* lordo	brutowinst *f*	487
rendement *m* interne brut	rendimento *m* lordo di conversione	internal rate of return (IRR)	488*
loyer *m* brut	canone *m* lordo	bruto huur *f*	489
excédent *m* d'exploitation brut	utile *m* lordo commerciale	bruto bedrijfswinst *f*	490
valeur *f* hors droits de taxes	valore *m* lordo	bruto waarde *f*	491*

	ENGLISH	DEUTSCH	ESPAÑOL
492	ground floor	Erdgeschoss n	planta f baja
493	ground landlord	Grundstückseigentümer m bei Verpachtung	propietario m del terreno
494*	ground lease	Baupacht f	contrato m de renta
495*	ground rent	Nutzungsentgelt n	renta f del terreno
496	growth rate	Wachstumsrate f	tasa f de crecimiento
497	guarantee	gewährleisten, garantieren v	garantizar v
498	guarantor	Bürge m	garante m
499	guaranty	Garantie f	garantía f
500	gutter	Dachrinne f	canalón m, gotera f
501	half-year (accounts)	halbjährlich adj	semestre m
502*	hardcore method	Hardcore-Methode f	método m por valorar una propiedad
503	hardcore rent	Hardcore-Miete f	renta f segura
504	head lease	Hauptmietvertrag m	contrato m de arrendamiento principal
505	head office	Hauptverwaltung f	oficina f central
506	head rent	Hauptmiete f	arrendamiento m principal
507	headroom	lichte Höhe f	habitación f principal
508*	heads of terms	Hauptpunkte m	puntos m principales de un contrato
509	heating	Heizung f	calefacción f
510	heavy industry	Schwerindustrie f	industria f pesada
511	hectare	Hektar m	hectárea f

FRANCAIS	ITALIANO	NEDERLANDS	
rez-de-chaussée *m*	piano *m* terra	begane grond *m*	492
propriétaire *m* foncier	proprietario *m* del terreno	grondbezitter *m*	493
bail *m* du terrain	contratto *m* di affitto del terreno (generalmente a lungo termine)	erfpachtrecht *o*	494*
loyer *m* du terrain	affitto *m* del terreno	erfpachtcanon *m*	495*
taux *m* de croissance	tasso *m* di crescita	groeivoet *m*	496
garantir *v*	garantire *v*	waarborgen *v*	497
garant *m*	garante *m*	garant *m*	498
garantie *f*	garanzia *f*	borg *m*	499
gouttière *f*	grondaia *f*	dakgoot *f*	500
semestre *m* (comptable)	semestre *m* (nel bilanci)	semester *o*	501
méthode *f* de remède de cheval	metodo *m* di valutazione immobiliare	verstokte methode *f*, paardemiddel *o*	502*
loyer *m* endurci	affitto *m* certo (per valutazioni)	verstokte huur *f*	503
bail *m* de location	affitto *m* principale	hoofdhuurovereenkomst *f*	504
siège *m* social	ufficio *m* principale	hoofdkantoor *o*	505
loyer *m* principal	canone *m* principale	basishuur *f*	506
encombrement *m* vertical	altezza *f* libera di passaggio	doorrijhoogte *f*	507
points *m* fondamentaux	punti *m* fondamentali di un accordo	verkoopvoorwaarden *f*	508*
chauffage *m*	riscaldamento *m*	verwarming *f*	509
industrie *f* lourde	industria *f* pesante	zware industrie *f*	510
hectare *m*	ettaro *m*	hectare *m*	511

	ENGLISH	**DEUTSCH**	**ESPAÑOL**
512*	hi-tech building	Hi-Tech Gebäude *n*	edificio *m* inteligente
513	hidden reserve	stille Reserve *f*	reserva *f* latente
514	high class shop	Luxusgeschäft *n*	tienda *f* de lujo
515	hire (rent)	vermieten *v*	alquilar *v*
516	historical cost	Anschaffungskosten *f*	costo *m* inicial
517	holding company	Dachgesellschaft *f*	compañía *f* tenedora (holding)
518*	hope value	erhoffte Wertsteigerung *f*	valor *m* espectatua
519*	housing association	Wohnungsgenossenschaft *f*	asociación *f* de viviendas
520*	housing authority	Wohnamt *n*	instituto *m* de la vivienda
521*	Housing Corporation	Wohnungsgenossenschaft *f*	ayuntamiento *m* de la vivienda
522	housing estate	Wohnsiedlung *f*	barrio *m* de vivientas
523	housing market	Wohnungsmarkt *m*	mercado *m* de la vivienda
524*	housing trust	Wohnungsgenossenschaft *f*	fideicomisario *m* de viviendas
525*	hundred per cent location (of a building)	1A Lage *f*	posición *f* de la mejor calidad
526	hypermarket	Verbrauchermarkt *m*	hipermercado *m*
527	hypothecate	verpfänden *v*	hipotecar *v*
528	hypothesise	annehmen *v*	hipotetizar *v*

FRANCAIS	ITALIANO	NEDERLANDS	
immeuble *m* high-tech	edificio *m* costruito e dotato con tecnologie avanzata	hi-tech gebouw *o*	512*
réserve *f* occulte	riserva *f* occulta	stille reserve *f*	513
boutique *f* de luxe	negozio *m* di lusso	luxe winkel *m*	514
louer *v*	affittare *v*	huren *v*	515
coût *m* historique, coût d'acquisition	costo *m* iniziale	historische kostprijs *m*	516
société *f* holding	società *f* madre	moedermaatschappij *f*	517
valeur *f* potentielle	valore *m* atteso	verwachte waardeverhoging *f*	518*
coopérative *f* de construction	ente *m* per la gestione e promozione di edilizia residenziale	woningcorporatie *f*	519*
municipalité *f* de logement	ente *m* pubblico per edilizia residenziale	huisvestingsorgaan *f*	520*
société *f* de logement	ente *m* per la promozione di interventi di edilizia residenziale	woningcorporatie *f*	521*
lotissement *m*	quartiere *m* residenziale	woonwijk *f*	522
marché *f* de l'habitation	mercato *m* della abitazioni	woningmarkt *f*	523
trust *m* de logement	ente *m* per alloggi popolari	woningstichting *f*	524*
situation *f* exceptionnelle	localizzazione *f* eccellente	beste lokatie *f* (van een gebouw)	525*
hypermarché *m*	ipermercato *m*	hypermarkt *f*	526
hypothéquer *v*	ipotecare *v*	verpanden, hypothekeren *v*	527
présupposer *v*	ipotizzare *v*	veronderstellen *v*	528

ENGLISH	DEUTSCH	ESPAÑOL
529 hypothetical tenancy	hypothetisches Mietverhältnis *n*	arrendamiento *m* hipotético
530* immovable	unbeweglich *adj*	inmueble *a*
531 implied covenant	stillschweigende Vereinbarung *f*	pacto *m* implícito
532 implied growth rate	eingeschlossene Wachstumsrate *f*	tasa *f* de crecimiento implícito
533 importation	Einfuhr *f*	importación *f*
534 improvement	Verbesserung *f*	mejora *f*
535* inclusive rent	Warmmiete *f*	arrendamiento *m* bruto
536 income tax	Einkommenssteuer *f*	impuesto *m* sobre la renta
537* incremental yield	Rendite *f*	rendimiento *m* marginal
538 indemnity	Entschädigung *f*	indemnización *f*
539 independent expert	unabhängiger Sachverständiger *m*	experto *m* independiente
540 independent retail outlet	Einzelhandelsgeschäft *n*	punto *m* independiente de venta al detalle
541 indexation	Indexierung *f*	revalorización *f* con referencia
542 indexation allowance	Indexierungszugabe *f*	descuento *m* por la revalorización con referencia
543 indexed rent	indexgebundene Miete *f*	renta *f* con revisión según indice
544 industrial building	Industriegebäude *n*	construcción *f* industrial
545 industrial estate	Industriegebiet *n*	terreno *m* industrial
546 industrial land	Industriegrundstück *n*	terreno *m* industrial

FRANCAIS	ITALIANO	NEDERLANDS	
bail *m* de location hypothétique	affitto *m* ipotetico	hypothetische huurovereenkomst *f*	529
immobilier *adj*	immobile *agg*	onroerend *adj*	530*
contrat *m* tacite	contratto *m* sottinteso	impliciet convenant *o*	531
taux *m* de croissance implicite	tasso *m* d'interesse implicito	impliciet groeipercentage *o*	532
importation *f*	importazione *f*	import *m*	533
amélioration *f*	miglioramento *m*	verbetering *f*	534
loyer *m* excluant les impôts locaux	canone *m* inclusivo di altri oneri	inclusief huur *f*	535*
impôt *m* sur le revenu	imposta *f* sul reddito	inkomstenbelasting *f*	536
rendement *m* qui augmente régulièrement	rendimento *m* incrementale	rendement *o* met periodieke verhogingen	537*
indemnité *f*	indennità *f*	schadeloosstelling *f*	538
expert *m*	esperto (perito) *m* indipendente	onafhankelijke deskundige *m*	539
magasin de détail *m* indépendant	negozio *m* non dipendente da catene	winkel *m*	540
indexation *f*	adattamento *m* automatico secondo un dato indice	indexering *f*	541
allocation *f* de l'indexation	marqine *m* del quale aumentare o diminuire un valore calcolato	indexeringstegemoet- koming *f*	542
loyer *m* indexé	affitto *m* indicizzato	geïndexeerde huur *f*	543
bâtiment *m* industriel	edificio *m* industriale	bedrijfsgebouw *o*	544
zone *f* industrielle	insediamento *m* industriale	industrieterrein *o*	545
terrain *m* industriel	terreno *m* industriale	industrieterrein *o*	546

	ENGLISH	DEUTSCH	ESPAÑOL
547	industrial property	Industrieimmobilien *f*	nave *m* industrial
548	inflation rate	Inflationsrate *f*	tasa *f* de inflación
549	informal tender	offene Ausschreibung *f*	oferta *f* oficiosa
550	infrastructure	Infrastruktur *f*	infraestructura *f*
551	inherent defect (law of contract)	versteckter Mangel *m*	defecto *m* inherente en la construcción
552	initial expense	Anfangskosten *f*	gasto *m* inicial
553*	initial yield	Anfangsrendite *f*	rendimiento *m* inicial
554	innovation	Neuerung *f*	innovación *f*
555	insolvency	Insolvenz *f*	insolvencia *f*
556	installation	Anlage *f*	instalación *f*
557	instalment	Ratenzahlung *f*	plazo *m*
558*	institutional investor	institutionneller Anleger *m*	inversionista *m* institucional
559	insulation	Isolierung *f*	isalamiento *m*
560	insurance company	Versicherungsgesellschaft *f*	compañía *f* de seguros
561	insurance contract	Versicherungsvertrag *m*	contrato *m* de seguros
562	insurance premium	Versicherungsprämie *f*	prima *f* de póliza de seguro
563	insurance value	Versicherungswert *m*	valor *m* de seguros
564	interest	Zinsen *m*	interés *m*
565	interim financial statement	Zwischenbilanz *f*	extracto *m* financiero provisional
566	interior designer	Innenarchitekt *m*	decorador *m* de interiores

FRANCAIS	ITALIANO	NEDERLANDS	
propriété *f* industrielle	proprietà *f* industriale	bedrijfsobject *o*	547
taux *m* d'inflation	tasso *m* d'inflazione	inflatiepercentage *o*	548
offre *f* informelle	offerta *f* informale	informele offerte *f*	549
infrastructure *f*	infrastruttura *f*	infrastruktuur *f*	550
défaut *m* inhérent	difetto *m* congenito	verbonden gebrek *o*	551
valeur *f* d'acquisition	spesa *f* iniziale	aanschafkosten *f*	552
rentabilité *f* initiale	rendimento *m* iniziale	aanvangsrendement *o*	553*
innovation *f*	innovazione *f*	innovatie *f*	554
insolvabilité *f*	insolvenza *f*	insolventie *f*	555
installation *f*	installazione *f*	installatie *f*	556
acompte *m*	rata *f*	termijn *m*	557
investisseurs *m* institutionnels	investitore *m* istituzionale	institutionele belegger *m*	558*
isolation *f*	isolamento *m*	isolatie *f*	559
compagnie *f* d'assurance	compagnia *f* di assicurazione	verzekeringsmaatschappij *f*	560
contrat *m* d'assurance	contratto *m* di assicurazione	verzekeringscontract *o*	561
prime *f* d'assurance	premio *m* di assicurazione	verzekeringspremie *f*	562
valeur *f* d'assurance	valore *m* assicurativo	verzekeringswaarde *f*	563
intérêt *m*	interesse *m*	interest *m*, rente *f*	564
bilan *m* provisoire	bilancio *m* finanziario in corso di esercizio	tussentijdse balans *f*	565
décorateur *m* d'intérieur	architetto *m* arredatore	binnenhuisarchitekt *m*	566

	ENGLISH	DEUTSCH	ESPAÑOL
567*	internal rate of return	innere Rendite *f*	tasa *f* de rendimiento interno
568*	internal repairing lease	Mietvertrag *m* mit Instandsetzungsklausel	contrato *m* de arrendamiento que obliga el propietario a hacer las obras
569	intrinsic	innerlich *adj*	intrínseco *a*
570	invest	investieren *v*	invertir *v*
571	investigation	Untersuchung *f*	investigación *f*
572	investment	Kapitalanlage *f*	inversión *f*
573*	investment company	Investmentgesellschaft *f*	compañía *f* inversionista
574	investment market	Kapitalanlagemarkt *m*	mercado *m* de inversión
575*	investment method	Kapitalanlagemethode *f*	método *m* de invertir
576	investment property	Kapitalanlage *f*, Investmentobjekt *n*	propiedad *f* comprada por motivos de inversión
577*	investment trust	Investment-Trust *m*	fideicomisario *m* de inversiónes
578	investment trust company	Investmenttrust-Gesellschaft *f*	banco *m* fideicomisario de inversión
579	investment value	Kapitalanlagewert *m*	valor *m* de inversión
580*	investment yield	Kapitalanlagerendite *f*	rendimiento *m* de la inversión
581	investor	Anleger *m*	inversionista *m*
582*	joint agency	Maklermehrheit *f*	co-agentes *m*
583*	joint and several obligation	gesamtschuldnerische Verpflichtung *f*	obligación *f* solidaria e indivisa

FRANCAIS	ITALIANO	NEDERLANDS	
taux m de rendement interne	tasso m interno di rendimento	internal rate of return (IRR)	567*
bail m incluant les réparations à la charge du preneur	affitto m con manutenzione interna a carico dell'affittuario	huurder m is verantwoordelijk voor interne reparaties	568*
intrinsèque adj	intrinseco agg	intrinsiek adj	569
investir v	investire v	investeren, beleggen v	570
enquête f	investigazione f	onderzoek o	571
investissement m	investimento m	belegging, investering f	572
société f d'investissement	società f per investimenti	beleggingsmaatschappij f	573*
marché m de l'investissement	mercato m degli investimenti	beleggingsmarkt f	574
méthode f d'investissement	metodo m d'investimento	beleggingsmethode f	575*
investissement m immobilier	proprietà f acquista per ragioni d'investimento	onroerend-goedbelegging f	576
société f fiduciaire de placements	consorzio m per investimenti	beleggingstrust m	577*
societé f d'investissement	società f di consorzio per investimenti	beleggingstrustmaatschappij f	578
valeur f d'investissement	valore m d'investimento	beleggingswaarde f	579
rentabilité f de l'investissement	reddito m dal investimento	beleggingsrendement o	580*
investisseur m	capitalista m	belegger, investeerder m	581
co-agence f	co-agenzia f de arrendamento	medemakelaardij f	582*
engagement m conjointe et solidaire f	obbligazione f solidale	maatschappelijk kapitaal o	583*

	ENGLISH	DEUTSCH	ESPAÑOL
584	joint development company	Bauträgermehrheit *f*	compañía *f* mancomunada de promoción
585	joint owner	Gesamthandeigentümer, Miteigentümer *m*	copropietario *m*
586	joint ownership	Gesamthandeigentum *n*	copropiedad *f*
587	joint tenancy	Miteigentum *n*, Mitmiete *f*	arrendamiento *m* conjunto
588	joint venture	Joint Venture *f*	empresa *f* en común
589	jurisdiction	Rechtsprechung *f*	jurisdiccíon *f*
590*	key money	Abstands-, Ablösesumme *f*	soborno
591*	key tenant	Hauptmieter *m*	inquilino *m* clave
592	key trader (see key tenant)	Hauptgewerbe *n*	comerciante *m* clave
593	kitchen	Küche *f*	cocina *f*
594*	land certificate	Eigentumsurkunde *f*	certificado *m* del terreno
595	land charge (see also charges)	Grundstücksbelastung *f*	carga *f* territorial
596	Land Charges Register	Register *n* für Grundstücksbelastungen	registro *m* de carga territorial
597	land for development	Bauland *n*	terreno *m* por urbanizar
598	land owner	Grundbesitzer *m*	propietario *m*
599	land price	Grundstückspreis *m*	precio *m* del terreno
600	land register	Grundbuch *n*	registro *m* de solares (terrenos)
601	land registration	Grundbucheintragung *f*	registro *m* del terreno
602	Land Registry (see cadastre)	Grundbuchamt *n*	responsable *m* del registro de terrenos

FRANCAIS	ITALIANO	NEDERLANDS	
co-promoteur *m*	società *f* che valorizza terreno collettivamente con altre soci	verbonden ontwikkelingsmaatschappij *f*	584
copropriétaire *m*	comproprietario *m*	medeëigenaar *m*	585
copropriété *f*, propriété indivise	comproprietà *f*	gezamenlijk eigendom *m*	586
co-location, location *f* indivise	comproprietà *f*	gezamenlijk bezit *o*	587
entreprise *f* commune, joint venture	impresa *f* in compartecipazione	joint venture	588
juridiction *f*	giurisdizione *f*	rechtsbevoegdheid *f*	589
pas *m* de porte	buonuscita *f*	sleutelgeld *o*	590*
locomotive *f*	affittuario *m* chiave	hoofdhuurder *m*	591*
locomotive *f*	commerciante *m* chiave	hoofdhandelaar *m*	592
cuisine *f*	cucina *f*	keuken *f*	593
certificat *m* du cadastre	certificato *m* cadastrale	grondcertificaat *o*	594*
frais *m* fonciers	dovere *m* fondiario	grondbelasting *f*	595
registre *m* du cadastre	registro *m* di doveri terrieri	register *o* met prijzen van land	596
terrain *m* à bâtir	terreno *m* edile	land *m* voor ontwikkeling	597
propriétaire *m* foncier	proprietario *m*	grondbezitter *m*	598
charge *f* foncière	prezzo *m* fondiario	grondprijs *m*	599
cadastre *m*	libro *m* fondiario	kadaster *o*	600
inscription *f* au cadastre	iscrizione *f* di un terreno al catasto	kadastrale registratie *f*	601
Bureau *m* du Cadastre	ufficio *m* del catasto terreni	kadaster *o*	602

	ENGLISH	DEUTSCH	ESPAÑOL
603	land surveyor	Katasterbeamter *m*	tasador *m* de terrenos
604	land tax	Grundsteuer *f*	impuesto *m* sobre bienes raíces
605	land value	Grundstückswert *m*	valor *m* de la finca
606*	landbank	Grundstücksreserven *f*	banco *m* agrícola
607	landlord (of property)	Vermieter *m*	propietario *m*
608	landlord's fixtures	Inventar *n* des Vermieters	instalaciones *f* del propietario
609	landlord's improvements	vom Vermieter durchgeführte Reparaturen *f*	mejoras *f* que hace el propietario
610*	landscaping	Landschaftsarchitektur *f*	paisajismo *m*
611	latent damage	versteckter Schaden *m*	daño *m* latente
612	latent defect	versteckter Mangel *m*	defecto *m* latente
613	latent value	versteckter Wert *m*	valor *m* latente
614	lawful use (see permitted and authorised use)	legitimer Gebrauch *m*	uso *m* legítimo
615	layout	Aufriss *m*, Gestaltung *f*	confección *f*
616*	lease	Verpachtung *f*	alquiler *m*
617	lease *v*	vermieten *v*	alquilar *v*
618	lease contract	Mietvertrag *m*	contrato *m* de arrendamiento
619	lease renegotiation	Neuverhandlung *f* des Mietvertrags	revisión *f* del contrato de arrendamiento
620	lease renewal	Mietvertragsverlängerung *f*	renovación *f* del contrato de arrendamiento

FRANCAIS	ITALIANO	NEDERLANDS	
expert *m* géomètre	geometra *m*	landmeter *m*	603
impôts fonciers	imposta *f* sui terreni	grondbelasting *f*	604
valeur *f* des terres (du terrain)	valore *m* del terreno	grondwaarde *f*	605
réserve *f* foncière	patrimonio *m* fondiario	landreserves *f*	606*
propriétaire *m* foncier	proprietario *m* terriero	eigenaar, huisbaas *m*	607
installations *f* du propriétaire	pertinenze *f* di una proprietà	bezittingen *f* van een eigenaar	608
amélioration *f* du propriétaire	miglioramenti *m* della proprietà attuati dal proprietario	verbeteringen *f* door de eigenaar	609
plantation *f*	sistemazione *f* paesaggistica	beplanting *f*	610*
préjudice *m* occulte	danno *m* implicito	onzichtbare schade *f*	611
vice *m* caché	difetto *m* latente	verborgen gebrek *o*	612
valeur *f* occulte	valore *m* latente	latente waarde *f*	613
utilisation *f* légale	uso *m* legittimo	rechtmatig gebruik *o*	614
disposition *f*	disposizione *f* in senso orizzontale	ontwerp *o*	615
bail *m*	locazione *f*	huurcontract *o*, lease *f*	616*
louer, prendre à bail *v*	affittare *v*	huren (ver), leasen *v*	617
contrat *m* de bail	contratto *m* di locazione	huurcontract, leasecontract *o*	618
renégociation *f* du bail	rinegoziazione *f* del contratto di locazione	herziening *f* van het huurcontract	619
renouvellement *m* de bail	rinnovo *m* della locazione	verlenging *f* van het huurcontract	620

	ENGLISH	DEUTSCH	ESPAÑOL
621	leaseback (see also sale and leaseback)	Verkauf *m* und Rückvermietung *v*	compra *f* y alquiler al vendedor
622*	leasehold (of land)	Pacht *f*	arrendamiento *m*
623*	leasehold enfranchisement	Erwerb *m* des Volleigentums	emancipación *f* del arrendamiento
624*	leasehold valuation	Pachtwert *m*	valoración *f* del contrato de arrendamiento
625	leasehold value	Pachtwert *m*	valor *m* del arrendamiento
626	leaseholder	Pächter *m*	arrendatario *m*
627	leasing company	Leasing-Gesellschaft *f*	compañía *f* arrendataria
628	legal fees	Anwaltsgebühren *f*	honorarios *m* legales
629	legal mortgage	gesetzliche Hypothek *f*	hipoteca legal
630	legal remedies	gesetzliche Rechtsmittel *n*	recurso *m* lícito
631	leisure area	Erholungsgebiet *n*	área *f* para el tiempo libre
632	lessee	Mieter *m*	arrendatario *m*
633	lessor	Vermieter *m*	arrendador *m*
634	let	vermieten *v*	alquilar *v*
635*	lettable area	Mietfläche *f*	área *f* arrendable
636	letting	Vermietung *f*	alquileres *m*

FRANCAIS	ITALIANO	NEDERLANDS	
leaseback v	affittare v con accordo di acquisto	terughuren v	621
location f à bail, prise à bail	proprietà f fondiaria in affitto	erfpacht f	622*
acquisition f par le locataire du terrain	ammissione f all'uso di una proprietà fondiaria in affitto	pachtbevrijding f	623*
estimation f de la valeur de la location à bail	valutazione f di una proprietà fondiaria in affitto	taxatie f van de pacht	624*
droit m au bail	valore m di una proprietà fondiaria in affitto	huursom f	625
locataire m à bail	intestatario m del contratto di affitto di una proprietà fondiaria	pachter m	626
société f de leasing	impresa f che eroga finanziamenti in "leasing"	leasingsbedrijf o	627
honoraires m de justice	spese f legali	juridische kosten f	628
hypothèque f judiciaire	ipoteca f legale	wettelijke hypotheek f	629
recours m judiciaires	indennizzi m legali	juridische stappen m	630
zone f de loisirs	zona f per attività ricreative	recreatiegebied o	631
locataire m à bail	locatario m	huurder m	632
bailleur m	locatore m	verhuurder m	633
louer v	affittare v	verhuren v	634
surface f louable	superficie f da cedere in locazione	verhuurbaar oppervlak o	635*
location f	locazione f	verhuren o	636

	ENGLISH	DEUTSCH	ESPAÑOL
637	letting brochure	Vermietungsprospekt n	folleto m de arrendamiento
638	letting market	Vermietungsmarkt m	mercado m de alquiler
639	letting particulars	Mietangaben f	detalles m del arrendamiento
640*	letting value	Mietwert m	valor m del arrendamiento
641	level, storey	Geschoss n	piso m
642	liabilities	Schulden f	pasivo m
643	liability	Verbindlichkeit, Haftung f	responsabilidad f
644*	licence	Erlaubnis f	licencia f
645	licensee	Lizenznehmer m	persona f autorizada
646	licensor	Lizenzgeber m	persona f que autoriza
647*	lien	Pfandrecht n	gravamen m de retencion
648	life tenancy	lebenslänglicher Niessbrauch m	alquiler m por la vida
649	lift	Aufzug m	ascensor m
650	lighting	Beleuchtung f	iluminación f
651	lighting intensity	Beleuchtungsstärke f	intensidad f de iluminación
652	limited liability	beschränkte Haftung f	responsabilidad f limitada
653	limited partnership	Kommanditgesellschaft f	sociedad f en comandita (limitada)
654	limited tender (offer)	begrenztes Angebot n	oferta f limitada

FRANCAIS	ITALIANO	NEDERLANDS	
brochure *f* de location	opuscolo *m* di presentazione delle locazioni	verhuurbrochure *f*	637
marché *m* locatif	mercato *m* dell'affitto	huurmarkt *f*	638
renseignements *m* concernant la location	clausole *f* della locazione	verhuurbijzonderheden *f*	639
valeur *f* locative	valore *m* locativo	huurwaarde *f*	640*
niveau, étage *m*	piano *m* di un edificio	verdieping *f*	641
passif *m*	passività *f*	passiva	642
responsabilité *f*	responsabilità *f*	aansprakelijkheid *f*	643
licence, autorisation *f*, permis *m*	licenza *f*	vergunning *f*	644*
concessionnaire, patenté *m*	titolare *m* di una licenza	licentiehouder *m*	645
donneur *m* de licence	ente *m* che concede una licenza	licentiegever *m*	646
droit *m* de rétention	diritto *m* di sequestro	pandrecht *o*	647*
location *f* à vie	affitto *m* a vita	levenslange huurovereenkomst *f*	648
ascenseur *m*	ascensore *m*	lift *m*	649
éclairage *m*	impianto *m* di illuminazione	verlichting *f*	650
intensité *f* de l'éclairage	intensità *f* della illuminazione	lichtsterkte *f*	651
responsabilité *f* limitée	responsabilità *f* limitata	Besloten Vennootschap *f*	652
société *f* en commandité	società *f* a responsabilità limitata	commanditaire vennootschap *f*	653
offre *f* restreinte	offerta *f* limitata	gesloten offerte *f*	654

	ENGLISH	DEUTSCH	ESPAÑOL
655	liquidation value	Liquidationswert *m*	valor *m* de liquidación
656	liquidity	Liquidität *f*	liquidez *f*
657*	listed building	denkmalgeschütztes Gebäude *n*	edificio *m* declarado de interés histórico-artístico
658*	listed building consent	Baugenehmigung für ein denkmalgeschütztes Gebäude *f*	autorización de modificar un edificio declarado de interés histórico
659*	listed company	registriertes (börsenfähiges) Unternehmen *n*	compañía *f* cotizada en bolsa
660	load bearing wall	tragende Wand *f*	muro *m* maestro
661	loan	Darlehen *n*	empréstito *m*
662	local authority	Stadtverwaltung *f*	autoridad *f* local
663	location	Lage *f*	ubicación *f*
664	location plan	Lageplan *m*	plano *m* de ubicación
665	lock-up shop	Ladenlokal *n*	tienda *f* pequeña sin alojamiento (trastienda)
666	loss	Verlust *m*	pérdida *f*
667	lot (land)	Parzelle *f*	solar *m*
668	magnet store (see anchor)	Hauptmieter *m*, der andere Mieter anzieht	tienda *f* magnética (capaz de atraer una clientela)
669	maintenance	Instandhaltung *f*	mantenimiento *m*
670	maintenance cost	Instandhaltungskosten *f*	costes *m* de mantenimiento
671	maisonette	Maisonettewohnung *f*	casita *f*
672	man-power	Arbeitskraft *f*	mano *f* de obra
673*	managed fund	Investmentfonds mit veränderlichem Portefeuille *n*	fondo *m* dirigido

FRANCAIS	ITALIANO	NEDERLANDS	
valeur *f* de liquidation	valore *m* di liquidazione	liquidatiewaarde *f*	655
liquidité *f*	liquidità *f*	liquiditeit *f*	656
immeuble *m* inscrit	edificio *m* storico tutelato dalle apposite autorità	beschermd monument *o*	657*
avis *m* des bâtiments	nulla osta delle autorità competenti a modifiche di un edificio storico	goedkeuring *f* voor een verandering aan een beschermd monument	658*
société *f* cotée en Bourse	società *f* quotata in borsa	op de beurs genoteerd bedrijf *o*	659*
mur *m* utile	muro *m* portante	draagmuur *m*	660
prêt *m*	prestito *m*	lening *f*	661
autorités *f* locales	autorità *f* locale	gemeente *f*	662
situation *f*	localizzazione *f*	locatie *f*	663
plan *m* de situation	pianta *f*	plattegrond, kaart *m*	664
magasin *m* sans logement attenant	negozio *m* senza abitazione annessa	dagwinkel *m*	665
perte *f*	perdita *f*	verlies *o*	666
lot *m*	lotto *m*	terrein, perceel *o*	667
locomotive *f*	negozio *m* di grande richiamo	winkel *m* die het publiek aantrekt	668
maintenance *f*	manutenzione *f*	onderhoud *o*	669
coût *m* de la maintenance	costo *m* di manutenzione	onderhoudskosten *f*	670
maissonnette *f*	abitazione *f* di piccole dimensioni	maisonette *o*	671
main-d'oeuvre *f*	forza *f* lavoro	mankracht *f*	672
gestion *f* de fonds d'investissement	fondo *m* amministrato	beheerd fonds *o* (bij bv verzekeringsmaatschappij)	673*

	ENGLISH	DEUTSCH	ESPAÑOL
674	management	Verwaltung *f*	dirección *f*
675	managing agent	Verwalter *m*	agente *m* administrativo
676	map	Stadtplan *m*, Landkarte *f*	mapa *f*
677	marble	Marmor *m*	mármol *m*
678	marginal rate	Grenzsatz *m*	tipo *m* marginal
679*	marginal yield	Grenzrendite *f*	rendimiento *m* marginal
680	market	Markt *m*	mercado *m*
681	market price	Marktpreis *m*	precio *m* de mercado
682	market research	Marktforschung *f*	investigación *f* del mercado
683	market value	Verkehrswert, Marktwert *m*	valor *m* de mercado
684	market information	Marktforschung *f*	información *f* del mercado
685*	material consideration	materielle Erwägung *f*	consideración *f* material
686*	material development	Bauvorhaben *n*	ensanche *m*
687	mechanical ventilation	mechanisches Ventilationssystem *n*	ventilación *f* mecánica
688	mediate	vermitteln *v*	intermediar *v*
689	meeting room	Besprechungszimmer *n*	sala *f* de reunión
690	merger	Fusion *f*	fusión *f*
691*	mesne profits	Zwischenertrag *m*	beneficios *m* intermedios
692	mezzanine floor	Zwischenstockwerk *n*	oficinas *f* entre planta
693	minimum lending rate	Diskontsatz *m* (der Bank of England)	tipo *m* de interés mínimo

FRANCAIS	ITALIANO	NEDERLANDS	
gestion, direction *f*, management *m*	amministrazione *f*	beheer *o*, administratie *f*	674
agent *m* général	quadro *m* addetto alla amministrazione	vertegenwoordiger *m*	675
carte *f*	mappa *f*	plattegrond *m*	676
marbre *m*	marmo *m*	marmer *o*	677
taux *m* marginal	tasso *m* marginale	grenspercentage *o*	678
rendement *m* marginal	rendimento *m* marginale	marginaal rendement *o*	679*
marché *m*	mercato *m*	markt *f*	680
prix *m* du marché	prezzo *m* di mercato	marktprijs *m*	681
étude *f* du marché	ricerca *f* di mercato	marktonderzoek *o*	682
valeur *f* vénale	valore *m* di mercato	vrije verkoopwaarde *f*	683
information *f* commerciale	conoscenza *f* del mercato	marktinformatie *f*	684
considération *f* d'aménagement	considerazione *f* degli elementi materiali	materiële overweging *f*	685*
opération *f* d'aménagement	valorizzazione *f* degli elementi materiali	ontwikkeling *f*	686*
ventilation *f* mécanique	ventilazione *f* meccanica	mechanische ventilatie *f*	687
s'entremettre *v*	mediare *v*	bemiddelen *v*	688
salle *f* de réunion	sala *f* riunioni	vergaderzaal *f*	689
fusion *f*	fusione *f*	fusie *f*	690
bénéfice *m* intérimaire	profitti *m* intermedi	tussenwinst *f*	691*
mezzanine *f*	piano *m* mezzanino	entresol *m*	692
taux *m* minimum du crédit	tasso *m* minimo di interesse sui prestiti	minimum uitleenspercentage *o* (van de Bank of England)	693

	ENGLISH	DEUTSCH	ESPAÑOL
694	minority interests	Minoritätsanteile *m*	participación *f* de la minoría
695	misrepresentation	Verdrehung *f*	representación *f* falsa
696	missive	Sendschreiben *n*	misiva *f*
697	mixed development	Mischentwicklung *f*	promoción *f* mixta
698	mixed office industrial	gemischte Büro- und Industrieimmobilie *f*	programa *m* mixto de oficinas naves
699	mixed use	Mischgebrauch *m*	usos *m* mixtos
700	mobility	Beweglichkeit *f*	movilidad *f*
701	model (design)	Entwurf *m*	maqueta *f*
702*	modern ground rent	Grundmiete *f*	alquiler *m* del terreno por un contrato prolongado
703	modernisation	Modernisierung *f*	modernización *f*
704	money market	Geldmarkt *m*	mercado *m* de dinero
705	mortgage	Hypothek *f*	hipoteca *f*
706	mortgagee	Hypothekengläubiger *m*	acreedor *m* hipotecario
707	mortgagor	Hypothekenschuldner *m*	hipotecante *m*
708	motorway network	Autobahnnetz *n*	red *f* de autopistas
709	movable assets	bewegliche Güter *n*	mobiliario *m*
710	move to	umziehen *v*	mudarse *v*
711*	multiple location	gute Einkaufslage *f*	posición *f* múltiple
712	national income	Volkseinkommen *n*	renta *f* nacional
713*	negative value	Negativwert *m*	valor *m* negativo

FRANCAIS	ITALIANO	NEDERLANDS	
participation *f* minoritaire	interessi *m* di minoranza	minderheidsdeelneming *f*	694
déclaration *f* fausse	presentazione *f* errata	misrepresentatie *f*	695
missive *f*	lettera *f*	brief *m*	696
opération *f* mixte	immobili *m* con destinazioni d'uso diverse	gemengde ontwikkeling *f*	697
programme *m* bureaux-activités	insediamento *m* ad uso misto uffici e industrie	bedrijfsverzamelgebouw *o*	698
utilisation *f* mixte	uso *m* misto	gemengd gebruik *o*	699
mobilité *f*	mobilità *f*	mobiliteit *f*	700
maquette *f*	modello *m*	model *o*	701
valeur *f* locative du foncier lors du renouvellement du bail	canone *m* per affitto di un terreno a scopo edificatorio	erfpachtcanon *m*	702*
modernisation *f*	riammodernamento *m*	modernisering *f*	703
marché *m* monétaire	mercato *m* monetario	geldmarkt *f*	704
hypothèque *f*	ipoteca *f*	hypotheek *f*	705
créancier *m* hypothécaire	colui a beneficio del quale una proprietà è ipotecata	hypotheekhouder *m*	706
débiteur *m* hypothécaire	colui che accende una ipoteca sulla sua proprietà	hypotheekgever *m*	707
réseau *m* autoroutier	rete *f* autostradale	netwerk *o* van autowegen	708
biens *m* mobiliers	proprietà *f* mobiliare	roerende goederen *o*	709
déménager *v*	trasferirsi *v*	verhuizen *v*	710
bonne location *f*	posizione *f* ottima per il commercio	goede locatie *f*	711*
revenu *m* national	reddito *m* nazionale	nationaal inkomen *o*	712
valeur *f* négative	valore *m* negativo	negatieve waarde *f*	713*

	ENGLISH	DEUTSCH	ESPAÑOL
714	negligence	Nachlässigkeit, Fahrlässigkeit *f*	negligencia *f*
715	negotiation	Verhandlungen *f*	negociación *f*
716	negotiator	Verhandlungsführer *m*	negociador *m*
717	net	netto *adj*	neto *a*
718	net amount	Nettobetrag *m*	importe *m* neto
719	net area	Nettonutzfläche *f*	área *f* neta
720*	net book value	Nettobuchwert *m*	valor *m* contable
721	net floor area	Nettonutzfläche *f*	área *f* total
722	net income	Nettoeinkommen *n*	ingreso *m* neto
723	net internal area	Nettoinnenfläche *f*	superficie *f* util
724	net lettable area	netto-vermietbare Fläche *f*	área *f* total alquilable
725*	net present value	Nettotageswert *m*	valor *m* actual
726	net present value method	Nettotageswert-Methode *f*	método *m* por calcular el valor actual
727*	net redemption yield	innere Rendite *f*	rendimiento *m* de rescate
728	net retail floor space	Nettogeschäftsfläche *f*	espacio *m* útil al por menor
729*	net sales area	Nettoverkaufsfläche *f*	área *f* total de venta
730*	net yield	Nettoertrag *m*	rendimiento *m* neto
731*	new town	Satellitenstadt, Neue Stadt *f*	ciudad *f* nueva
732	no legal charges	Anwaltsgebühren *f*	gastos *m* legales
733	nominal	nominell *adj*	nominal *a*

FRANCAIS	ITALIANO	NEDERLANDS	
négligence *f*	negligenza *f*	nalatigheid *f*	714
négociation *f*	negoziazione *f*	onderhandeling *f*	715
négociateur *m*	negoziatore *m*	onderhandelaar *m*	716
net *adj*	netto *agg*	netto *adj*	717
montant *m* net	importo *m* netto	netto bedrag *o*	718
surface *f* utile	superficie *f* netta	netto oppervlak *o*	719
valeur *f* nette comptable	valore *m* contabile netto	netto boekwaarde *f*	720*
surface *f* utile au sol	superficie *f* netta di pavimento	netto vloeroppervlak *o*	721
revenu *m* net	reddito *m* netto	netto inkomen *o*	722
surface *f* utile brute	superficie *f* utile netta	nuttig oppervlak *o*	723
surface *f* utile louable	superficie *f* netta da affittare	netto verhuurbaar oppervlak *o*	724
valeur *f* actuelle nette	valore *m* attuale netto	netto contante waarde *f*	725*
méthode *f* de la valeur actuelle nette	metodo *m* del valore attuale netto	netto contante waarde methode *f*	726
rendement *m* à l'échéance net	rendimento *m* netto di redenzione (di obbligazioni)	netto rendement *o*	727*
surface *f* utile (au sol) de vente	superficie *f* netta per il commercio al minuto	netto verkoopoppervlakte *f*	728
surface *f* utile de vente	superficie *f* netta di vendita	netto verkoopoppervlakte *f*	729*
rendement *m* net	rendimento *m* netto	netto rendement *o*	730*
ville *f* nouvelle	città *f* nuova	groeistad *f*	731*
frais *m* de justice	assenza *f* di spese legali	vrij op naam	732
nominal *adj*	nominale *agg*	nominaal *adj*	733

	ENGLISH	DEUTSCH	ESPAÑOL
734	nominal price	Nennpreis *m*	precio *m* nominal
735	nominal value	Nennwert *m*	valor *m* nominal
736*	non-conforming use (see authorised use)	nicht vertragsgemässer Gebrauch *m*	uso *m* no conforme
737*	non-recourse loan	Darlehen *n* ohne Sicherung	empréstito *m* sin la posibilidad de recurrir
738	normal wear and tear	normale Abnutzungserscheinungen *f*	desgaste *m* natural
739	not applicable	unanwendbar *adj*	inaplicable *a*
740	not officially quoted	nicht offiziell notiert *adj*	sin cotización oficial *a*
741*	notary public	Notar *m*	notario *m* público
742	note to complete	Abmahnung *f*	plazo *m* para acabar un proyecto de construcción
743	note to quit	Kündigung *f*	plazo *m* de desalojo
744	notice	Kündigung, Anweisung *f*	aviso *m*
745	obsolescence	Veralterung *f*	obsolescencia *f*
746	occupation (building)	Besitz *m*	ocupación *f*
747	occupation costs	Unterhaltskosten *f*	coste *m* de ocupación
748	occupation(al) rent	Miete *f*	renta *f* de ocupación
749	occupational lease	Pacht *f* zur Eigennutzung	alquiler *m*
750	occupier	Besitzer *m*	ocupante *m*
751	offer	Angebot *n*	oferta *f*
752	offer for sale	Verkaufsangebot *n*	oferta *f* de venta

FRANCAIS	ITALIANO	NEDERLANDS	
prix *m* nominal	prezzo *m* nominale	nominale prijs *m*	734
valeur *f* nominale	valore *m* nominale	nominale waarde *f*	735
utilisation *f* non-conforme	uso *m* non conforme	afwijkend gebruik *o*	736*
prêt *m* de non-recours	prestito *m* a garanzia limitata	hypotheeklening *f*	737*
usure *f* normale	deperimento *m* fisico nella norma	slijtage *f*	738
non applicable *adj*	inapplicabile *agg*	niet van toepassing *adj*	739
hors-côte *adj*	non quotato ufficialmente *agg*	incourant *adj*	740
notaire *m*	notaio *m*	notaris *m*	741*
avis *m* d'exécution	ingiunzione *f* per portare a termine una transazione	aanmaning *f* om het klaar te krijgen	742
avis *m* de congé	ingiunzione *f* di abbandono di locali	aanmaning *f* om het pand te verlaten	743
avis *m*, notification *f*	avviso *m*	aankondiging *f*	744
obsolescence *f*	obsolescenza *f*	veroudering *f*	745
occupation *f* (d'un immeuble)	occupazione *f* (di un edificio)	bezetting, bewoning *f*	746
coûts *m* d'occupation	spese *f* di occupazione	kosten *f* om het pand te betrekken	747
loyer *m* professionnel	canone *m* di occupazione	huur *f*	748
bail *m* du travail	contratto *m* di occupazione	huurovereenkomst *f*	749
utilisateur *m*	occupante *m*	bewoner *m*	750
offre *f*	offerta *f*	bod *o*	751
offre *f* de vente	offerta *f* di vendita	verkoopsaanbod *o*	752

	ENGLISH	DEUTSCH	ESPAÑOL
753*	offer letter	Angebotsschreiben *n*	carta *f* de oferta
754	office	Büro *n*	oficina *f*
755	oil-fired central heating	Ölzentralheizung *f*	calefacción *f* central de fuel-oil
756*	open market rent review	Mietanpassung *f* an Marktmiete	revisión *f* del alquiler no fija
757*	open market value (OMV)	Marktwert *m*	valor *m* de mercado abierto
758	open plan office	Grossraumbüro *n*	oficina *f* sin particiones
759	open space	Grossraum-Büro *n*	espacio *m* abierto
760	operative	wirksam *adj*	operativo *a*
761	opportunity cost	Opportunitätskosten *f*	coste *m* de oportunidad
762	option	Option *f*	opción *f*
763	order	bestellen *v*	hacer un pedido *v*
764	outgoings	Ausgaben *f*	gastos *m*
765	outline planning permission (see planning permission)	Bauvorbescheid *m*	boceto *m* de licencia
766	outskirts	Stadtrand *m*	periferia *f*
767	overall rent	Durchschnittsmiete, Pauschalmiete *f*	alquiler *m* total
768*	overall yield	Rendite *f*	rendimiento *m* total
769	overproduction	Überproduktion *f*	exceso *m* de producción
770*	overriding interest	Grundstücksrecht *n*	interés *m* principal

FRANCAIS	ITALIANO	NEDERLANDS	
offre *f* écrite	lettera *f* di offerta	offerte *f*	753*
bureau *m*	ufficio *m*	kantoor *o*	754
chauffage *m* central au fuel	impianto *m* di riscaldamento centralizzato a gasolio	centrale olie-verwarming *f*	755
révision *f* du loyer	revisione *f* del canoni d'affitto in base ai valori di mercato	vrije huuraanpassing *f*	756*
valeur *f* de marché vénale	valore *m* nel mercato libero	vrije marktwaarde *f*	757*
bureau *m* paysager	ufficio *m* a pianta aperta	kantoortuin *m*	758
open space	spazio *m* aperto	open ruimte *f*	759
actif, en vigueur *adj*	operativo *agg*	werkzaam *adj*	760
frais *m* occasionnels	costo *m* della scelta alternativa	opportuniteitskosten *f*	761
option *f*	opzione *f*	optie *f*	762
passer une commande *v*	ordinare *v*	bestellen *v*	763
dépenses	uscite *f*	kosten, uitgaven *f*	764
autorisation *f* d'un schéma directeur	piano particolareggiato	schetsplan bouwvergunning *f*	765
péripherie *m*	periferie *f*	buitenwijken *f*, stedelijke rand *m*	766
loyer *m* global	affitto *m* inclusivo di ogni spesa	totale huur *f*	767
rendement *m* global, rendement interne	rendimento *m* globale	totaal rendement *o*	768*
surproduction *f*	sovraproduzione *f*	overproduktie *f*	769
intérêt *m* spécial	interesse *m* prioritario	speciaal (overheersend) belang *o*	770*

	ENGLISH	DEUTSCH	ESPAÑOL
771	overriding lease	vorrangiger Mietvertrag *m*	contrato *m* de arrendamiento principal
772	owner	Eigentümer *m*	propietario *m*
773	owner occupied	eigengenutzt	ocupado por propietario
774	ownership	Eigentum *n*	propiedad *f*
775	part building permit	Teilbaugenehmigung *f*	licencia *f* de obras
776	particulars	Einzelheiten *f*	detalles *m*
777	partition	Zwischenwand *f*	tabiques *m*
778	partnership (see public private - and business partnership)	Personengesellschaft *f* (OHG)	sociedad *f*
779	party wall	gemeinsame Grenzmauer *f*	pared *f* medianera
780*	passing rent	derzeitige Miete *f*	renta *f* simbólica
781*	patent defect	offensichtlicher Mangel *m*	defecto *m* patente
782*	penal rent	Strafmiete *f*	multa *f* si no paga el alquiler
783	penalty	Strafe *f*	multa *f*
784	pension fund	Pensionsfonds *m*	fondo *m* de pensiones
785*	peppercorn rent	symbolische Miete *f*	alquiler *m* nominal
786	per annum (year)	pro Jahr *adj*	al año *a*
787	per cent	Prozent *n*	por ciento *m*
788	per month	pro Monat *adj*	al mes *a*

FRANCAIS	ITALIANO	NEDERLANDS	
bail m spécial	contratto m di affitto prioritario	overheersende huurovereenkomst f	771
propriétaire m	proprietario m	eigenaar m	772
occupant m propriétaire	chi vive in casa di proprietà	eigenaar-bewoner/ gebruiker m	773
propriété f	proprietà f	eigendom o	774
permis m de construire partiel	licenza f edilizia relativa a parte di un intervento	gedeeltelijke bouwvergunning f	775
détails, renseignements m	parti f	bijzonderheden f	776
cloison f	tramezzo m	scheidingsmuur f	777
société f de personnes, association f	società f	vennootschap v (VOF)	778
mur m mitoyen	muro m divisorio tra la proprietà di due proprietari diversi	gemene (gemeenschappelijke) muur m	779
loyer m en cours	affitto m attualmente soddisfacente	huidige huur f	780*
vice m apparent	difetto m evidente	zichtbaar gebrek o	781*
indemnité f judiciaire	affitto m il cui pagamento è imposto dall'autorità giudiziaria	dwanghuur f	782*
pénalité f	penale f	boete f	783
caisse f de retraite	fondo m pensionistico	pensioenfonds o	784
loyer m de très faible valeur	affitto m nominale	symbolisch huurbedrag o	785*
par an adj	all'anno agg	per jaar adj	786
pour cent m	per cento m	procent o	787
par mois adj	ogni mese agg	per maand adj	788

	ENGLISH	DEUTSCH	ESPAÑOL
789	percentage rent	prozentuale Mietabgabe *f*	alquiler *m* calculado como un porcentaje de los ingresos totales
790*	performance bond	Vertragserfüllungsgarantie *f*	obligación *f* de actuación
791	perimeter trunking	Kabelkanäle *m*	canalización *f* perimetral
792	permitted development (see planning permission and authorised development)	genehmigte Bebauung *f*	promoción *f* autorizada
793*	permitted use	genehmigte Nutzung *f*	empleo *m* autorizado
794	perpetuity	Dauerzustand *m*	perpetuidad *f*
795	perpetuity period	Fortdauer *f*	periodo *m* de perpetuidad
796	personality (personal property)	persönliches Eigentum *n*	propiedad *f* inmobiliaria
797	pillar	Träger *m*, Säule *f*	pilar *f*
798	pitch (shopping)	Einkaufslage *f*	terreno *m*
799	plan (see development plan)	Plan *n*	plan *m*
800	planner	Stadtplaner *m*	planificador *m*
801	planning (see town and country planning)	Planung *f*	planificación *f*
802*	planning appeal	Planungsrevision *f*	llamamiento *m* de construcción
803	planning application	Bauantrag *m*	solicitud *f* de construcción

FRANCAIS	ITALIANO	NEDERLANDS	
loyer m à pourcentage	affitto m percentuale	commissiehuur f	789
retenue f de garantie	fideiussione f a garanzia del completamento dei lavori	obligatie f	790*
canalisation f périmètre	impianti di servizio all'interno dei muri perimetrali	omtrek schacht van een lift/zuil	791
opération f autorisée	costruzione f autorizzata	toegestane ontwikkeling f	792
usage m autorisé	uso m consentito	toegestaan gebruik o	793*
perpétuité f	condizione f permanente	eeuwigheid f	794
période f perpétuelle	periodo m di validità della condizione permanente	periode f van onbeperkte duur	795
biens m meubles	proprietà f personale	persoonlijk eigendom o	796
pilier m, colonne f	pilastro m	kolom f	797
emplacement m sur un marché	vendita f reclamizzata	locatie f	798
plan m	piano m	ontwerp o	799
planificateur m	urbanista m	planoloog m	800
plan m d'occupation des sols (POS), plan d'urbanisme	urbanistica f	planologie f	801
recours m administratif (contre une réfus du permis de construire)	ricorso m ad una autorità urbanistica superiore	bezwaar o of beroep o tegen afwijzing bouwvergunning	802*
application f du plan d'occupation des sols (POS)	richiesta f di concessione edilizia	bouwvergunningsaanvraag f	803

	ENGLISH	DEUTSCH	ESPAÑOL
804	planning brief	Bauskizzierung *f*	proyecto *m* de construcción
805	planning consent (see planning permission)	Baugenehmigung *f*	permiso *m* de construcción
806*	planning gain (planning obligation)	Wertsteigerung *f* durch Nutzungsänderung	nueva construcción *f* que está provechoso al público
807*	planning merits	Bebauungsvorteil *m*	ventajes *f* de un projecto
808*	planning permission (see planning consent)	Baugenehmigung *f*	permiso *m* urbanístico
809	plant and machinery	Anlagen und Maschinen *f*	planta y maquinaria *f*
810	plaster	Gips *m*	yeso *m*
811*	plot ratio	Geschossflächenzahl *f* (GFZ)	proporción *f* del espacio útil
812	portal frame construction	Skelettbaukonstruktion	marco de puerta
813	portfolio	Portefeuille *n*	cartera *f*
814	positive covenant	Vertragsobligation *f*	convenio *m* positivo
815	possession	Besitz *m*	posesión *f*
816	possessory title	Besitztitel *m*	derecho *m* de ocupar
817	poundage	Anteil pro Pfund *m*	comisión *f* de tanto por libra esterlina
818	pre-let	Vorvermietung *f*	prearrendamiento *m*
819*	preemption	Vorkaufsrecht *n*	derecho *m* preferente de compra
820	premises (building)	Gebäude *n*	edificios *m*

FRANCAIS	ITALIANO	NEDERLANDS	
spécification *f* du plan d'occupation des sols (POS)	linee *f* guida per la progettazione urbanistica date dall'autorità	bouwinstructie *f*, programma *o* van eisen	804
permis *m* de construire	visto *m* dall'autorità urbanistica di livello superiore	bouwvergunning *f*	805
augmentation *f* du plan d'occupation des sols (POS)	vantaggio *m* generato da una disposizione urbanistica	ontwikkelingswinst *f*	806*
accroissement *m* du plan d'occupation des sols (POS)	valore *m* legale della pianificazione	ontwikkelingswinst *f*	807*
permis *m* de construire	approvazione *f* della richiesta di concessione edilizia	bouwvergunning *f*	808*
installations *f*	fabbrica *f* e macchinario	onderdelen *o* en machinerie *f* (installatie)	809
plâtre *m*	intonaco *m*	pleisterkalk *m*	810
coefficient *m* d'occupation du sol	indice *m* di utilizzo fondiario	bebouwingsintrinsiteit *f*	811*
construction *f* du châssis	telaio *m*	kozijnconstructie *f* (van een deur)	812
portefeuille *n*	portafoglio *m*	portefeuille *m*	813
convention *f* en vigueur	accordo *m* vantaggioso	positieve convenant *o*	814
propriété *f*	possesso *m*	eigendom *o*	815
titre *m* de propriété	titolo *m* di proprietà	eigendomsaanspraak *f*	816
taux *m* né par livre	commissione *f* da pagare	per pond sterling	817
pré-location *f*	locazione *f* sulla carta	voorverhuur *f*	818
préemption *f*	diritto *m* di prelazione	voorkeursrecht *o*	819*
bâtiments, immeubles *m*	locali *m* (di un edificio)	panden *o*	820

	ENGLISH	DEUTSCH	ESPAÑOL
821	premium	Prämie *f*	prima *f*
822	premium (insurance)	Versicherungsprämie *f*	prima *f* de seguro
823	premium lease	bester Mietvertrag *m*	prima *f* de arrendamiento
824*	premium rent	beste Miete *f*	alquiler *m* excesivo
825	present value	gegenwärtiger Wert *m*	valor *m* actual
826	primary use	Hauptnutzung *f*	empleo *m* principal
827*	prime property	erstklassige Immobilie *f*	propiedad *f* principal
828	prime trading location	erstklassiger Handelsplatz *m*	situación *f* comercial de primer orden situación
829*	prime yield	erstklassige Rendite *f*	rendimiento *m* primario
830*	priority yield	Vorrangsrendite *f*	rendimiento *m* prioritario
831	Private limited company (Plc)	Gesellschaft mit beschränkter Haftung (GmbH) *f*	Compañía *f* privada de responsabilidad limitada (CPRL)
832	private sector	freie Marktwirtschaft *f*	sector *m* privado
833	private treaty	Kaufvertrag *m*	contrato *m* privado
834*	privity of contract	Vertragsbeziehung *f*	relación *f* contractual
835*	privity of estate	gemeinsamer Grundbesitz *m*	relación *f* entre terrateniente y aparcero
836	production facilities (factory)	Produktionsmöglichkeiten *f*	instalaciones *f* de producción

FRANCAIS	ITALIANO	NEDERLANDS	
prime *f*	premio *m*	premie *f*	821
prime *f* d'assurance	premio *m* di assicurazione	verzekeringspremie *f*	822
bail *m* avec une prime	contratto *m* di affitto di primaria importanza	huurpremie *f*	823
surloyer *m*	canone *m* di affitto tra i più elevati del mercato	premiehuur *f*	824*
valeur *f* présente	valore *m* attuale	contante waarde *f*	825
utilisation *f* de base	uso *m* principale	grondgebruik *o*	826
propriété *f* exceptionnelle	proprietà *f* di caratteristiche e localizzazione eccellenti	eersteklas onroerend goed *o*	827*
zone *f* d'échéange principale	localizzazione *f* eccellente per la attività commerciali	toplocatie, A1 locatie *f*	828
rendement *m* de base	rendimento *m* principale	aanvangsrendement *o* van eersteklas onroerend goed	829*
rendement *m* de priorité	rendimento *m* prioritario	voorrangsrendement *o*	830*
société *f* à responsabilité limitée (SARL)	Società *f* a responsabilità limitata (SRL)	Besloten Vennootschap (BV) *f* met beperkte aansprakelijkheid	831
secteur *m* privé	settore *m* privato	particuliere sector *m*	832
de gré à gré, à l'amiable	vendita *f* di una proprietà con un accordo privato	onderhands contract *o*	833
contrat *m* jurisprudentiel	interessi *m* di terzi in un contratto	rechtsbetrekkend contract *o*	834*
terre *f* jurisprudentielle	interessi *m* di terzi in una proprietà	rechtsbetrekkend land *o*	835*
moyens *m* de production	mezzi *m* di produzione	produktiefaciliteiten *f*	836

	ENGLISH	DEUTSCH	ESPAÑOL
837*	professional negligence	grobe Fahrlässigkeit *f*	negligencia *f* profesional
838	Profit and Loss Account	Gewinn- und Verlustrechnung *f*	Cuenta *f* de Pérdidas y Ganancias
839*	profit rent	Mietgewinn *m*	renta *f* del beneficio
840	profitability	Rentabilität *f*	rentabilidad *f*
841	project	Projekt *n*	proyecto *m*
842	project management	Bauleitung *f*	dirección *f* del proyecto
843	property (see building, real property)	Immobilien *f*	inmueble
844	property agent (see agency)	Immobilienmakler *m*	agente *m* inmobiliario
845	property asset management	Immobilienverwaltung *f*	gerencia *f* de bienes inmuebles
846*	property bond	Grund- und Gebäudeobligation *f*	cédula *f* hipotecaria
847	property company	Immobiliengesellschaft *f*	sociedad *f* inmobiliaria
848*	property investment fund	Fonds *m* für Kapitalanlagen in Grundbesitz	fondo *m* de inversión inmobiliaria
849*	property investment trust	Immobilieninvestmentfonds *m*	fideicomisario *m* de la inversión inmobiliaria
850	property management	Immobilienverwaltung *f*	gerencia *f* de propiedad
851	property manager	Immobilienverwalter *m*	gerente *m*
852*	property portfolio management	Grundstücksvermögensverwaltung *f*	gerencia *f* de la cartera de propiedad

FRANCAIS	ITALIANO	NEDERLANDS	
négligence *f* professionnelle	negligenza *f* professionale	professionele nalatigheid *f*	837*
Compte *m* de Profits et Pertes	Conto *m* Profitti e Perdite	Winst- en Verliesrekening *f*	838
montant *m* du loyer tiré d'une sous location	differenza *f* tra canone pagato e canone richiesto dal mercato	winsthuur *f*	839*
rentabilité *f*	redditività *f*	rentabiliteit *f*	840
projet *m*	progetto *m*	project *o*	841
maîtrise *f* d'ouvrage déléguée	gestione *f* del progetto	projectbegeleiding *f*	842
propriété *f*, biens *m* immeubles	proprietà *f*	onroerend goed *o*	843
agent *m* immobilier	agente *m* immobiliare	onroerend-goedspecialist *m*	844
gestion *f* du patrimoine immobilier	gestione *f* di proprietà immobiliari	onroerend-goedbeheer *o*	845
obligation *f* adossée à la propriété foncière	obbligazione *f* fondiaria	onroerend-goedobligatie *f*	846*
société *f* immobilière	impresa *f* immobiliare	onroerend-goedmaatschappij *f*	847
fond *m* d'investissement immobilier	fondo *m* per investimenti immobiliari	beleggingsfonds *o* voor onroerend goed	848*
société *f* d'investisseur immobilier	ente *m* per la gestione fiduciaria di investimenti immobiliari	onroerend-goedbeleggings- trust *m*	849*
gérance *f* immobilière	gestione *f* di proprietà immobiliari	onroerend-goedbeheer *o*	850
gérant *m* immobilier	gestore *m* di proprietà immobiliari	beheerder *m* van onroerend goed	851
gestion *f* du portefeuille immobilier	gestione *f* di un portafoglio di proprietà immobiliari	onroerend-goedportefeuille- beheer *o*	852*

	ENGLISH	DEUTSCH	ESPAÑOL
853	property register	Grundbuch *n*	registro *m* de propiedades
854	property tax	Liegenschaftssteuer *f*	impuesto *m* sobre la propiedad
855	property transfer tax	Grunderwerbssteuer *f*	impuesto *m* de transmisiones patrimoniales
856*	property unit trust	Grundstückskapitalanlage-gesellschaft *f*	fondo *m* de inversión inmobiliaria
857	property valuer (see surveyor)	Immobiliengutachter *m*	tasador *m* inmobiliario
858	protected building (see conservation area)	denkmalgeschütztes Gebäude *n*	edificio *m* protegido
859*	Public Limited Company (PLC)	Aktiengesellschaft *f* (AG)	Sociedad *f* Anónima (SA)
860	public private partnership	Public Private Partnership (PPP)	sociedad *f* pública privada
861	public relations (PR)	Public Relations *f*	relaciones *f* públicas
862	public sector	öffentliche Hand *f*	sector *m* público
863	purchase	Kauf *m*	compra *f*
864	purchase contract	Kaufvertrag *m*	contrato *m* de compra
865	purchasing power	Kaufkraft *f*	poder *m* de compra
866*	qualified covenant	geeignetes Abkommen *n*	contrato *m* con salvedades
867*	qualified title	Grundstücksrechtstitel *m*	derecho *m* condicionado
868	quantity surveyor (see also architect)	Baukostensachverständiger *m*	controlador *m* de costes de construcción de un edificio
869*	quarter day	Quartalstag *m*	día *m* en que se paga un trimestre

FRANCAIS	ITALIANO	NEDERLANDS	
registre m du cadastre	registro m delle proprietà immobiliari	grondregister o	853
impôt m foncier	imposta f sulle proprietà immobiliari	grondbelasting f	854
droits m de mutation	tassa f sui passaggi di proprietà dei beni immobili	overdrachtsbelasting f	855
fonds m d'investissement immobilier	fondo m d'investimento immobiliare	onroerend-goedmaatschappij gemachtigd om als trustee op te treden	856*
expert m immobilier	esperto m di valutazioni immobiliari	onroerend-goedtaxateur m	857
immeuble m classé (inscrit)	edificio m tutelato	beschermd gebouw o	858
société f anonyme (SA)	Società f Anonima (SA)	Naamloze Vennootschap f (NV)	859*
société f anonyme cotée en Bourse	società f mista pubblico-privato	Besloten Vennootschap f op de beurs genoteerd	860
rélations f publiques	relazioni f pubbliche	public relations	861
secteur m public	settore m pubblico	publieke sector m	862
acquisition f	acquisto m	aanschaffing f	863
contrat m d'acquisition	contratto m di acquisto	koopcontract o	864
pouvoir m d'achat	potere m di acquisto	koopkracht f	865
convention f sous conditions	accordo m vincolante	convenant o met bepaalde voorwaarden	866*
titre m de propriété avec servitudes	titolo m restrittivo	begrensd eigendom o	867*
métreur-vérificateur m	geometra m	bouweconoom m	868
jour m du terme	giorno m di scadenza cei pagamenti trimestrali	betaaldag m	869*

	ENGLISH	DEUTSCH	ESPAÑOL
870	quotation	Kostenvoranschlag *m*	cotización *f*
871*	rack rent	Marktmiete *f*	alquiler *m* máximo
872	radiator	Heizkörper *m*	radiador *m*
873	raised floor	doppelter Boden *m*	falso suelo *m*
874	rate of interest	Zinssatz *m*	tipo *m* de interés
875	rate of return	Rendite *f*	tipo *m* de rendimiento
876	rates (see property tax)	Grundsteuer *f*	tasa *f*
877	rating (see property tax)	Besteuerung *m*	tasación *f*
878	raw material	Rohstoff *m*	materia *f* prima
879	real estate (see real property and property)	Immobilien *f*	bienes *m* inmuebles
880	real property (see real estate and property)	Immobiliarvermögen *n*	bienes *m* raíces
881	realisable value	Veräusserungswert *m*	valor *m* de realización
882	rear access	Hintereingang *m*	acceso *m* de trasero
883*	rebuilding clause	Wiederaufbauungsklausel *f*	cláusula *f* de reconstrucción
884	receiver	Konkursverwalter *m*	sindico, receptor *m*
885	reception	Rezeption *f*	recepción *f*
886	reconstruct	wiederaufbauen *v*	reconstruir *v*
887	recover	wiedererlangen *v*	recuperar *v*
888	Red Book	Rotes Buch *n*	lista *f* de cuentas que tienen duedas

FRANCAIS	ITALIANO	NEDERLANDS	
cotation *f*	quotazione *f*	koers *m*	870
loyer *m* exorbitant	affitto *m* esorbitante	volle markthuur *f*	871*
radiateur *m*	radiatore *m*	radiator *m*	872
faux plancher *m*	falso pavimento *m*	zwevende (verhoogde) vloer *m*	873
taux *m* d'intérêt	tasso *m* di interesse	rentevoet *m*	874
taux *m* de rendement	tasso *m* di rendimento	rendement *o*	875
impôts *m* locaux	indici *m* fiscali	tarief *o*	876
évaluation *f* (de la valeur locative pour les impôts locaux)	indicizzazione *f* fiscale	belasting *f*	877
matière *f* première	materia *f* prima	grondstof *f*	878
immobilier *m*	bene *m* immobiliare	onroerend goed *o*	879
biens *m* immobiliers (immeubles)	proprietà *f* immobiliare	onroerend goed *o*	880
valeur *f* de marché	valore *m* realizzabile	opbrengstwaarde *f*	881
sortie *f* de derrière	entrata *f* posteriore	achteringang *m*	882
clause *f* qui oblige le locataire à rebatîr en cas de sinistre	clausola *f* di ricostruzione	herbouwingsclausule *f*	883*
syndic *m* de faillite	amministratore *m* straordinario	curator *m*	884
réception *f*	ricevimento *m*	receptie *f*	885
reconstruire *v*	ricostruire *v*	herbouwen *v*	886
récupérer *v*	recuperare *v*	terugvragen *v*	887
Livre *m* Rouge	Libro *m* Rosso (registro *m* dei creditori)	Rode Boek *o*	888

	ENGLISH	DEUTSCH	ESPAÑOL
889	redeem	tilgen *v*	amortizar *v*
890	redemption	Ablösung *f*	amortización *f*
891*	redemption yield	Ablösungsrendite *f*	rendimiento *m* de rescate
892	redevelopment	Sanierung *f*	reorganización *f*
893*	redevelopment clause	Sanierungsklausel *f*	cláusula *f* de desarollo
894	refurbishment (see renewal)	Renovierung *f*	rehabilitación *f*
895*	registered land	eingetragener Grundbesitz *m*	terreno *m* declarado
896*	regulated tenancy	reguliertes Mietverhältnis *n*	arrendamiento *m* regulado
897	reinstatement	Wiederherstellung *f*	reinstalación, reparación *f*
898	renegotiation	Neuverhandlung *f*	revisión *f* del contrato de alquiler
899	renewal (building) (see refurbishment)	Renovierung *f*	renovación *f*
900	renewal (lease)	Vertragsverlängerung *f*	prórroga *f*
901*	renewal fund	Erneuerungsfonds *m*	fondo *m* de reposición
902	renovation	Renovierung *f*	renovación *f*
903	rent	Miete *f*	alquiler *m*
904	rent *v*	vermieten *v*	alquilar *v*
905*	rent cessor clause	Mietbefreiungsklausel *f*	cláusula *f* de la cesión de arriendo

FRANCAIS	ITALIANO	NEDERLANDS	
rembourser *v*	redimere *v* (titoli obbligazionari)	terugkopen, aflossen *v*	889
remboursement *m*	rimborso *m*	loskoping, aflossing *f*	890
rendement *m* global	rendimento *m* da rimborso (anticipato)	aflossingsrendement *o*	891*
réaménagement *m*, rénovation *f*	edificazione *f* nuova in sostituzione di una precedente	herstructurering *f*, wederopbouw *m*	892
clause *f* qui prévoit dans le bail la rénovation par l'une des part	clausola *f* di nuova edificazione	herstructureringsclausule *f*	893*
rénovation, restructuration *f*	rinnovo *m*	renovatie *f*	894
terrain *m* cadastré	terreno *m* accatastato	grondeigendom *o*	895*
bail *m* de location réglementé	locazione *f* soggetta a clausole particolari	gereguleerde huurovereenkomst *f*	896*
réintégration *f*	ripristino *m*	in ere herstelling *f*	897
révision *f* du bail	rinegoziazione *f*	heronderhandeling *f*	898
rénovation *f*, remise à neuf	rinnovo *m* (di un immobile)	vernieuwing *f*	899
renouvellement *m*	rinnovo *m* (di locazione)	verlenging *f*	900
fonds *m* de provisions	fondo *m* per opere di manutenzione straordinaria	fonds *o* voor onderhoudskosten	901*
rénovation *f*	rinnovo *m*	renovatie *f*	902
loyer *m*	affitto *m*	huur *f*	903
louer *v*	affittare *v*	verhuren, huren *v*	904
disposition *f* du bail qui autorise une franchise de loyer	clausola *f* di morosità	huurstopclausule *f*	905*

	ENGLISH	DEUTSCH	ESPAÑOL
906	rent free period	mietfreie Zeit *f*	período *m* de carencia
907	rent level	Mietpreisniveau *n*	nivel *m* del precio de alquiler
908*	rent review	Überprüfung *f* der Miethöhe	revisión *f* de alquiler
909*	rent-roll	Mietregister *n*	ingresos *m* por alquileres de una finca
910	rental income	Mietertrag *m*	ingresos *m* por alquileres
911*	rental value	Mietwert *m*	valor *m* en alquiler
912	replacement costs	Wiederherstellungskosten *f*	gastos *m* de substitución
913	requisition	Aufforderung *f*	requirimiento *m*
914*	reserve fund	Rücklagen *f*	fondo *m* de reserva
915	residence	Wohnsitz *m*	vivienda *f*
916	residential suburb	Wohnbezirk *m*	periferia *f* residencial
917*	residual value	Restwert *m*	valor *m* residual
918	restoration	Renovierung *f*	restauración *f*
919	restraint of trade	Handels-, Wettbewerbsbeschränkung *f*	restricción *f* del comercio
920	restrictive covenant (see covenant)	Beschränkungsklausel *f*	pacto *m* restrictivo
921	retail	Einzelhandel *m*	comercio *m* al por menor
922	retail price	Einzelhandelspreis *m*	precio *m* al por menor
923	retail price index	Einzelhandelspreisindex *m*	índice *m* de precios al por menor
924	retail property	Einzelhandelsimmobilie *f*	locales *m* comerciales

FRANCAIS	ITALIANO	NEDERLANDS	
franchise *f* de loyer	periodo *m* esente da affitto	huurvrije periode *f*	906
montant *m* du loyer	importo *m* del canone d'affitto	huurprijsniveau *o*	907
révision *f* du loyer	revisione *f* del canone d'affitto	huurprijsaanpassing *f*	908*
liste *f* des locataires	registro *m* degli affitti e degli affittuari	pachtboek *o*, pachtopbrengst *m*	909*
revenu *m* locatif	reddito *m* da affitto	huuropbrengst *f*	910
valeur *f* locative	valore *m* locativo	huurwaarde *f*	911*
coût *m* de remplacement	costi *m* di rimpiazzo	vervangingskosten *f*	912
demande *f*	requisizione *f*	oproeping *f*	913
fonds *m* de réserve	fondo *m* di riserva	reservefonds *o*	914*
habitation *f*	abitazione *f*	woonhuis *o*	915
banlieue *f* résidentielle	quartiere *m* residenziale periferico	woonwijk *f*	916
valeur *f* résiduelle	valore *m* residuo	restwaarde *f*	917*
restauration *f*	ristorazione *f*	restauratie *f*	918
retraits *m* de la vente	restrizione *f* del commercio	handelsbeperking *f*	919
convention *f* secrète	clausola *f* limitativa	belemmerende convenant *o*	920
vente *f* au détail	dettaglio *m* (nella distribuzione commerciale)	detailhandel *m*	921
prix *m* au détail	prezzo *m* al dettaglio	winkelprijs *m*	922
indice *m* des prix de détail	indice *m* dei prezzi al consumo	index *m* van kosten levensonderhoud	923
locaux *m* commerciaux	immobile *m* ad uso commercio al dettaglio	winkels *m*	924

	ENGLISH	DEUTSCH	ESPAÑOL
925	retail trade	Einzelhandel *m*	comercio *m* al por menor
926	retail turnover (retail sales)	Einzelhandelsumsatz *m*	giro *m* de venta al por menor
927*	retail warehouse	Grosshandel *m*	almacén *m* de venta al por menor
928	retailer	Einzelhändler *m*	comerciante *m*
929*	retained agent	beauftragter Makler *m*	agente *m* retenido
930	return	Rendite *f*	ganancia *f*
931	return on capital	Kapitalertrag *m*	rendimiento *m* de capital
932	revaluation (property)	Neubewertung *f*	revalorización *f*
933*	reverse premium	Gegenprämie	prima *f* invertida
934*	reverse yield gap	Rendite *f*	exceso *m* de rendimiento sobre la deuda
935*	reversion	Reversion *f*	reversión *f*
936	reversionary	anwartschaftlich *adj*	recuperable *a*
937*	reversionary investment	Reversionsinvestment *n*	inversión *f* revertible
938*	reversionary return	Reversionsrendite *f*	rendimiento *m* de la reversión
939*	reversionary yield	Reversionsrendite *f*	rendimiento *m* de retroventa
940*	revocation order	Wiederrufsaufforderung *f*	orden *f* de revocación
941	right of access	Zutrittsrecht *n*	derecho *m* de acceso

FRANCAIS	ITALIANO	NEDERLANDS	
commerce m de détail	commercio m al dettaglio	kleinhandel m	925
chiffre m d'affaires de la vente au détail	giro m d'affari del commercio al dettaglio	omzet m van de kleinhandel	926
vente f au détail en entrepôt	magazzino m per grossisti operante anche vendite al dettaglio	pakhuis o voor de kleinhandel	927*
détaillant m	dettagliante m	detailhandelaar, winkelier m	928
agent m immobilier chargé d'une mission	agente m immobiliare mandatario	makelaar m die in dienst genomen is	929*
rendement m	guadagno m	rendement o	930
rendement m d'un investissement	guadagno m sul capitale	rendement o op het kapitaal	931
réévaluation f	rivalutazione f di una proprietà	hertaxatie f	932
contre prime f	premio m inverso	keerpremie f	933*
déficit m de rendement inverse	differenza f tra rendimento stimato e reale	negatief verschil aanvangsrendement en staatsleningen	934*
réversion f, droit m de retour	diritto m futuro su una proprietà o su una sua parte	terugvallende bezitting f	935*
réversible adj	concernente un diritto futuro su una proprietà	terugvallend adj	936
investissement m réversible	investimento m reversibile	terugvallende belegging f	937*
rentabilité f de réversion	guadagno m reversibile	terugvallend rendement o	938*
rendement m de réversion	rendimento m reversibile	terugvallend rendement o	939*
annulation f d'une autorisation de construire	revoca f di un ordine	herroepingsbevel o	940*
droit m d'accès	diritto m di passaggio	recht o van toegang	941

	ENGLISH	**DEUTSCH**	**ESPAÑOL**
942	right of way (see easement)	Grunddienstbarkeit *f*	derecho *m* de paso
943*	rising rent	steigende Miete *f*	alquiler *m* de álza
944	risk capital	Risikokapital *n*	capital *m* de riesgo
945*	rolled up interest	aufgelaufener Zins *m*	interés *m* acumulado
946	roof	Dach *n*	techo *m*
947	running yield (see flat yield)	laufende Rendite *f*	rendimiento *m* corriente
948	running-in expenses	Anlaufkosten *f*	incurrir en gastos
949	sale	Verkauf *m*	venta *f*
950*	sale and leaseback	Verkauf *m* mit Rückmiete *f*	venta *f* y alquiler al vendedor
951	sale by auction	Versteigerung *f*	venta *f* por subasta
952	sales area	Verkaufsfläche *f*	área *f* de ventas
953	sales particulars	Expose *n*	detalles *m* de venta
954	scaffolding	Baugerüst *n*	andamio *m*
955*	schedule of condition	Bauzustandsbeschreibung *f*	inventario *m* que describe la condición físico de un edificio
956	schedule of dilapidations (see dilapidations)	Mängelaufstellung *f*	inventario *m* que describe el estado ruinoso de un edificio
957*	scheduled monument (see listed building)	denkmalgeschütztes Gebäude *n*	monumento *m* catalogado
958*	science park (see business park)	Wissenschaftspark *m*	parque *m* cientifico
959*	sealed bid	Ausschreibungsangebot *n* im versiegelten Umschlag	propuestas *f* selladas

FRANCAIS	ITALIANO	NEDERLANDS	
servitude *f*	diritto di passaggio	vrije doorgang *m*	942
loyer *m* augmenté	affitto *m* in via di aumento	stijgende huur *f*	943*
capital-risque *m*	capitale *m* di rischio	risicokapitaal *o*	944
intérêts *m* capitalisés	ammontare *m* degli interessi maturati su un prestito	oplopende rente *f*	945*
toit *m*	tetto *m*	dak *o*	946
rendement *m* fixe (uniforme)	rendimento *m* corrente	vast rendement *o*	947
frais *m* d'exploitation	spese *f* correnti	aanloopkosten *f*	948
vente *f*	vendita *f*	verkoop *m*	949
leaseback *m*	vendita *f* ed affitto contestuale della stessa proprietà	verkopen en terughuren van onroerend goed *v*	950*
vente *f* aux enchères	vendita *f* all'asta	verkoop *m* door veiling	951
surface *f* de ventes	superficie *f* di vendita	verkoopoppervlak *o*	952
descriptif *m* de vente	componenti *f* della zona vendite	verkoopbijzonderheden *f*	953
échafaudage *f*	impalcatura *f*	steiger *m*	954
état *m* descriptif (d'un bâtiment)	descrizione *f* voce per voce dello stato di fatto	voorwaardenschema *o*	955*
programme *m*	elenco *m* dettagliato delle parti da restaurare	verwaarlozingsschema *o*	956
monument *m* classé	monumento *m* tutelato	geregistreerd monument *o*	957*
parc *m* technologique	parco *m* scientifico	sciencepark *o*	958*
offre *f* cachatée	offerta *f* in busta chiusa	gezegelde aanbieding *f*	959*

	ENGLISH	DEUTSCH	ESPAÑOL
960	secured loan	gesicherte Anleihe *f*	préstamo *m* garantizado
961	secured rent	gesicherte Miete *f*	alquiler *m* garantizado
962	secured tenancy	gesicherter Mietvertrag *m*	arrendamiento *m* garantizado
963	security	Sicherheit *f*	seguridad *f*
964	security of tenure	Mieterschutz *m*	protección *f*
965	sell	verkaufen *v*	vender *v*
966	seller (vendor)	Verkäufer *m*	vendedor *m*
967	seller's market	Verkäufermarkt *m*	mercado *m* de vendedores
968	selling price	Verkaufspreis *m*	precio *m* de venta
969*	sensitivity analysis	Sensitivitätsanalyse *f*	análisis *m* de sensibilidad
970*	service charge	Nebenkosten *f*	servicio *m*
971*	serviced accommodation	Gebäude *n* mit Service	alojamiento *m* con algunos servicios
972	settlement (legal)	Schlichtung *f*	acuerdo *m*
973	settlement of building	Absinken *n* eines Gebäudes	emplazamiento *m* de edificio
974	sewer	Abfluss *m*	alcantarilla *f*
975	share (company)	Aktie *f*	acción *f*
976*	shell construction	Rohkonstruktion *f*	armazón *f* de hormigón (esqueleto de madera/acero)
977	shop	Ladenlokal *n*	tienda *f*
978*	shopping centre	Einkaufszentrum *n*	centro *m* comercial

FRANCAIS	ITALIANO	NEDERLANDS	
emprunt *m* garanti	prestito *m* garantito	preferente lening *f*	960
loyer *m* garanti	canone *m* d'affitto garantito	gegarandeerde huur *f*	961
bail *m* garanti	contratto *m* d'affitto garantito	preferente huurovereenkomst *f*	962
sécurité *f*	sicurezza *f*	zekerheid *f*	963
stabilité *f* d'une propriété	garanzia *f* del titolo di proprietà	huurbescherming *f*	964
vendre *v*	vendere *v*	verkopen *v*	965
vendeur *m*	venditore *m*	verkoper *m*	966
marché *m* vendeur	mercato *m* favorevole ai venditori	verkopersmarkt *f*	967
prix *m* de vente	prezzo *m* di vendita	verkoopprijs *m*	968
analyse *f* de sensibilité	analisi *f* di sensibilità	gevoeligheidsanalyse *f*	969*
charges *f* particulières	costo *m* del servizio	servicekosten *f*	970*
bureaux *m* hotels	ufficio *m* dotato di ogni servizio	accommodatie *f* met alle gemakken	971*
règlement *m*	definizione *f* (di una causa legale)	vereffening *f*	972
enfoncement *m* du bâtiment	conferimento *m* in proprietà di un immobile	inzinken *o* van een gebouw	973
égoûts	fogna *f*	riool *f*	974
action *f*	azione *f* (di società)	aandeel *o*	975
coque *f* en béton	edificio *m* nuovo privo delle finizioni interne ed esterne	omwonden metalen constructie *f*	976*
boutique *f*	negozio *m*	winkel *m*	977
centre *m* commercial	centro *m* commerciale	winkelcentrum *o*	978*

	ENGLISH	DEUTSCH	ESPAÑOL
979	shopping mall	Einkaufszentrum n	centro m comercial
980*	short-dated	auf kurze Sicht adj	a corto plazo a
981	short-term	kurzfristig adj	a corto plazo a
982	shortage	Mangel m, Knappheit f	escasez f
983*	shortfall	Fehlbetrag m	déficit m
984	showroom	Ausstellungsraum m	salón m de demostraciones
985	sign	unterschreiben v	firmar v
986*	single rate method	einfache Methode f	método m de típo único
987	sinking fund	Amortisationsfonds m	fondo m de amortización
988	site	Grundstück n	solar, terreno m
989	site area	Grundstücksgrösse f	superficie f del terreno
990	site cost	Grundstückskosten f	precio m del solar
991*	site cover	Grundflächenzahl f (GRZ)	proporción f del solar ya urbanizado
992	site finance	Grundstücksfinanzierungskosten f	financiación f del terreno
993	site plan	Grundstücksplan m	plano m del terreno (solar)
994	site survey	Bodengutachten n	informe m ubicación
995	site value	Grundstückswert m	valor m del solar
996	situation	Lage f	situación f
997	slate	Schiefer m	pizarra f

FRANCAIS	ITALIANO	NEDERLANDS	
galerie *f* marchande	via *f* ricca di negozi (o galleria commerciale)	winkelpassage *f*	979
à courte échéance *adj*	a breve scadenza *agg*	op korte termijn *adj*	980*
à court terme *adj*	a breve termine *agg*	op korte termijn *adj*	981
pénurie *f*	carenza *f*	tekort *o*	982
déficit *m*	mancanza *f*	tekort *o*	983*
salle *f* d'exposition	sala *f* di esposizione	toonzaal *f*	984
signer *v*	firmare *v*	ondertekenen *v*	985
méthode *f* simple	metodo *m* di calcolo di un flusso di redditi basandosi su un solo tasso	eenvoudige methode *f*	986*
fonds *m* d'amortissement	fondo *m* di ammortamento	amortisatiefonds *o*	987
site, terrain *m*	terreno *m*	terrein *o*	988
superficie *f* du terrain	terreno *m* di una costruzione	bouwterrein *o*	989
charge *f* foncière	costo *m* del lotto edificabile	grondkosten *f*	990
ratio *m* d'emprise au sol	indice *m* di copertura fondiaria	liggingscoëfficient *m*	991*
financement *m* du terrain	mutuo *m* edilizio a breve termine	financiering *f* van het land	992
plan *m* de masse	mappa *f* del lotto edificabile	bouwplan *o*	993
relevé *m* de terrain	indagine *f* geologica	grondonderzoek *o*	994
valeur *f* du terrain	valore *m* del terreno edificabile	waarde *f* van het land	995
emplacement *m*	localizzazione *f*	ligging *f*	996
ardoise *f*	lastra *f*	lei *f*	997

	ENGLISH	DEUTSCH	ESPAÑOL
998	sole agent	Makler *m* mit Alleinauftrag	agente *m* exclusivo
999*	solicitor	Anwalt *m*	procurador *m*
1000	source and application of funds	Herkunft und Investition *f* von finanziellen Mitteln	orígen *m* y aplicación *f* de fondos
1001*	special purchaser	Sonderkäufer *m*	comprador *m* particular
1002	specialised property	spezialisierte Immobilie *f*	propiedades *f* especializadas
1003	speciality centre	spezialisiertes Einkaufszentrum *n*	centro *m* comercial especializado
1004	speciality shop	Fachgeschäft *n*	tienda *f* de especialidad
1005	specification	Baubeschreibung *f*	especificación *f*
1006	speculation	Spekulation *f*	especulación *f*
1007*	speculative development	Spekulationsobjekt *n*	urbanización *f* especulativa
1008*	speculative funding	spekulative Finanzierung *f*	financiación *f* especulativa
1009*	speculative investment	Spekulationsgeschaft *n*	inversión *f* especulativa
1010	sprinkler system	Sprinklersystem *n*	sistema *m* de aspersión
1011	square foot (0.093 sq m)	Quadratfuss *m*	pie *m* cuadrado
1012	square metre (10.76 sq ft)	Quadratmeter *m*	metro *m* cuadrado
1013	squatter	Hausbesetzer *m*	el que se establece como propietario sin título o adquirirlo
1014	stairs	Treppe *f*	escaleras *f*

FRANCAIS	ITALIANO	NEDERLANDS	
agent *m* exclusif	agente *m* con mandato esclusivo	agent *m* voor 1 partij	998
notaire, homme de loi *m*	procuratore *m* legale	procureur, jurist *m*	999*
recherche et demande de financement	origine *f* e utilizzo di fondi	herkomst en besteding *f* van middelen	1000
acheteur *m* particulier	acquirente *m* privilegiato	speciale koper *m*	1001*
immeubles *m* spécialisés	proprietà *f* adatta ad usi specifici	onroerend goed *o* dat voor een bepaalde functie bestemd is	1002
centre *m* spécialisé	centro *m* commerciale specializzato	specialiteitencentrum *o*	1003
boutique *f* spécialisée	negozio *m* specializzato	speciaalzaak *m*	1004
spécification *f*	capitolato *m*	specificatie *f*	1005
spéculation *f*	speculazione *f*	speculatie *f*	1006
opération *f* de promotion (non pré-vendue)	costruzione *f* per un acquirente da determinarsi	ontwikkeling *f* voor de vrije markt	1007*
financement *m* d'opération immobilière (non pré-vendue)	finanziamento *m* a rischio	speculatieve financiering *f*	1008*
investissement *m* en blanc	investimento *m* speculativo	risico-belegging *f*	1009*
réseau *m* sprinkler	impianto antincendio automatico	sprinkler (sproei) systeem *o*	1010
pied *m* carré	piede *m* quadrato	vierkante voet *m*	1011
mètre *m* carré	metro *m* quadro	vierkante meter *m*	1012
squatter *m*	occupante *m* abusivo di una abitazione	kraker *m*	1013
escalier *m*	scale *f*	trap *m*	1014

ENGLISH	DEUTSCH	ESPAÑOL
1015* stamp duty	Grunderwerbssteuer *f*	impuesto *m* del timbre
1016* standard shop unit	Standardladenlokal *n*	local *m* standard
1017 start-up period	Anfangsphase *f*	fase *m* iniziale
1018 statute law	Gesetzesrecht *n*	ley *f* escrita
1019 statutory compensation	gesetzlicher Schadenersatz *m*	indemnización *f* estatutaria
1020* statutory instrument	Rechtsverordnung *f*	legislación *f*
1021* statutory undertakers	staatliche Monopolisten *m*	directores *m* de pompás fúnebres estatutarios
1022 steel	Stahl *m*	acero *m*
1023 steel frame construction	Stahlbaukonstruktion *f*	construcción *f* con perfiles de acero
1024 sterling	Pfund *n*	esterlina *f*
1025* Stock Exchange	Wertpapierbörse *f*	bolsa *f*
1026 stock market	Effektenbörse *f*	mercado *m* de valores
1027 storage	Lagerraum *m*	almacenaje *m*
1028* straight-line depreciation	lineare Abschreibung *f*	depreciación *f* en línea recta
1029 structural condition	Bauzustand *m*	estado *m* estructural
1030 structural repairs	Reparaturen *f* an der Bausubstanz	reparaciones *f* estructurales
1031 structural survey	bautechnische Untersuchung *f*	informe *m* estructural
1032 structural wall	tragende Wand *f*	muro *m* estructural
1033 structure	Struktur *f*	estructura *f*

FRANCAIS	ITALIANO	NEDERLANDS	
droit *m* de timbre	spese *f* di bollo	overdrachtsbelasting *f*	1015*
taille *f* standard (de boutique)	unità *f* commerciale di dimensione corrente	standaardwinkelruimte *f*	1016*
période *f* de démarrage	avviamento *m* di un esercizio commerciale	aanzetsperiode *f*	1017
droit *m* écrit, jurisprudence	legge *f* dello stato	geschreven wet *f*	1018
indemnité *f* légale	indennità *f* secondo statuto	legale vergoeding *f*	1019
instrument *m* légal	normativa *f* secondo statuto	wetsinstrument *o*	1020*
entrepreneurs *m* concessionnaires	iniziative *f* secondo statuto	nutsbedrijven *o*	1021*
acier *m*	acciaio *m*	staal *o*	1022
structure *f* métallique	putrella *f*	staalconstructie *f*	1023
livre *f*	sterlina *f*	pond *o*	1024
bourse *f*	borsa *f* valori	beurs (effecten) *f*	1025*
marché *m* des titres	mercato *m* azionario	effectenmarkt *f*	1026
stockage	area *f* ad uso magazzino	bergruimte *f*	1027
amortissement *m* linéaire	ammortamento *m* lineare	lineaire afschrijving *f*	1028*
conditions *f* structurelles	condizione *f* strutturale	bouwkundige toestand *f*	1029
travaux *m* de gros oeuvre	restauri *m* di un edificio	structureel onderhoud *o*	1030
étude *f* de structure	collaudo *m*	bouwkundig onderzoek *o*	1031
mur *m* porteur	muro *m* facente parte di una struttura edilizia	draagmuur *m*	1032
structure *f*	costruzione *f* edilizia	structuur *f*	1033

	ENGLISH	DEUTSCH	ESPAÑOL
1034*	structure plan	Flächennutzungsplan m	relación f de desarollo municipal
1035	sub-agent	Untervertreter m	subagente m
1036	sub-letting	Untervermietung f	subalquiler m
1037	subcontract	Subunternehmervertrag m	subcontrato m
1038	subject to contract	vorbehaltlich des Vertragsabschlusses adj	sujeto al contrato a
1039*	sublease (underlease)	Untermietvertrag m	subarrendamiento m
1040	sublessee (underlessee)	Untermieter m	subarrendatario m
1041	submission	Vorlage f	sumisión f
1042	subsidence	Senkung f	hundimiento m
1043	subsidy	Subvention f	subsidio m
1044	subtenant	Untermieter m	subarrendatario m
1045	suburb	Vorort m	periferia f
1046	supermarket	Supermarkt m	supermercado m
1047	supervision	Aufsicht, Überwachung f	supervisión f
1048	supplier	Lieferant, Anbieter m	proveedor m
1049	supply	Lieferung f, Angebot n	oferta f
1050	surety	Bürgschaft f	fiador m
1051	surrender (of lease or tenancy)	Verzicht m	cesión f
1052	surrender	verzichten v	ceder v
1053	surrender clause	Verzichtsklausel f	cláusula f de cesión
1054	survey	Gutachten n	estudio m

FRANCAIS	ITALIANO	NEDERLANDS	
schema *m* directeur d'urbanisme	piano *m* delle strutture urbanistiche	structuurplan *o*	1034*
agent *m* délègué	subagente *m*	subagent *m*	1035
sous-location *f*	subaffitto *m*	onderverhuur *f*	1036
sous-traitance *m*	subappalto *m*	subcontract *o* (aanvullend contract)	1037
soumis à contrat *adj*	subordinato ad un contratto *agg*	onderhevig aan contract *adj*	1038
sous-location *f*	contratto *m* di subaffitto	onderverhuring *f*	1039*
sous-locataire *m*	subaffittuario *m*	onderhuurder *m*	1040
soumission *f*	presentazione *f*	voorlegging *f*	1041
affaissement *m*	cedimento *m*	verzakking *f*	1042
subvention *f*	sussidio *m*	subsidie *f*	1043
sous-locataire *m*	subaffittuario *m*	onderhuurder *m*	1044
banlieue *f*	quartiere *m* periferico	voorstad *f*	1045
supermarché *m*	supermercato *m*	supermarkt *f*	1046
surveillance *f*	supervisione *m*	controle *f*, toezicht *o*	1047
fournisseur *m*	fornitore *m*	leverancier *m*	1048
offre *f*	offerta *f*	aanbod *o*	1049
caution *f*, garant *m*	garanzia *f*	onderpand *o*	1050
rachat *m*	cessione *f* (di contratto di affitto)	afkoop *f* van een huurovereenkomst	1051
racheter, restituer *v*	cedere *v*	afstaan *v*	1052
clause *f* de rachat	clausola *f* di cessione	afkoopclausule *f*	1053
enquête *f*	indagine *f*	onderzoek *o*	1054

	ENGLISH	DEUTSCH	ESPAÑOL
1055*	surveyor	Immobilienberater, Gutachter *m*	inspector *m*
1056	suspended ceiling	abgehängte Decke *f*	falso techo *m*
1057	switchboard	Telefonzentrale, Schalttafel *f*	centralita *f*
1058*	take out	Finanzierungsmethode *f*	extraer *v*
1059*	target redemption yield	Zieltilgungsrendite *f*	objetivo *m* rendimiento de rescate
1060	tax	Steuer *f*	tributación *f*
1061	tax equalisation	Steuerausgleich *m*	equiparación *f* de impuestos
1062*	taxation value	Einheitswert *m*	valor *m* de imposición de impuestos
1063	technology park (see science park)	Technologiepark *m*	parque *m* tecnológico
1064	tenancy	Mietbesitz *m*	alquiler *m*
1065*	tenancy agreement	Mietvertrag *m*	contrato *m* de arrendamiento
1066	tenant	Mieter *m*	inquilino *m*
1067	tenant mix	Mietermix *m*	diversidad *f* de negocios
1068	tenant's improvements	Verbesserungen *f* durch den Mieter	reformas *f* hechas por el inquilino
1069	tender	Ausschreibung *f*	oferta *f*
1070	tender document	Ausschreibungsunterlagen *f*	documento *m* de oferta

FRANCAIS	ITALIANO	NEDERLANDS	
expert *m*	rilevatore *m*	makelaar, bouwkundige *m*	1055*
faux plafond *m*	contro soffitto *m*	verlaagd plafond *o*	1056
standard *m* téléphonique	quadro *m* di controllo	schakelbord *o*	1057
refinancement *m* long terme (en remplacement d'un court terme)	togliere *v*	financieringsmethode *f*	1058*
rendement *m* visé	rendimento *m* atteso dal rimborso anticipato di obbligazioni	vereist rendement *o*	1059*
impôt *m*	tassa *f*	belasting *f*	1060
régularisation *f* fiscale	perequazione *f* fiscale	belasting *f*	1061
valeur *f* servant de base à l'imposition	valore *m* fiscale	belastingwaarde *f*	1062*
parc *m* technologique	parco *m* tecnologico	bedrijvencentrum *o*	1063
location *f*	occupazione *f* in affitto	huur, pacht *f*	1064
location *f* précaire	accordo *m* per l'occupazione in affitto	huurovereenkomst *f*	1065*
locataire *m*	affittuario *m*	huurder *m*	1066
gamme *f* de tous les différents locataires	varietà *f* degli esercizi al dettaglio in un centro commerciale	huurdersmix *m*	1067
améliorations *f* effectuées par les locataires	miglioramenti *m* edilizi pagati dall'affittuario	verbeteringen *f* door de huurder	1068
soumission, offre *f*	offerta *f*	aanbieding *f*	1069
document *m* de soumission	documento *m* di offerta	offerdocument *o*	1070

	ENGLISH	DEUTSCH	ESPAÑOL
1071	tendering process	Ausschreibungsvorgang *m*	procedimiento *m* de hacer una oferta
1072	tenure	Grundbesitz *m*	tenencia *f*
1073*	term and reversion method	Bewertungsmethode *f*	método *m* de plazos y amortizaciones
1074	terms (of contract)	Bedingungen *f*	condiciones *f*
1075	thermal insulation	Wärmeisolierung *f*	instalación *f* termal
1076	three-phase power	Dreiphasenstärke *f*	fuerza *f* electrica trifásica
1077	tile	Dachziegel *m*, Kachel *f*	baldosa *f*
1078	timber frame	Holzbinderkonstruktion *f*	marco *m* de madera
1079*	time of the essence	die Zeit ist sehr knapp	doctrina *f* de tiempo esencial
1080	timeshare	Time-Sharing	utilización *f* compartida
1081	title deeds	Eigentumsurkunden *f*	escritura *f* de título
1082*	top slice	obere Schicht	utilidad *f* del contrato de arrendamiento
1083	tort	Delikt *n*	agravio *m*
1084*	total yield	Gesamtrendite *f*	rendimiento *m* total
1085*	town and country planning (see planning)	Stadtplanung *f*	planeamiento *m* urbano y rústico
1086	town planning	Stadtplanung *f*	planificación *f* urbanística

FRANCAIS	ITALIANO	NEDERLANDS	
mode *f* de soumission	procedura *f* di richiesta delle offerte (in una gara d'appalto)	inschrijvingsproces *o*	1071
ténure *f*	possesso *m*	eigendom- of gebruiksrecht *o*	1072
méthode *f* d'évaluation	metodo *m* per stimare il valore di una proprietà	taxatiemethode *f* waar het inkomen van onroerend goed veranderd	1073*
clauses *f* (du contrat)	condizioni *f* (di un contratto)	voorwaarden *f*	1074
installation *f* thérmique	isolamento *m* termico	isolatie *f* van de warmte	1075
courant *m* triphasé	motore *m* elettrico trifase	draaistroomsterkte *f*	1076
tuile *f*	tegola, piastrella *f*	tegel *m*	1077
structure *f* en bois	tecnica *f* costruttiva scandinava per la realizzazione di abitazioni	houten frame *o*	1078
limite *f* de temps	periodo *m* di validità	tijdlimiet *f*	1079*
temps *m* partagé	divisione *f* tra soggetti del tempo di utilizzo di un bene	timeshare	1080
titre *m* de propriété	rogito *m*	bewijs *o* van eigendom	1081
loyer *m* de bénéfice	utile *m* generato da una proprietà in affitto	winsthuur *f*	1082*
préjudice *m*	torto *m*	onrecht *o*	1083
rendement *m* total	rendimento *m* totale	totaal rendement *o*	1084*
plan *m* d'urbanisme	pianificazione *f* urbana e regionale	ruimtelijke ordening *f*	1085*
plan *m* d'occupation des sols (POS)	pianificazione *f* urbana	stedebouw *m*, planologie *f*	1086

	ENGLISH	DEUTSCH	ESPAÑOL
1087	trading profit	Handelsgewinn m	beneficio m comercial
1088	transaction	Transaktion f	transacción f
1089*	trespass	unbefugtes Betreten v	entrar sin derecho v
1090*	trunking	Kanäle m	instalamiento m el cable elétrico
1091*	trust	Trust m	confianza f
1092*	turnkey contract	Bauvertrag m	contrato m llave en mano
1093	turnover	Umsatz m	volumen m de ventas
1094*	turnover lease	Mietvertrag m mit Umsatzklausel	arrendamiento m sobre facturación
1095	turnover rate	Umsatzrate f	índice m de rotación de existencias
1096	under offer	schwebend unwirksamer Vertrag m	bajo oferta f
1097	under-estimate	Unterschätzung f	minusvalozar
1098	underfloor trunking	Bodenkanäle m	canalización f por el subsuelo
1099	underlease (see sublease)	Untermiete f	subarriendo m
1100	unencumbered	unbelastet adj	sin cargas a
1101*	unilateral contract	einseitig verpflichtender Vertrag m	contrato m unilateral
1102	unit trust	Kapitalanlagegesellschaft f	fondo m de inversión mobiliaria
1103*	unitisation	Unitisation f	unitización f

FRANCAIS	ITALIANO	NEDERLANDS	
bénéfice m d'exploitation	utile m commerciale	bedrijfsresultaat o	1087
transaction f	transazione f	transactie f	1088
entrer v sans permission	violazione f di proprietà	verboden terrein betreden v, vechtpas	1089*
canalisation f	cablaggio m	leiding, buis f	1090*
société f d'investissement	gestione f di proprietà in favore di terzi	stichting f	1091*
contrat m clef en main	contratto m chiavi in mano	contract o waar alles inbegrepen is	1092*
chiffre m d'affaires	giro m d'affari	omzet m	1093
bail m dont le loyer est fonction du chiffre d'affaires	canone m di affitto calcolato in percentuale al giro d'affari	huurovereenkomst f gebaseerd op omzet	1094*
taux m de chiffre d'affaires	tasso m di rendimento calcolato sul giro d'affari	omzetspercentage o	1095
offre f a été faite	in vendita f	bod o voor onroerend goed is al geaccepteerd	1096
sous-évaluation f	sotto valutazione f	onderschatting f	1097
structure f de sous-sol	impianti m di servizio all'interno della caldana-massetto	kabelgoten f	1098
sous-location f	sub locazione f	onderverhuring f	1099
non hyphothèque adj	non gravata da ipoteca agg	vrij (van hypotheek) adj	1100
contrat m unilatéral	contratto m con obblighi per una sola parte	eenzijdig bindend contract o	1101*
société f d'investissement à capital variable	fondo m comune di investimento	maatschappij f gemachtigd om als trustee op te treden	1102
multipropriété f	multiproprietà f	unitisatie f	1103*

	ENGLISH	DEUTSCH	ESPAÑOL
1104*	unitisation yield	Einheitstrustgewinn *m*	rendimiento *m* del unitización
1105*	unsecured ground rent	ungesicherter Pachtzins *m*	alquiler *m* de terreno no garantizado
1106	upward and downward rent review (see rent review)	offene Mietanpassung *f*	revisión *f* de renta
1107	upward-only	Mieterhöhung *f*	revisión *f* al alza de la renta
1108	urban renewal (see renewal and refurbishment)	Städtesanierung *f*	renovación *f* urbana
1109	use	Nutzung *f*	utilizador *m*
1110*	use class	Art der Bodennutzung *f*	clasificación *f* de usuario
1111*	user clause	Nutzungsklausel *f*	cláusula *f* de usuario
1112	vacancy	leerstehender Raum *m*	desocupado, vacante *a*
1113*	vacant possession	leer übergeben *v*	posesión *f* abandonada
1114*	valuation (see appraisal)	Bewertung *f*	valoración *f*
1115*	valuation certificate	Bewertungsurkunde *f*	certificado *m* de valorción
1116	valuation date	Bewertungsdatum *n*	fecha *f* de la valorción
1117	valuation report	Bewertungsbericht *m*	informe *m* de valorción
1118	value	Wert *m*	valor *m*
1119	value added tax (VAT)	Mehrwertsteuer *f* (MwSt)	impuesto *m* sobre el valor añadido (IVA)
1120	value when new	Neuwert *m*	valor *m* en nuevo

FRANCAIS	ITALIANO	NEDERLANDS	
rendement *m* de multipropriété	rendimento *m* di un bene immobile in multiproprietà	unitisatierendement *o*	1104*
redevance *f* foncière sans garantie	affitto *m* di terreno di cui non è certa la possibilità di edificazione	ongewaarborgd erfpachtcanon *o*	1105*
révision *f* du loyer vers le bas et vers le haut	revisione *f* del canone per un aumento o una diminuzione	flexibele huuraanpassing *f*	1106
à la hausse uniquement (révision)	revisione *f* del canone finalizzata ad una maggiorazione	huurverhoging *f*	1107
rénovation *f* urbaine	rinnovo *m* urbano	stadsvernieuwing *f*	1108
utilisation *f*	uso *m*	gebruik *o*	1109
façon *f* de la terre	categoria *f* d'uso	aangewezen bestemming *f*	1110*
clause *f* d'utilisation	clausola *f* concernente gli utilizzatori	gebruiksclausule *f*	1111*
libre, à louer *adj*	inoccupazione *f*	leegstand *f*	1112
jouissance *f* immédiate	proprietà *f* immobiliare non occupata	bezit *o* van een leegstaand gebouw	1113*
expertise, évaluation *f*	valutazione *f*	taxatie *f*	1114*
expertise *f* en valeur venale	documento *m* che indica una valutazione di una proprietà immobiliare	taxatiecertificaat *o*	1115*
date *f* d'évaluation	data *f* della valutazione	taxatiedatum *m*	1116
rapport *m* d'évaluation	rapporto *m* di valutazione	taxatierapport *o*	1117
valeur *f*	valore *m*	waarde *f*	1118
taxe *f* à la valeur ajoutée (TVA)	imposta *f* sul valore aggiunto (IVA)	belasting *f* toegevoegde waarde (BTW)	1119
valeur *f* à neuf	valore *m* a nuovo	nieuwwaarde *f*	1120

ENGLISH	DEUTSCH	ESPAÑOL
1121* valuer (see surveyor)	Gutachter, Bewerter m	tasador m
1122 variable rent	variable Miete f	alquiler m variable
1123 vendor(er)	Verkäufer m	vendedor m
1124 venture capital	Risikokapital n	capital m de riesgo
1125 viability study (see feasibility study)	Rentabilitätsberechnung f	estudio m de viabilidad
1126 void	ungültig adj	anulado a
1127 void contract	nichtiger Vertrag m	contrato m no válido
1128 void period	Leerstandsdauer f	período m nulo
1129 voidable contract	anfechtbarer Vertrag m	contrato m anulable
1130 waiver	Verzicht m	renuncia f
1131 warehouse	Lagerhalle f	almacén m
1132* warranty	Garantie f	garantía f
1133 waste water	Abwasser	aguas f residuales
1134 water heating system	Warmwasserversorgung f	sistema m de agua caliente
1135 weekly (monthly) tenancy	wöchentliches (monatliches) Mietverhältnis n	arriendo m semanal
1136 wholesale	Grosshandel m	al por mayor
1137 wholesale trade	Grosshandel m	comercio m al por mayor
1138 window	Fenster n	ventana f
1139 without prejudice	ohne Voreingenommenheit f	sin perjuicio de
1140 work station	Work Station f	sala f técnica en una oficina

FRANCAIS	ITALIANO	NEDERLANDS	
expert *m*	valutatore *m*	taxateur *m*	1121*
loyer *m* variable	canone *m* di affitto variabile	variabele huur *f*	1122
vendeur *m*	venditore *m*	verkoper *m*	1123
capital-risque *m*	capitale *m* di rischio	risicokapitaal *o*	1124
étude *f* de faisabilité	studio *m* di fattibilità	rentabiliteitsanalyse *f*	1125
nul *adj*	nullo *agg*	ongeldig *adj*	1126
annuler *v* un contrat	contratto *m* nullo	ongeldig contract *o*	1127
nul	periodo *m* nullo	periode *f* van leegstand	1128
contrat *m* annulé	contratto *m* revocabile	vernietigbaar contract *o*	1129
rénonciation *f*	rinuncia *f*	afstand *m* (van een recht)	1130
entrepôt *m*	magazzino *m*	magazijn, pakhuis *o*	1131
garantie *f*	garanzia *f*	garantie *f*	1132*
eaux *f* usées	acque bianche	afvalwater *o*	1133
système *m* de production d'eau chaude	impianto *m* per il riscaldamento dell'acqua	warmwatersysteem *o*	1134
location *f* hebdomadaire (mensuelle)	occupazione *f* con affitto settimanale (mensile)	wekelijkse (maandelijkse) huurovereenkomst *f*	1135
vente *f* en gros	ingròsso *m*	groothandel *m*	1136
commerce *m* de gros	commercio *m* all'ingrosso	groothandel *m*	1137
fênêtre *f*	finestra *f*	raam *o*	1138
sous toutes réserves	senza pregiudizi	onder voorbehoud	1139
poste *m* de travail	parte *f* di un ufficio attrezzata con tecnologie avanzate	werkplaats *f*, computer terminal	1140

	ENGLISH	DEUTSCH	ESPAÑOL
1141	workshop	Werkstatt *f*	taller *m*
1142	written consent	schriftliche Zustimmung *f*	consentimiento *m* escrito
1143	yearly tenancy	jährliches Mietverhältnis *n*	arriendo *m* anual
1144	yearly tenant	jährlicher Mieter *m*	inquilino *m* anual
1145*	years purchase (YP)	Multiplikator *m*	producto *m* anual
1146*	Yellow Book	Gelbes Buch *n*	libro *m* amarillo
1147*	yield	Rendite *f*	rédito *m*
1148*	zone	Zone *f*	zona *f*
1149*	zone A	Spitzenzone *f*	zona *f* A
1150	zone A value	Spitzenwert *m*	valor *m* de la zona A
1151*	zoning method	Flächenbewertungsmethode *f*	método *m* de zonificación
1152*	zoning plan	Flächennutzungsplan *m*	plan *m* de zonificación

FRANCAIS	ITALIANO	NEDERLANDS	
atelier m	laboratorio m	werkplaats f	1141
accord m écrit	assenso m scritto	schriftelijke goedkeuring f	1142
location f annuelle	contratto m di affitto annuale	jaarlijkse huurovereenkomst f	1143
locataire m annuel	affittuario m annuale	jaarlijkse huurder m	1144
multiplicateur m	moltiplicatore m finanziario	multiplicator m	1145*
Livre m Jaune	pubblicazione f inerente le borse internazionali	Gele Boek o	1146*
rentabilité f	rendimento m	aanvangsrendement o	1147*
zone f	zona f	zone f	1148*
zone f A	zona f di affaccio sulla via migliore	zone f A	1149*
valeur f de la zone A	valore m della zona di affaccio sulla via migliore	zone A-waarde f	1150
méthode f d'occupation des sols	metodo m della zonizzazione	zoneringsmethode f	1151*
plan m d'occupation des sols (POS)	piano m di zonizzazione	zoneringsplan o	1152*

Explanations

1

ENGLISH
In a legal document a positive or restrictive undertaking which is neither conditional nor alterable during its lifetime

DEUTSCH
Nicht modifizierbare Vertragsabrede

ESPAÑOL
En un documento legal ésta es una empresa positiva o restrictiva que no se puede modificar o cambiar

FRANÇAIS
Dans un document légal, un engagement catégorique ou restrictif qui est ni conditionnel et ni changeable durant sa validité

ITALIANO
In un documento legale, una promessa irrevocabile e restrittiva

2

ENGLISH
An unlimited right of ownership, which exists in law in some countries. It is always restricted by the laws of the country

DEUTSCH
Eigentumsrecht, das durch nationales Recht definiert ist

ESPAÑOL
El derecho de propiedad ilimitado que es según las leyes de cada país. Siempre es restringuido por la ley del país

FRANÇAIS
Le droit de propriété illimité qui est toujours restreint par les lois de chaque pays

ITALIANO
Il diritto di possesso assoluto - che esiste nella legislazione di alcuni paesi e che è regolamentato dalle leggi di ogni paese

3

ENGLISH
The right of ownership of a legal estate in registered land (UK)

DEUTSCH
Uneingeschränktes Eigentumsrecht (GB)

ESPANOL
El derecho de posesión de bienes de propiedades de fincas registradas

FRANÇAIS
Un droit de propriété d'une succession de terre enregistrée

ITALIANO
Il diritto di proprietà di un patrimonio legale di terra registrata all'ufficio del Catasto Fondiario

---

4

ENGLISH
Summary of the title deeds and other relevant documents as required by a purchaser or mortgagee

DEUTSCH
Auszug aus dem Grundbuch über eine bestimmte Immobilie

ESPAÑOL
Un résumen de los títulos de propiedad e otros documentos pertinentes que necesitan el comprador o el hipotecario

FRANÇAIS
Un résumé de titres de propriété et d'autres documents qui peuvent être utile aux acheteurs et aux vendeurs

ITALIANO
Estratto del certificato di proprietà di un bene immobile

13

ENGLISH
Valuation technique based on the tenant's profits derived from the use of the property. Also known as the "Profit Method"

DEUTSCH
Bewertungsmethode für Immobilien, die auf dem Ertrag beruht, den der Eigentümer aus seinem Eigentum zieht

ESPAÑOL
Un método de valorar que se funda en las utilidades de los inquilinos para una propiedad (este se llama también el método de valorar que esta basado en la ganancia ie "Profit Method")

FRANÇAIS
Une méthode d'évaluation basée sur les bénéfices du locataire qui proviennent de l'usage de la propriété

ITALIANO
Un metodo di valutazione che si basa sui redditi che l'inquilino citiene dall'uso della proprietà. Questo si chiama anche il metodo di valutazione basato sul profitto

16

ENGLISH
The unpaid interest accumulated from an investment or a loan

DEUTSCH
Über einen bestimmten Zeitraum aufgelaufene Zinsen

ESPAÑOL
El interés pendiente que se acumula de un inversión o un préstamo

FRANÇAIS
Les intérêts accumulés (d'un placement ou d'un emprunt) qui ne sont pas encores remboursés

ITALIANO
Gli interessi maturati da un prestito o da un investimento

17

ENGLISH
The rate of interest at which it is known or assumed that an annual sinking fund will grow (see sinking fund)

DEUTSCH
Der Zinssatz womit man weisst oder annimmt, dass der jährliche Schuldentilgungsfonds sich vergrössern wird

ESPAÑOL
El típo de interés con lo cual crecerá el fondo de amortización (véase fondo de amortización)

FRANÇAIS
Le taux d'intérêt avec lequel on calcule l'accroissement des fonds d'amortissement annuels (voir fonds d'amortissement)

ITALIANO
Il tasso d'interesse secondo il quale aumenterà un ammortamento annuale (fondo di ammortamento)

18

ENGLISH
Confirmation that a named party has seen and has copies of relevant deeds not in his possession

DEUTSCH
Zurkenntnisnahme vorhandener Übertragungsurkunden durch eine Partei

ESPAÑOL
La confirmación que alguien ha examinado los títulos de propiedad que el mismo no tiene

FRANÇAIS
Confirmation qu'une certaine personne a eu accès à des documents applicables que lui même ne possède pas

ITALIANO
Una ratifica che ribadisce il fatto che qualcuno ha avuto accesso a certi documenti legali

22

ENGLISH
Natural event, especially something damaging whose happening can be neither prevented nor controlled

DEUTSCH
Durch Naturereignisse verursachte Schäden

ESPAÑOL
Un suceso natural especialmente una cosa que no se puede evitar o reprimir

FRANÇAIS
Un événement naturel, en particulier de genre désastreux, qu'on peut ni empêcher et ni controller

ITALIANO
Calamità naturale, vale a dire avvenimento dannoso che non si può nè prevenire nè controllare

23

ENGLISH
Management with a view to advising their principles when action should be taken in relation to the property concerned

DEUTSCH
Hausverwaltung mit gleichzeitiger Beratung des Eigentümers in Bezug auf sein Eigentum

ESPAÑOL
La gerencia de una propiedad con el propósito de poder aconsejar a los principales de que modo conducir la acción necesaria en relación de la propiedad concierta

FRANÇAIS
La gestion d'une propriété en vue de conseiller les comettants en tout ce qui concerne la propriété

ITALIANO
La gestione di una proprietà con lo scopo di consigliare i committenti sulle azioni da intraprendere in relazione alla proprietà stessa

25

ENGLISH
Part of a rent which is an additional amount in excess of a basic rent

DEUTSCH
Betrag, der über die Basismiete hinausgeht

ESPAÑOL
Un elemento de la renta adicional que se paga de más de la renta

FRANÇAIS
Une partie du loyer qui est une somme supplémentaire qui dépasse le loyer de base

ITALIANO
Una somma di denaro pagata in eccesso dell'affitto concordato in un contratto

26

ENGLISH
A decision on a matter that is in dispute, reached by a court or tribunal.

DEUTSCH
Rechtskräftiges Urteil, das im Anschluss an einen Rechtsstreit ergeht

ESPAÑOL
Una decisión que se toma al tribunal para resolver una disputa

FRANÇAIS
Une décision officielle qui règle une discussion

ITALIANO
Una decisione presa da un tribunale in merito ad una controversia

27

ENGLISH
Net trading profit adjusted for items not actually payable in the circumstances

DEUTSCH
Der Nettogeschaftsgewinn reguliert durch Dinge die in diesem Fall nicht bezahlbar sind

ESPAÑOL
La utilidad comercial neto ajustado por tener en cuenta las partidas para las cuales no es necesario pagare en ciertes circumstancias

FRANÇAIS
Le bénéfice net réglé en vue de tenir compte de postes non payables, vu l'état des choses

ITALIANO
In una bilancia commerciale, l'utile netto ponderato per tener conto di voci non liquidabili date determinate circostanze

28

ENGLISH
Possession of a property by an unlawful occupier who is denying the lawful occupier his rights

DEUTSCH
Unrechtmässiger Besitz fremden Eigentums, wobei die Unrechtmässigkeit auch nachträglich entstanden sein kann

ESPAÑOL
La posesión ilegal de una propiedad que impede el propietario de sus derechos patrimoniales

FRANÇAIS
La jouissance d'une propriété par un locataire illégal qui prive le locataire légitime de ses droits

ITALIANO
Il possedimento di una proprietà da parte di un abusivo che priva il proprietario legale dei suoi diritti

31

ENGLISH
Plans or land use survey drawn from photographs taken from an aircraft

DEUTSCH
Anhand von Luftaufnahmen erstellte Karten bzw Flächennutzungspläne

ESPAÑOL
Delinear un dibujo empleando fotografias aérias

FRANÇAIS
Un plan ou un relèvement d'emploi du terrain dessiné avec reférence à des photographies aeriennes

ITALIANO
Una pianta o una mappa catastale disegnata utilizzando delle fotografie riprese da un'aereo

33

ENGLISH
An agency created by operation of law when an agent oversteps his authority but action by the principal leads the person dealing with the agent to believe the authority exists

DEUTSCH
Rechtsgeschäft, bei dem die Vertretungsmacht des Handelnden aufgrund des Verhaltens der vertretenen Person angenommen werden kann, sie aber nicht rechtswirksam erteilt wurde

ESPAÑOL
Fundar un agencia cuando un agente/gestor viola su autoridad, pero acción por la agencia da una buena indicación a la persona que el agente está creente que dicha exisite

FRANÇAIS
Un organisme crée par la loi quand un agent immobilier outrepasse son pouvoir. Son comportement fait croire que cette autorité existe

ITALIANO
L'insieme delle azioni intraprese nel caso di recessione da un contratto da parte di uno del contraenti

35

ENGLISH
An arrangement or promise of action, as made between people, groups, businesses or countries

DEUTSCH
(Schriftliche) Vereinbarung zwischen Vertragsparteien

ESPAÑOL
Un arreglo o una promesa de tomar medidas entre las personas, los grupos, las empresas, las naciones etc

FRANÇAIS
Un accord ou une promesse parvenu(e) par des personnes, groupes, sociétés, pays etc

ITALIANO
Una promessa o un accordo d'azione legale fatto tra due persone, gruppi, imprese o paesi

36

ENGLISH
A contract to enter into a lease or a sale on clearly specified terms

DEUTSCH
Mietvertrag mit eindeutigen Vertragsbedingungen

ESPAÑOL
Un contrato de arrendamiento/de venta según condiciones específicas

FRANÇAIS
Un contrat pour un bail ou une vente avec des termes spécifiques

ITALIANO
Un contratto d'affitto o di vendita redatto con delle condizioni specifiche

38

ENGLISH
The act of transferring an interest in land from one party to another

DEUTSCH
Gebrauchsüberlassung eines Besitztums an Dritten

ESPAÑOL
El hecho de transferir una inversión de bienes raíces a otro

FRANÇAIS
Le fait de transférer des biens fonciers d'une personne à quelqu'un d'autre

ITALIANO
L'atto di trasferimento di un interesse fondiario da una proprietà ad un'altra

39

ENGLISH
A clause in a contract which determines the right of a tenant to assign or sub-let

DEUTSCH
Vertragsklausel zur Abgrenzung des Rechts zur Untervermietung

ESPAÑOL
Una claúsula del contrato que decide el derecho del inquilino de subarrendar o ceder

FRANÇAIS
Une clause du contrat qui établie le droit du locataire de pouvoir sous-louer les locaux

ITALIANO
Una clausola del contratto che prevede il diritto dell'affittuario a trasferire il contratto a terzi od a subaffittare la proprietà

40

ENGLISH
One which reflects all the risks and future cash flow and benefits attached to a particular investment

DEUTSCH
Renditenberechnung unter Einbeziehung aller Risikofaktoren, sowie der zu erwartenden Finanzmittel

ESPAÑOL
Un rendimiento que refleja todos los riesgos, el rédito futuro y los beneficios que son implicados en una inversión particular

FRANÇAIS
Un rendement qui reflète tous les divers risques d'un placement et tous les marges brutes et les bénéfices d'un investissement

ITALIANO
Un reddito che riflette tutti i rischi, i flussi di cassa futuri e i benefici legati ad un investimento particolare

41

ENGLISH
Money provided for a special purpose

DEUTSCH
Betrag, der für einen bestimmten Zweck ausgesetzt wird

ESPAÑOL
El capital asignato para un proyecto particular

FRANÇAIS
Une somme d'argent disponible pour un project particulier

ITALIANO
Una somma di denaro erogata per uno scopo specifico

43

ENGLISH
The value of land and buildings that reflects a different future use from that of the present use

DEUTSCH
Möglicher Wert einer Immobilie bei Nutzungsänderung

ESPAÑOL
El valor de las tierras e los edificios que refleja un uso diferente en el futuro

FRANÇAIS
La valeur d'une propriété qui reflète l'usage différent de la propriété à l'avenir

ITALIANO
Il valore di una proprietà riferito ad usi alternativi rispetto a quelli attuali

44

ENGLISH
An extraneous factor which affects the enjoyment or benefit of a particular property

DEUTSCH
Nicht unmittelbar zum Besitz gehörige Anlagen oder Einrichtungen, die den Wert desselben verändern

ESPAÑOL
Un factor extraño que influye el disfrute de una propiedad

FRANÇAIS
Une chose ou une situation particulière dans une ville, un hotel, un lieu etc qui peut rendre la vie plus agréable

ITALIANO
Un fattore esterno che rende una proprietà più gradevole

45

ENGLISH
The rate, at which a loan excluding interest, is repaid

DEUTSCH
Rate, anhand derer ein Schuldentilgungsplan abläuft

ESPAÑOL
El típo de interés utilizado para reembolsar un préstamo o para rescatar el típo especial por antecedentes del asegurado

FRANÇAIS
Le taux d'intérêt employé pour rembourser un emprunt

ITALIANO
Il tasso d'interesse utilizzato per rimborsare un debito, al netto degli interessi

47

ENGLISH
The repayment of a debt by equal periodic payments

DEUTSCH
Zeitraum bis zur völligen Abschreibung eines Vermögenswerts

ESPAÑOL
La expectativa de duración de una posesión/una partida del activo con la cual es descontabilizado el valor

FRANÇAIS
La durée d'un actif pendant laquelle période la valeur de l'actif passe aux profits et pertes et on répaye le capital

ITALIANO
Il pagamento di un debito in rate di eguale importo

48

ENGLISH
The amount to which £1 invested now will accumulate in a given number of years at a selected rate of interest

DEUTSCH
Wert, den £1, das heute investiert wird, nach Ablauf einer bestimmten Zeit haben wird

ESPAÑOL
La suma que acumulará una inversión de £1.00 en un tiempo dado a una cuota de retribución determinada

FRANÇAIS
Le montant que accumulerais un placement de £1 à un moment donné et à un taux d'intérêt pré déterminé

ITALIANO
L'ammontare che un investimento di £1.00 accumulerà durante un periodo determinato a un tasso d'interesse prescelto

49

ENGLISH
Tenants in key positions within a shopping centre to attract customers to all parts of the centre to encourage other retailers to lease the shops

DEUTSCH
In einer Schlüsselposition befindlicher Hauptmieter in einem Einkaufszentrum, der weitere Mieter anzieht

ESPAÑOL
Los inquilinos que tienen las posiciones más importantes en los centros comerciales para atraer otros comerciantes al por menor de alquilar un almacen

FRANÇAIS
Les locataires principales d'un centre commercial qui peuvent attirer des clients at par conséquent d'autres locataires

ITALIANO
In un centro commerciale gli affittuari principali che con il loro potere di attrazione della clientela stimolano altri commercianti ad insediarsi nel centro

50

ENGLISH
A protected monument having existed since a very early time

DEUTSCH
Unter Denkmalschutz gestelltes Monument

ESPAÑOL
Un monumento protegido que está muy antiguo

FRANÇAIS
Un monument très ancien qui est protégé par l'Etat

ITALIANO
Un monumento antico, generalmente protetto dallo Stato

53

ENGLISH
The annual income calculated to correspond to a capital sum

DEUTSCH
Das Jahreseinkommen berechnet die Kapitalsumme zu entsprechen

ESPANOL
El rédito annuario calculado para corresponder a una cantidad de denaro

FRANÇAIS
Le revenu annuel calculé dans le but de correspondre au capital

ITALIANO
Il reddito annuale calcolato per essere equivalente all'ammontare di un capitale, dati certi tassi di interesse

54

ENGLISH
The annual rate of interest which takes account of the amounts and dates of repayment of capital and other expenses associated with a loan

DEUTSCH
Der jährliche Zinsfuss der die Gesamtsummen und Kapitalrückzahlungsdatum und andere Darlehenskosten in Betracht zieht

ESPAÑOL
El típo de interés annuario que tiene en cuenta las sumas y las datas de reembolso e también otros gastos que relacionan con un préstamo

FRANÇAIS
Le taux d'intérêt annuel qui tient compte des montants et des dates de remboursement de capital at d'autres dépenses associées avec un emprunt

ITALIANO
Il tasso d'interesse annuale che tiene conto dell'ammontare delle rate di rimborso, delle date dei rimborsi e degli oneri accessori collegati ad un prestito

56

ENGLISH
An annual amount set aside out of income in order to replace the capital originally invested or borrowed

DEUTSCH
Betrag, der jährlich zur Schuldentilgung aufgewandt wird

ESPAÑOL
Una monta de denaro que se pone aparte para reemplazar el denaro originalmente colocado o tomado a préstamo

FRANÇAIS
Un montant de capital déduit du revenu afin de rembourser une dette

ITALIANO
Un ammontare di capitale dedotto dal reddito al fine di sostituire un prestito o ricostruire un capitale investito

57

ENGLISH
The rental value of an interest in property for 12 months

DEUTSCH
Jährliche Mieteinnahmen aus einer Immobilie

ESPAÑOL
El valor de renta de un interés de bienes por un tiempo de 12 meses

FRANÇAIS
La valeur locative d'un investissement durant une période de 12 mois

ITALIANO
Il valore locativo per dodici mesi di una proprietà immobiliare

58

ENGLISH
The amount which would be payable annually for the period of the income for each £1 invested at the outset

DEUTSCH
Legt fest die jährliche bezahlbare Summe für die Zeit des Einkommens für jedes Pfund investiert

ESPAÑOL
La suma que sería pagadera anualmente durante el período del rédito por cada £1.00 investido al comienzo

FRANÇAIS
Ceci détermine le montant qui serait dû annuellement pour la période de rendement de chaque £1 livre sterling investi au début

ITALIANO
L'ammontare annuo pagabile per ogni £1.00 investita all'inizio del periodo considerato

60

ENGLISH
A call to a higher court to change the decision of a lower court or against the decision of a planning or other statutory authority

DEUTSCH
Wiederaufnahme eines Gerichtsverfahrens auf Betreiben einer der Parteien

ESPAÑOL
Apelar al tribunal superior para cambiar una decisión de una otra corte o por apelar de una decisión de las autoridades de urbanización

FRANÇAIS
Se pourvoir en cassation pour faire opposition à une décision d'une cour ou d'une autorité réglementaire

ITALIANO
L'appello ad una corte superiore per modificare una decisione di una corte di livello inferiore, o una decisione di una autorità locale in materia urbanistica

62

ENGLISH
The division of a benefit or liability

DEUTSCH
Die Teilung eines Vorteils oder einer Belastung

ESPAÑOL
El prorrateo de un beneficio o un pasivo

FRANÇAIS
La division d'une prestation ou un passif

ITALIANO
La divisione di una indennità o di un passivo

63

ENGLISH
The act of working out the value, quality and condition of a property

DEUTSCH
Berechnung der Rentabilität einer Immobilie anhand des Werts, der Qualität und des Zustands

ESPANOL
Valorar el valor, la calidad, y la condición de una propiedad

FRANÇAIS
L'acte d'évaluer la condition et qualité d'une propriété

ITALIANO
La valutazione del valore economico, della qualità e delle condizioni fisiche di una proprietà

65

ENGLISH
The process of referring a dispute to a third party for settlement

DEUTSCH
Einbeziehung einer unbeteiligten Partei zur Schlichtung eines Disputs

ESPAÑOL
El procedimiento de remitir una disputa a algo imparcial para resolver esa

FRANÇAIS
Le fait de référer une dispute à une tierce personne afin qu'elle puisse la résoudre

ITALIANO
La procedura di riferire un litigio ad una terza persona per appianare una disputa

74

ENGLISH
To transfer an interest in a property

DEUTSCH
Vollständiges Übertragen des Besitzrechts aus "Leasehold" (GB)

ESPAÑOL
La cesión de un interés inmobiliaria

FRANÇAIS
Transférer des intérêts dans une propriété

ITALIANO
Trasferire i titoli di proprietà fondiari

79

ENGLISH
An assured tenancy of residential property which is also a fixed term tenancy of at least 6 months and not more than 5 years (UK)

DEUTSCH
Befristeter Mietvertrag über Wohnraum (6 Monate bis 5 Jahre)

ESPAÑOL
Una tenencia asegurada para una propiedad residencial con la duración fija (al máximo de cinco años)

FRANÇAIS
Un contrat de location pour une propriété résidentielle dont la durée est fixée au minimum de 6 mois at au maximum de 5 ans (Grande Bretagne)

ITALIANO
La locazione di una proprietà residenziale con un contratto non rinnovabile compreso tra i 6 mesi e i 5 anni massimo

---

80

ENGLISH
A tenancy of a dwelling house let as a separate dwelling (UK)

DEUTSCH
Mietvertrag über eine einzelne Wohneinheit in einem Gebäude

ESPAÑOL
La tenencia de una casa que se alquila como una residencia separada (Reino Unido)

FRANÇAIS
La location d'une résidence affittée comme une habitation séparée (Grande Bretagne)

ITALIANO
La locazione di un immobile residenziale affittato abitazione separata

---

81

ENGLISH
An entrance hall of a building, often rising through a number of storeys and containing lifts, reception areas and plants

DEUTSCH
Eingangshalle eines Gebäudes, deren Höhe sich über mehrere Stockwerke erstreckt

ESPANOL
La entrada del edificio, frequentemente ésta ascende al piso más alto en el cual se encuentra los ascensores, el área de recepción y se encuentra muchas plantas como modo de decoración

FRANÇAIS
L'entrée d'un bâtiment, qui souvent monte plusieurs étages et qui loge l'ascenseur, la réception etc

ITALIANO
L'ingresso di un edificio. Nel caso di edifici ad uso non residenziale, l'atrio è spesso alto alcuni piani e comprende la zona ascensori, la zona ricevimento

83

ENGLISH
Public sale of property to the person who offers the most money

DEUTSCH
Veräusserung von Eigentum durch eine Auktion

ESPAÑOL
La venta pública (en almoneda) de una propiedad a la persona que hace la oferta más elevada

FRANÇAIS
La vente publique d'une propriété à la personne la plus offrante

ITALIANO
La vendita all'asta di una proprietà al miglior offerente

84

ENGLISH
A development for which planning permission exists (see I-3)

DEUTSCH
Bebauung eines Grundstücks, die von der zuständigen Behörde genehmigt wurde

ESPAÑOL
Un proyecto de edificación autorizado de las autoridades regional

FRANÇAIS
Un plan d'urbanisation autorisé par l'Etat

ITALIANO
Un progetto edilizio o urbanistico approvato da specifica autorizzazione

85

ENGLISH
Use of property which has been given permission by a planning authority. Also the authorised use under the terms of a lease

DEUTSCH
Nutzung einer Immobilie, die von der zuständigen Behörde genehmigt wurde

ESPAÑOL
Un uso de una propiedad autorizado de las autoridades de la planificación urbana. También es el uso autorizado según las condiciones de un contrato

FRANÇAIS
L'usage d'une propriété qui est officiellement autorisé. L'usage est autorisé selon les termes d'un contrat

ITALIANO
La destinazione d'uso di un terreno o di un edificio secondo l'autorizzazione dell'autorità competente. Nel caso di proprietà in affitto, è l'uso consentito nel contratto d'affitto stesso

87

ENGLISH
An official authorised by the court to take possession of goods or property in order to secure a debt

DEUTSCH
Vom Gericht bestellter Beamter, der bei einem Schuldner Sicherungsgegenstände beschlagnahmt

ESPAÑOL
Un oficial autorizado del Estado con la tarea de recuperar los bienes para reembolsar los débitos

FRANÇAIS
Un officiel judiciaire particulièrement quelqu'un responsable de reprendre une propriété en possession comme règlement d'une dette

ITALIANO
L'ufficiale giudiziario incaricato di porre sotto sequestro beni mobili e immobili al fine di garantire gli interessi di terzi

89

ENGLISH
An amount payable to a person after a charge for goods, work or services has been made

DEUTSCH
Zu zahlender Betrag für erhaltene Waren, Arbeit bzw Serviceleistungen

ESPAÑOL
Una suma de denaro por pagar a la persona que hace un servicio o un trabajo

FRANÇAIS
Le montant dû à une personne en règlement d'un article vendu, une service rendue etc

ITALIANO
L'ammontare pagabile per la fornitura di beni, servizi o prestazioni d'opera

92

ENGLISH
The lowest level of rent payable throughout the term of a lease (UK)

DEUTSCH
Die niedrigste Miete, die während eines Mietverhältnisses zu zahlen ist (GB)

ESPAÑOL
Arrendimiento básico a pagar por todo el término del contrato (Reino Unido)

FRANÇAIS
Le niveau de loyer le moins élevé qui est payable durant les termes d'un contrat (GB)

ITALIANO
L'affitto base stabilito per l'intera durata di un contratto di locazione

97

ENGLISH
The person who is legally entitled to sell or otherwise dispose of the freehold or other substantial interest

DEUTSCH
Verfügungsberechtigter über eine Immobilie

ESPAÑOL
La persona que tiene el derecho legal de vender o de traspasar una propiedad absoluta

FRANÇAIS
La personne qui a droit à vendre au se debarrasser d'une propriété foncière libre

ITALIANO
La persona depositaria del diritto legale di vendere o di alienare una proprietà od altri beni reali

99

ENGLISH
The highest rent which can reasonably be expected by a landlord

DEUTSCH
Die höchstmögliche Miete für eine Immobilie

ESPAÑOL
El alquiler máximo que el propietario puede pedir por el arrendamiento de la propiedad

FRANÇAIS
Le prix le plus augmenté qu'un propriétaire peut demander pour un loyer

ITALIANO
L'affitto più elevato che un proprietario può realisticamente richiedere per una proprietà

100

ENGLISH
Any increase in the value of property which results from land use planning decisions by government

DEUTSCH
Steigerung des Wertes einer Immobilie, bedingt durch Landnutzungspläne der Regierung

ESPAÑOL
El aumento en el valor de una propiedad después de nuevas leyes respecto al uso de los bienes raíces

FRANÇAIS
Une augmentation de valeur (financière) d'une propriété qui résulte de décisions foncières autorisées par le gouvernement

ITALIANO
Il plusvalore acquisito da una proprietà in conseguenza di decisioni urbanistiche riguardanti l'uso del suolo

104

ENGLISH
A plan showing in simple outline the actual or proposed physical features of a building or site

DEUTSCH
Grober Plan, der die Umrisse einer geplanten Bebauung aufzeigt

ESPANOL
Un plano que indica de modo simple las formas fisicas de un edificio o local

FRANÇAIS
Un plan qui dépeint simplement les caractéristiques physiques d'un bâtiment ou qui éxiste déjà ou qui est planifié

ITALIANO
Una pianta che riporta i contorni di un edificio o degli edifici di una zona, sia nel caso di un progetto sia nel caso dell'esistente

117

ENGLISH
Failure to comply with a contractual undertaking

DEUTSCH
Verletzung der Gewährleistungspflicht, die eine Vertragspartei der anderen gegenüber hat

ESPAÑOL
Dejar de acceder con las condiciones de un contrato

FRANÇAIS
La rupture d'une promesse incluse dans un contrat

ITALIANO
La violazione di una garanzia contrattuale

118

ENGLISH
A clause in a lease which gives the landlord or tenant a right to end the lease before its expiry date

DEUTSCH
Vertragsklausel, die eine Kündigung seitens einer Vertragspartei vor dem vereinbarten Ende des Mietverhältnisses ermöglicht

ESPAÑOL
La claúsula sobre cese de la renta antes de la fecha de vencimiento del contrato

FRANÇAIS
Une clause incluse dans un contrat de bail qui permet ou le propriétaire ou le locataire de terminer un accord avant la date d'expiration du bail

ITALIANO
La clausola in un contratto d'affitto che permette all'affittuario o al proprietario di rompere il contratto prima della scadenza prevista

121

ENGLISH
The disposal of a property in parts to maximise the total capital value

DEUTSCH
Verkauf einer Immobilie in Teilen, um den Gesamtkapitalwert zu maximieren

ESPAÑOL
La liquidación de los bienes en diferentes divisiones para obtener la máxima suma de valor capitalizado

FRANÇAIS
La division et vente d'une propriété en vue de porter le maximum de la valeur en capital

ITALIANO
Il frazionamento di una proprietà al fine di massimizzarne il ricavato dalla vendita

123

ENGLISH
A short term loan to finance purchase before long term funding or sale is arranged

DEUTSCH
Kurzfristiges Darlehen bis zum Abschluss eines langfristigen Finanzierungsplans

ESPAÑOL
Un préstamo de plazo corto usado antes de que un préstamo a largo plazo esta arreglado

FRANÇAIS
Un emprunt à court terme pour financer l'achat d'une propriété pendant qu'on organise un emprunt à long terme ou on négocie la vente de la propriété

ITALIANO
Un prestito a breve che serve a finanziare un progetto o l'acquisto di una proprietà in attesa di un finanziamento a lungo termine o dei proventi della vendita della proprietà stessa

128

ENGLISH
An agreement between land owner and builder to construct a property without the transference of land ownership to the builder

DEUTSCH
Vereinbarung zwischen Grundstückseigentümer und Bauherrn ein Gebäude zu errichten, ohne dass das Eigentum am Grundstück auf den Bauherrn übergeht

ESPAÑOL
Un acuerdo/contrato entre el propietario y el contratista de construir una propiedad sin la transferencia de los bienes al contratista

FRANÇAIS
Un accord, entre le propriétaire et l'entrepreneur, de construire une propriété sans transférer le droit de propriété au entrepreneur

ITALIANO
Un accordo tra proprietario fondiario e costruttore edile per edificare un lotto senza trasferirne la proprietà al costruttore

131

ENGLISH
A local authority's statutory building regulation (UK)

DEUTSCH
Bauordnung der örtlichen Behörde (GB)

ESPAÑOL
Los reglamentos interiores estatutarios respecto a la construcción

FRANÇAIS
Les réglements statutaires concernants la construction stipulés par l'Etat (Grande Bretagne)

ITALIANO
Il regolamento edilizio emanato da un ente locale

132

ENGLISH
Certificate to confirm that a specified stage in the building process has been reached (UK). In other countries the concept may refer to confirmation that building application conforms with the local plan

DEUTSCH
Bescheinigung über die Fertigstellung eines Bauabschnitts (GB). In anderen Ländern Bescheinigung darüber, dass das Bauvorhaben den Vorschriften entspricht

ESPAÑOL
Un certificado con la confirmación de la realización de una fase en la construcción. En otros países este concepto se puede referir a la conformidad de la aplicación para la construcción con el local

FRANÇAIS
Un certificat qui constate qu'on a achevé une certaine phase dans la construction. Dans d'autres pays ceci veut dire aussi que le bâtiment conforme au permis de construire

ITALIANO
In Gran Bretagna un certificato che attesta la conclusione dei lavori edili o il raggiungimento di una determinata fase. Il certificato di conformità dei lavori eseguiti rispetto a quelli autorizzati

133

ENGLISH
A contract between an owner or occupier of land and a building contractor

DEUTSCH
Vertrag zwischen Grundstückseigentümer und Bauherrn

ESPAÑOL
Un contrato entre el propietario o el inquilino y el contratista

FRANÇAIS
Un contrat avec le propriétaire (ou le locataire) et un entrepreneur de bâtiment

ITALIANO
Il contratto tra proprietario fondiario o usufruttario e costruttore edile per l'edificazione del lotto

136

ENGLISH
A long term lease (99 years or more) imposing an obligation on the lessee to erect one or more buildings which will ultimately pass to the landlord as part of the reversion

DEUTSCH
Langfristiger Pachtvertrag, der die Verpflichtung zur Errichtung eines oder mehrerer Gebäude auf dem gepachteten Grundstück enthält, die am Ende der Pachtzeit in das Eigentum des Verpächters übergehen

ESPAÑOL
Un contrato de arriendo (al minimo de 99 años) a largo plazo con el compromiso por la parte del inquilino de construir un edificio. Este se transferirá al final al propietario a fines del contrato

FRANÇAIS
Un contrat de longue durée (plus de 99 ans) qui oblige le locataire de construire ou un seul ou plusieurs bâtiments qui deviendront la propriété du patron à l'expiration du bail

ITALIANO
Il contratto d'affitto di lunga durata (un minimo di 99 anni) che impone all'affittuario di costruire uno o più edifici la cui proprietà passerà al proprietario fondiario alla scadenza del contratto

---

137

ENGLISH
A building agreement in the form of a licence

DEUTSCH
Schriftliche Erlaubnis des Eigentümers an den Mieter, das Mietobjekt baulich zu verändern

ESPAÑOL
La autorización de construir

FRANÇAIS
Un contrat de construction sous forme d'un permis

ITALIANO
Un permesso di costruzione nella forma di concessione edilizia

---

145

ENGLISH
A person who gives professional advice on the physical attributes of a property

DEUTSCH
Begutachter der Bausubstanz eines Gebäudes

ESPAÑOL
Una persona que ofrece el consejo profesional por las cosas relativas a la estructura del edificio

FRANÇAIS
Une persone professionnelle qui offre le conseil relatif aux caractéristiques physiques du bâtiment

ITALIANO
Una persona che offre una competenza professionale in materia di rilievo edilizio, preparazione del capitolati d'appalto e di altri documenti tecnici in edilizia

146

ENGLISH
The maximum measurement from front to back walls of a building

DEUTSCH
Maximale Tiefe eines Gebäudes

ESPAÑOL
La medida entro los muros delanteros y los muros traseros

FRANÇAIS
La mesure maximum entre la façade et les murs arrières d'un bâtiment

ITALIANO
La distanza massima tra fronte e retro di un immobile

150

ENGLISH
An area with high quality, hi-tech and specialist commercial and leisure facilities, often landscaped

DEUTSCH
Gebiet mit speziell für gewerbliche Zwecke errichteten Gebäuden

ESPAÑOL
Una zona de alta calidad con las instalaciones para el comercio, el divertimento y la tecnólogia y usualmente ajarinado

FRANÇAIS
Les zones/quarties ou se trouvent des équipements commerciaux, de loisirs et de technologie de pointe

ITALIANO
Una zona dove sono localizzate esclusivamente attività produttive, commerciali e di servizi, che impiegano tecnologie avanzate

151

ENGLISH
Building used for commercial or retail purposes

DEUTSCH
Räumlichkeiten, die für gewerbliche Zwecke genutzt werden

ESPAÑOL
Un edificio para uso comercial

FRANÇAIS
Une construction de commerce ou de détail

ITALIANO
Immobile, con eventuali pertinenze, usato per attività commerciale o di servizi

152

ENGLISH
A combination of light industrial and office space

DEUTSCH
Gewerblich zu nutzende Fläche für nicht umweltstörende Industrie und Büros

ESPAÑOL
Un local para el comercio o la industria ligera

FRANÇAIS
Locaux commerciaux et d'industrie légère

ITALIANO
La superficie di una proprietà destinata ad attività commerciale o produttiva

153

ENGLISH
A tenancy of premises used for a business by an occupier who is generally regulated as Class B1 under UK planning legislation

DEUTSCH
Mietverhältnis über Gewerbefläche, im britischen Recht unter "Class B1"

ESPAÑOL
Un contrato de arrendamiento para un local comercial. El inquilino tiene el derecho de inmobilidad y es regulado según las leyes de urbanización inglesas y la classificación de B1

FRANÇAIS
Un contrat de location de locaux commerciaux ou le locataire tient un bail assuré avec le classement B1 selon la législation urbaine Britannique

ITALIANO
Locazione di una proprietà ad uso commerciale o produttivo, regolata in Gran Bretagna dalle condizioni previste dalla classe B1 della legislazione urbanistica

156

ENGLISH
A situation in which property is plentiful, buyers have choice, and prices tend to be low

DEUTSCH
Immobilienmarkt, der sich für den Käufer als positiv darstellt, d.h. das Angebot ist gross genug und die Preise niedrig

ESPAÑOL
Una situación en la cúal las propiedades son abundante y por consiguiente los compradores tienen un escogimiento y los precios son menos costosos

FRANÇAIS
Une situation qui résulte du fait que les acheteurs ont beaucoup de choix et les prix des propriétés ne sont pas chères

ITALIANO
Mercato favorevole ai compratori data l'eccedenza di offerta sulla domanda

---

157

ENGLISH
Register of land ownership, often statutory. UK information collected at the Land Registry

DEUTSCH
Das Grundbuch, oft gesetzlich

ESPAÑOL
Registrar oficialmente el derecho de propiedad. Eqivalente en inglés es "Land Registry"

FRANÇAIS
L'enrégistrement d'une possession foncière (souvent statutaire); équivalent au "Land Registry" en Grand Bretagne

ITALIANO
Ufficio del catasto edilizio e fondiario. In Gran Bretagna l'equivalente si chiama "Land Registry"

158

ENGLISH
A money loan which must be repaid in full at the demand of the lender

DEUTSCH
Darlehen, das auf Verlangen des Darlehengebers sofort zurückgezahlt werden muss

ESPANOL
Un préstamo pagadero a la demanda del prestamista

FRANÇAIS
Un emprunt financier qui doit être rembourser le moment ou les créditeurs le réclame

ITALIANO
Un prestito di capitale la cui restituzione può essere richiesta dal creditore con un preavviso ridotto

159

ENGLISH
Allowances available to owners against income tax or corporation tax for capital expenditure on certain buildings and structures

DEUTSCH
Steuerabzugsfähige Ausgaben

ESPAÑOL
Esto es un descuento de impuestos para los propietarios que gastan el capital en los edificios

FRANÇAIS
Déductions fiscales sur les investissements particulièrement ceux qui sont fonciers

ITALIANO
Contributi in conto capitale per i proprietari che investono fondi propri nel restauro di edifici aventi determinate caratteristiche

160

ENGLISH
Increase in the capital value of an asset

DEUTSCH
Steigerung des Vermögenswertes

ESPAÑOL
El aumento en el valor capitalizado de los bienes durante un período determinado

FRANÇAIS
L'augmentation en valeur de capital durant une période de temps donnée

ITALIANO
L'aumento del valore capitale di una proprietà in un dato periodo

164

ENGLISH
Work carried out on an asset with a view of enhancing its value

DEUTSCH
Arbeiten, die an einer Immobilie ausgeführt werden, um deren Wert zu steigern

ESPAÑOL
El mejoramiento físico de los bienes a fin de aumentar el valor

FRANÇAIS
Des travaux entrepris en vue d'améliorer la qualité et condition d'un actif foncier en vue d'augmenter sa valeur

ITALIANO
Lavori di restauro, di miglioramento tecnologico e di ampliamento di una proprietà allo scopo di aumentarne il valore

---

169

ENGLISH
At a given date the conversion into the equivalent capital worth of a series of net present and future income receipts

DEUTSCH
An einem festgesetzten Datum die Einlösung einer Serie Nettoeinnahmen ins gleichwertigen Kapitalwert

ESPAÑOL
A una fecha determinada, la conversión de las entradas netas y el rédito futuro en la suma de capital equivalente

FRANÇAIS
A un moment donné, la conversion d'une série de rentrées nettes en la valeur en capital équivalent

ITALIANO
Il valore capitalizzato di un flusso di redditi attuali e previsti nel futuro

---

170

ENGLISH
A procedure whereby the issued capital of a company is increased by converting reserves into new shares

DEUTSCH
Ein Verfahren wobei das ausgegebene Kapital einer Gesellschaft vergrössert ist durch die Einlösung von Reserven ins neuen Aktien

ESPAÑOL
Un procedimiento para aumentar el valor del capital émitido con la conversión de las reservas de capital en nuevas acciones

FRANÇAIS
Une procédure par quoi le capital versé d'une société est augmentée avec la conversion des certificats présents et futurs en actions nouvelles

ITALIANO
Capitalizzazione delle riserve attuata dalle imprese per ragioni di bilancio

171

ENGLISH
The yield at which the net income from an investment is discounted to ascertain its capital value at a given date

DEUTSCH
Die Höhe des Gewinns wo das Nettoeinkommen von einer Investitution nachgelassen ist, um seinem Wert, an einem bestimmten Datum festzustellen

ESPAÑOL
El típo de rendimiento con el cual se descuenta las utilidades netas para hallar su valor capitalizado a una fecha determinada

FRANÇAIS
Le taux employé pour calculer le rabais du rendement net, en vue d'atteindre sa valeur en capital à un moment donné

ITALIANO
Tasso di capitalizzazione impiegato per calcolare il valore capitalizzato di un flusso di redditi

175

ENGLISH
That part of the law that is based on former judgments. Also known as precedent

DEUTSCH
Rechtsform, in der anhand von Präzedenzfällen entschieden wird

ESPAÑOL
Las leyes fundadas en las sentencias precedentes. Se llama también "precedent law"

FRANÇAIS
La création d'une loi qui résulte de jugements antérieurs ou précédents

ITALIANO
Sentenze di un organo superiore del sistema giudiziario che hanno valore di legge nei casi analoghi

176

ENGLISH
A large shop where goods are sold at low prices if paid for at once and if taken away by the buyer. Customers are usually restricted by membership pertaining to a given social or business group

DEUTSCH
Einzelhandelsgeschäft mit Preisen, die aufgrund der Tatsache, dass Waren sofort bezahlt und mitgenommen werden, niedrig sind

ESPAÑOL
Una tienda donde el cliente paga al contado y se lleva las compras en efectivo sin entrega. Normalmente el cliente debe ser miembro y pertenecer a un grupo social o comercial especial

FRANÇAIS
Un grand magasin ou se vendent de produits aux prix moins couteux si on paye et retire les marchandises immédiatement. Ce service est d'habitude réservé aux groupes commerciaux particuliers

ITALIANO
Un magazzino di merce varia dove i prezzi sono competitivi perchè i clienti si servono da soll e pagano in contanti o con carte di credito emesse dalla catena di appartenenza del magazzino

181

ENGLISH
The geographical area which contains not only those people living within the town or city but also those who are within the area of influence of the relevant town or city

DEUTSCH
Gebiet um ein Zentrum herum, das von diesem mit Waren sowie Serviceleistungen versorgt wird

ESPAÑOL
La zona geográfica de donde se espera atraer la mayor parte de la clientela ie los ciudadanos y el pueblo en la periféria

FRANÇAIS
La zone géographique/le quartier et ses résidents autours d'un centre commercial d'où on peut éspérer de recruter la base du clientèle

ITALIANO
Il bacino di utenza o di clientela di un determinato servizio o attività commerciale

184

ENGLISH
The commercial core of the city usually related to the financial or business centre

DEUTSCH
Zentrum einer Stadt sowohl vom kommerziellen, wie vom finanziellen Standpunkt

ESPAÑOL
El centro comercial de la ciudad; normalmente hay una conexión con el centro comercial y económico

FRANÇAIS
Le centre commercial d'une ville, ce qui est étroitement lié aux centres commerciaux et financiers

ITALIANO
Il centro degli affari della città, di solito localizzato nel centro della città vicino al centro finanziario e commerciale

186

ENGLISH
A certificate issued by the architect, surveyor or supervising officer stating that the works have been substantially completed and the building is ready for occupation

DEUTSCH
Bestätigung der behördlichen Abnahme eines Gebäudes

ESPAÑOL
Un certificado, dado del arquitecto o el topógrafo que confirma que se puede ocupar la casa sin perícolo

FRANÇAIS
Un certificat autorisé par un architecte ou un arpente qui constate que les travaux se conforment à la norme

ITALIANO
Certificato di fine lavori e di conformità tra realizzazione e progetto

187

ENGLISH
One of a number of usually large shops of the same kind under one ownership. Also known as a multiple store

DEUTSCH
Mehrere Geschäfte gleichen Namens, desselben Eigentümers an verschiedenen Standorten

ESPAÑOL
Una tienda que forma parte de una cadena de otras tiendas con el mismo propietario. Este se llama también una cadena de grandes almaneces

FRANÇAIS
Un magasin qui fait partie d'une chaîne de magasins. On les appèle aussi les maisons succersales

ITALIANO
Negozio appartenente ad una catena controllata da un unico proprietario

188

ENGLISH
An association representing the business community in a town or city

DEUTSCH
Verband, der die Interessen der Industrie und des Handels wahrnimmt

ESPAÑOL
Una asociación que representa la comunidad comercial de una ciudad o del pueblo

FRANÇAIS
Une association qui représente la communauté commerciale d'une ville

ITALIANO
Camera di commercio, industria, agricoltura e artigianato di una città, normalmente indicata in breve come "Camera di Commercio"

189

ENGLISH
A change in the use of land or property whether in planning terms or under the terms of a lease

DEUTSCH
Anderung der Bestehenden Nutzung einer Immobilie

ESPAÑOL
El cambio del uso de una propiedad o solar por lo que se refiere a la planificación o según las condiciones del contrato

FRANÇAIS
Changement dans l'emploi, l'usage d'une propriété du point de vue du contrat ou des termes d'autorisation de construire

ITALIANO
Cambiamento della destinazione d'uso di una proprietà immobiliare, in base alle autorizzazioni delle autorità locali e, se in affitto, alle condizioni contrattuali

191

ENGLISH
An obligation to pay money for specified services under the terms of a contract

DEUTSCH
Im Vertrag festgelegte Gebühren für bestimmten Leistungen

ESPAÑOL
Una obligación de pagar denaro por los servicios prestados bajo los términos del contrato

FRANÇAIS
Une obligation de payer une somme d'argent qu'on paye pour un service rendu

ITALIANO
Importi da pagare come contropartita di servizi resi in base ad un contratto

192

ENGLISH
One of the 3 parts into which the register of each individual title to land is divided under the Land Registration Act 1925 (UK)

DEUTSCH
Ein von drei Teilen wohin den Register von jedem Landestitel geteilt ist entsprechend den Landregisterregeln 1925 (UK)

ESPAÑOL
Una parte de las trés secciones con las cuales es registrado el derecho de propiedad según el decreto 1925 respecto a la certificación de los bienes raíces

FRANÇAIS
Chaque droit foncier est divisé (pour raisons d'enregistrement) en trois parties (selon la Loi de 1925 du enregistrement de la propriété foncière) - celle-ci en est une des parties (Grande Bretagne)

ITALIANO
Una delle categorie componenti il registro delle proprietà previsto dalla legislazione fondiaria del 1925 in Gran Bretagna

193

ENGLISH
Any property apart from a freehold interest in land

DEUTSCH
Irgendeines Eigentum abgesehen von einer uneingeschrankter Interesse im Land

ESPAÑOL
Todos los bienes muebles que no están fuedos francos

FRANÇAIS
Un mot qui décrit tous les types de biens fonciers apart d'une propriété foncière libre

ITALIANO
Ogni proprietà personale tangibile diversa da un bene immobile (ad esemplo automobili ecc)

195

ENGLISH
The height between floor surface and lowest part of the roof including ceiling beams

DEUTSCH
Die Höhe zwischen dem Boden und dem niedrigsten Dachteil, einschliesslich der Dachbalken

ESPAÑOL
(altura libre) la distancia entre el suelo y la parte del techo más bajo

FRANÇAIS
L'espace entre le plancher et la partie la plus basse du plafond

ITALIANO
Distanza tra il pavimento e il soffitto

196

ENGLISH
A title to land which is free from any restrictions

DEUTSCH
Eigentumsrecht, das nicht durch das Besitzrecht einer anderen Person eingeschränkt wird

ESPANOL
Un derecho de posesión de una propiedad sin algunas condiciones

FRANÇAIS
Un droit de propriété sans aucune restriction

ITALIANO
Diritto di proprietà libero da ogni vincolo o ipoteca

198

ENGLISH
A tender restricted to named parties

DEUTSCH
Ausschreibung, an der nur vorher bestimmte Personen bzw. Firmen teilnehmen können

ESPAÑOL
Una offerta limitada a sólo ciertas personas

FRANÇAIS
Une offre fermée et limitée à des personnes nomées

ITALIANO
Offerta valida solo entro determinate condizioni o limiti di tempo

201

ENGLISH
Guidelines for the measurement of buildings (UK)

DEUTSCH
Festgelegter Regelkatalog anhand dessen Messungen durchgeführt werden

ESPAÑOL
Uno código de como medir los edificios

FRANÇAIS
De lignes diréctrices qui soulignent comment mésurer les immeubles (Grande Bretagne)

ITALIANO
Codice di procedura per la misurazione dei beni immobili

202

ENGLISH
A contract which runs with another contract which confers additional rights and responsibilities

DEUTSCH
Vertrag, der Nebenabmachungen zu einem bereits bestehenden Vertrag enthält

ESPAÑOL
Un contrato valido sólo en concordancia con un otro acuerdo por lo cual se concede derechos y responsabilidades supletorios

FRANÇAIS
Un contrat concomitant avec un autre contrat par lequel on accorde des responsabilités et droits supplémentaires

ITALIANO
Accordo accessorio di un accordo principale valido solo in connessione a quest'ultimo

208

ENGLISH
The space within a property that is not intended to be let and is for the use of all tenants or occupiers

DEUTSCH
Fläche, die zur Nutzung durch alle Mietparteien in einem Gebäude bestimmt ist

ESPAÑOL
El espacio público de una casa/casa de pisos para uso de todos los inquilinos

FRANÇAIS
Une superficie commune qui n'est pas louée dans un bâtiment et qui est à l'usage des autres locataires

ITALIANO
Parti comuni di un bene immobile condiviso tra più proprietari

209

ENGLISH
Rules laid down by the judges in cases decided in the courts of law and not by express legislative enactment

DEUTSCH
Recht, das nicht durch die Legislative, sondern durch allgemeine Rechtsauffassung definiert wird

ESPAÑOL
El derecho consuetudinario que entra en vigor como consequencia de una decisión al tribunal y no como una promulgación legislativa

FRANÇAIS
De règles qui sont établies par les juges dans les cours de justice et ne sont pas établies par une promulgation législative

ITALIANO
L'insieme di norme e comportamenti che pur non essendo specificati in leggi apposite hanno valore legale perchè derivano dalle sentenze di un organo giudiziario elevato

210

ENGLISH
Co-ownership of a property. Unusual in England and Wales but frequently encountered in Scotland and continental Europe

DEUTSCH
Zwei oder mehr Personen haben das Eigentumsrecht an einer Sache

ESPAÑOL
Copropietario. Esto es poco común en Inglaterra y Gáles pero sucede con frequencia en Escocia y en el continente Europeo

FRANÇAIS
Co-propriété (peu commun en Angleterre et les Pays de Galles, mais normal en Ecosse et en Europe continentale)

ITALIANO
Comproprietà di un bene immobile. Fenomeno raro in Inghilterra e Galles, ma frequente in Scozia e nell'Europa continentale

213

ENGLISH
In determining the value of a particular property involving another property which is similar in character and location to enable the details to be analysed to find a unit of comparison

DEUTSCH
Vergleichbare Objekte anhand derer der Wert einer Immobilie bestimmt werden kann

ESPANOL
Para evaluar una propiedad determinada se hace una comparación con una otra casa de la misma área y de la misma calidad

FRANÇAIS
La comparaison d'un bâtiment avec un autre bâtiment semblable (au point de vue du caractère, les environs etc) pour raisons d'identifier un élément de comparaison et pour décider la valeur

ITALIANO
Comparazioni tra proprietà immobiliari al fine di determinarne il valore di mercato

214

ENGLISH
In valuation, the use of rents from comparable properties to determine the rental value of the property in question

DEUTSCH
Mieten vergleichbarer Objekte werden als Anhaltspunkt für die (Neu-)bestimmung der Miete eines anderen Objekts herangezogen

ESPAÑOL
El hecho de usar/examinar los alquileres de otras propiedades al fin de determinar el valor en arriendo de la propiedad en cuestión

FRANÇAIS
Afin d'évaluer une propriété, le fait de comparer la location de propriétés similaires pour qu'on puisse déterminer la valeur locative de la propriété en question

ITALIANO
Metodo comparativo tra proprietà immobiliari al fine di calcolarne il valore e il canone di affitto di mercato

215

ENGLISH
Goods which the consumer is likely to wish to compare as regards appearance, quality and price with alternatives available in one or more shops

DEUTSCH
Güter, die der Verbraucher in bezug auf Aufsehen, Qualität und Preis in mehreren Geschäften vergleichen würde

ESPAÑOL
Artículos o mercansía que son obtenibles en una o más tiendas y que el consumidor probablemente deseará compara en relación con aparencía, calidad y precio

FRANÇAIS
De produits vendus dans un magasin que probablement le consommateur mettra en comparaison avec d'autres produits disponibles dans les autres magasins

ITALIANO
Merci usate in comparazione delle caratteristiche quantitative, qualitative e di prezzo di un dato bene

219

ENGLISH
The final step in the legal process of transferring ownership of property

DEUTSCH
Letzter rechtlicher Schritt bei der Eigentumsübertragung von Immobilien

ESPAÑOL
Las etápas finales del proceso legal de transferir el derecho de propiedad

FRANÇAIS
Les mesures finales dans le procès légal de la translation de propriété (la date du exécution du contrat)

ITALIANO
Conclusione della procedura legale per il trasferimento di una proprietà

223

ENGLISH
An area that is designated for redevelopment as a whole and is not constrained by existing ownership patterns

DEUTSCH
Gebiet, das ungeachtet bestehender Eigentumsverhältnisse vollständig neu entwickelt wird

ESPAÑOL
Una área nombrada para urbanizar y que no apartenece a varios propietarios

FRANÇAIS
Un quartier/une zone pour le moment qui n'a pas de restrictions constructives qui devrait être urbanisé en entier en vue de résoudre de nombreux problèmes

ITALIANO
Una zona urbana designata a sviluppo urbano integrato

224

ENGLISH
A method of purchase available to central and local government in order to compel individual owners to sell to the authority at a price which is determined by law

DEUTSCH
Per Gerichtsbeschluss wird der Eigentümer gezwungen gegen Zahlung einer Entschädigung eine Immobilie an den Staat abzugeben

ESPAÑOL
Un método de comprar disponible a la administración central y local a fin de obligar los propietarios a vender las propiedades a la administración a uno precio determinado dependido de las leyes

FRANÇAIS
Une méthode d'achat qui peut exiger le gouvernement afin de constraindre les propriétaires de vendre les biens fonciers aux autorités au prix déterminé par la loi

ITALIANO
Una transazione di una proprietà immobiliare nella quale il prezzo di acquisto è determinato dallo Stato secondo parametri di legge e nella quale il proprietario non può rifiutare la vendita

225

ENGLISH
Order made by a private or public body with the statutory powers which gives the right to expropriate specified land (UK)

DEUTSCH
Beschluss von privater oder öffentlicher Seite ein spezifiziertes Grundstück zu enteignen (GB)

ESPAÑOL
Una orden gobiernativa o privada que autoriza la enajenación forzosa de los bienes

FRANÇAIS
Un ordre fait par une organisation ayant les pouvoirs nécessaires d'autoriser l'éxpropriation d'un terrain spécifique (Grande Bretagne)

ITALIANO
Un ordine a un privato di vendere la sua proprietà immobiliare al prezzo stabilito da una autorità pubblica

227

ENGLISH
A rent that is lower than otherwise obtainable as a full market rent

DEUTSCH
Miete unter der auf dem Markt üblichen

ESPAÑOL
El alquiler concesionario que normalmente no es asequible como el precio de mercado

FRANÇAIS
Un loyer à prix réduit que d'habitude n'est pas autrement possible

ITALIANO
Un canone di affitto inferiore a quello di mercato

231

ENGLISH
A lease granted to run at the same time as and subject to an existing lease of the same premises so that the lessee of the concurrent lease becomes the immediate lessor in respect of the other lease

DEUTSCH
Zwei Mietverträge über dasselbe Objekt, die parallel laufen und äbhangig voneinander sind, so dass der eigentliche Mieter Vermieter des Zweiten Vertrages wird

ESPAÑOL
Un contrato válido sólo en conjunción con un otro para la misma propiedad y con el cual el inquilino deviene al arrendador

FRANÇAIS
Un droit de bail accordé au même temps qu'un autre d'une facon où le locataire du bail concurrent devient le bailleur du deuxième (bail)

ITALIANO
Un contratto di affitto secondario valido solo congiuntamente adun contratto di affitto principale che consente all'affittuariodi sub affittare la proprietà

232

ENGLISH
A condition which must be satisfied before a contract or condition contained within a contract can be enforced

DEUTSCH
Zustandekommen des Vertrags hängt von der Erfüllung dieser Bedingung ab

ESPAÑOL
Una estipulación que se debe satisfacer antes de que se pueda poner en vigor uno contrato o una condición del contrato

FRANÇAIS
Une condition qu'il faut satisfaire avant qu'on puisse faire exécuter un contrat

ITALIANO
Una condizione preliminare all'entrata in vigore di un contratto

233

ENGLISH
A condition which comes into effect once other conditions or stipulations in the contract have taken place

DEUTSCH
Eine Klausel wo der Mietvertrag abgeschlossen wird

ESPAÑOL
Una condición que estará vigente una vez que otras condiciones del contrato están satisfacidos

FRANÇAIS
Une condition qui est mise en vigueur une fois que les autres stipulations ont été exécutées

ITALIANO
Una condizione che entra in vigore solo successivamente alle altre condizioni di un contratto

234

ENGLISH
A contract which is subject to either a condition precedent or a condition subsequent

DEUTSCH
Vertrag, der nur unter bestimmten Voraussetzungen wirksam wird

ESPAÑOL
Un contrato sometido a ciertes condiciones sea precedente o subsiguente condicciones

FRANÇAIS
Un contrat sous réserve d'une condition précédente ou d'une condition subséquente

ITALIANO
Un contratto subordinato a determinate condizioni

235

ENGLISH
Planning permission subject to one or more conditions usually relating to works or other actions which the developer or owner must undertake in order that the planning consent can come into full effect

DEUTSCH
Baugenehmigung, die nur bei Erfüllung bestimmter Bedingungen erteilt wird

ESPAÑOL
El permiso de urbanizar que es sometido a ciertes condiciones que apartenecen a las obras de construcción que el promotor o el propietario debe emprender con el fin de ratificar el permiso

FRANÇAIS
Un permis de construire sous réserve d'une ou plusieurs conditions relatives aux travaux que le propriétaire ou le promoteur doivent achever

ITALIANO
Una concessione edilizia la cui validità è subordinata all'adempimento da parte del promotore o da parte del proprietario di determinate condizioni

237

ENGLISH
A block of apartments in which each is owned by its occupier

DEUTSCH
Gebäude, in dem sich ausschliesslich Eigentumswohnungen befinden

ESPAÑOL
Una casa de pisos donde algún ocupante es el propietario de su apartamiento

FRANÇAIS
Un immeuble où chaque appartement appartient au résident

ITALIANO
Un immobile in cui i singoli alloggi sono di proprietari differenti

239

ENGLISH
An urban area of special architectural or historic character (UK)

DEUTSCH
Stadtgebiet von besonderem architektonischen und historischen Wert

ESPANOL
Una zona urbana especialmente importante del punto de vista de la arquitectura y la historia

FRANÇAIS
Un quartier urbain historiquement où architecturalement intéressant

ITALIANO
Una zona tutelata per ragioni storiche, artistiche o ambientali

246

ENGLISH
A person who gives specialist professional advice to others for a fee

DEUTSCH
Berater mit Fachkenntnis auf einem bestimmten Gebiet

ESPAÑOL
Una persona que ofrece el consejo profesional por un honorario

FRANÇAIS
Une personne professionnelle qui offre de conseils spécialistes

ITALIANO
Un professionista la cui occupazione principale è vendere la sua competenza in un settore che richiede specializzazione

249

ENGLISH
Having a common border

DEUTSCH
Mit gemeinsamer Grenze

ESPAÑOL
Una frontera común

FRANÇAIS
Où deux champs se touchent/sont contigus

ITALIANO
Una proprietà confinante con un'altra

251

ENGLISH
A sum paid by a purchaser of property under a contract and usually held by a third party until such time as the transaction is completed

DEUTSCH
Sicherungszahlung eines Immobilienkäufers an eine dritte Partei, die bei Vertragsabschluss zurückgezahlt wird

ESPAÑOL
La suma de denaro que paga el comprador de una propiedad y que es retenida de un tercero hasta que el negocio este terminado

FRANÇAIS
Une somme dépensée par l'acheteur d'une propriété sous un contrat qui est généralement retenue par une tierce personne jusqu'au moment où la transaction est achevée

ITALIANO
Il deposito versato a garanzia del buon fine di un contratto

252

ENGLISH
A contract which sets out the terms upon which an interest in property will be bought and sold

DEUTSCH
Kaufvertrag, in dem die Bedingungen ausgeführt sind, zu denen eine Immobilie gekauft werden soll

ESPAÑOL
El contrato con el cual están asentadas las condiciones de comprar o vender los bienes raíces

FRANÇAIS
La translation d'un intérêt foncier

ITALIANO
Un contratto che indica le condizioni per la vendita o per l'acquisto di una data proprietà immobiliare

255

ENGLISH
A tenancy created under contract

DEUTSCH
Mietverhältnis, das auf einen Mietvertrag begründet ist

ESPANOL
El arrendamiento subido a una obligación convencional

FRANÇAIS
Une location crée avec un contrat

ITALIANO
Una locazione stipulata in conformità ad un contratto

256

ENGLISH
A tenancy of residential accommodation under the Rent Act 1957 and now largely extinct (UK)

DEUTSCH
Mietverhältnis gemäss "Rent Act 1957", heute nicht mehr gebräuchlich (GB)

ESPAÑOL
Un contrato de arrendamiento para un local residencial/una casa según el decreto (Rent Act) de 1957 relativo al alquiler

FRANÇAIS
Une location de logement résidentiel (Grande Bretagne)

ITALIANO
Una locazione di unità ad uso abitativo in conformità con la legislazione del 1957 sugli affitti

260

ENGLISH
The act of, and documentation relating to, the transfer of an interest in land

DEUTSCH
Übertragung des Besitzrechts an einer Immobilie

ESPAÑOL
El hecho de, y la documentación relativo a la transferencia de los bienes raíces

FRANÇAIS
Le document officiel et le fait de transferir un droit foncier à une autre personne

ITALIANO
L'atto di trasferimento, con la documentazione relativa, di una proprietà fondiaria

268

ENGLISH
One based on actual construction costs plus an agreed profit margin

DEUTSCH
Bauvertrag, bei dem sich die Endkosten aus Baukosten und prozentualem Aufschlag zusammensetzen

ESPAÑOL
Un acuerdo basado sobre los gastos actuales de la construcción y el margen de ganancia convenido

FRANÇAIS
Un contrat de construire dont le prix est déterminé par le cout réel du travail nécéssaire

ITALIANO
Un contratto di vendita il cui importo è determinato dai costi reali di costruzione più un margine di profitto concordato

269

ENGLISH
A duplicate legal document usually held by the landlord in the case of a lease

DEUTSCH
Einseitige oder gegenseitige Verpflichtungen der Vertragsparteien

ESPAÑOL
El duplicado de un documento legal usualmente guardado del propietario cuando existe un contrato de arrendamiento

FRANÇAIS
Une copie exacte d'un document légal qui est retenue par le propriétaire dans le cas où il y existe un contrat de bail

ITALIANO
Una controparte in un rapporto negoziale

270

ENGLISH
An obligation undertaken contained in a conveyance or lease of land involving individual or mutual obligations

DEUTSCH
Eine Verpflichtung übernommen von einer Partei und getätigt durch Übertragungsurkunde

ESPANOL
Una obligación emprendida que se contiene la escritura de traspaso y que informa de las obligaciones individuales y comunes

FRANÇAIS
Une obligation assumée par quelqu'un; cette obligation fait partie d'un contrat de bail ou sont inscrites les obligations mutuelles d'un contrat

ITALIANO
Una convenzione che impone all'interessato degli obblighi in relazione ad una data operazione immobiliare

273

ENGLISH
A method of preparing a company's accounts in which the fixed assets are stated at their value to the business having regard to current rather than historic costs

DEUTSCH
Kalkulation anhand des gegenwärtigen Werts der Aktiva, nicht des ursprünglichen

ESPAÑOL
Un método de preparar las cuentas con el cual se valoriza el activo fijo según el valor actual

FRANÇAIS
Une méthode de calculer les comptes d'une société où les actifs sont évalués selon leur valeur actuelle et pas selon celle historique

ITALIANO
Un metodo di contabilità che stima le immobilizzazioni secondo i costi presenti anzichè i costi storici

274

ENGLISH
The market value of an interest in land for its existing use

DEUTSCH
Immobilienwert bei bestehender Nutzung

ESPAÑOL
El valor en plaza de una propiedad para el suyo uso actual

FRANÇAIS
La valeur marchande d'un investissement foncier évalué selon son emploi actuel

ITALIANO
Il valore di mercato di un bene immobiliare in relazione al suo attuale uso

275

ENGLISH
The remunerative rate of interest which is appropriate at the date of valuation, assuming the property to be let at its full rental value

DEUTSCH
Zum Zeitpunkt der Schätzung des Objekts angenommene Rendite bei optimaler Vermietung

ESPAÑOL
El típo de interés apto a la fecha de la valuación de una propiedad alquilada al máximo valor en renta

FRANÇAIS
Le taux de rémunération sur un investissement applicable au moment d'évaluation, supposant que la propriété soit louée à la valeur locative maximum

ITALIANO
Il tasso di rendimento stimato al momento della valutazione di una proprietà

283

ENGLISH
The translation of a capital sum into its periodic equivalent by applying a suitable rate of interest

DEUTSCH
Umrechnung des Kapitals auf Monate, unter Berücksichtigung eines Zinssatzes

ESPAÑOL
La traducción del capital en el equivalente periodo con la aplicación del típo de interés adato

FRANÇAIS
La traduction de capital en son équivalent périodique avec l'application d'un taux d'intérêt approprié

ITALIANO
Un reddito costante equivalente ad un capitale in base ad un determinato tasso di interesse

286

ENGLISH
Repairs which the tenant may be required to undertake to maintain the property in good condition

DEUTSCH
Nicht substantielle Reparaturen und Verbesserungen an einer Immobilie

ESPAÑOL
Las reparaciones que debe hacer el arrendatario al fin de matener la propiedad en buen estado

FRANÇAIS
Les réparations du bâtiment que le locataire peut être constraint d'éxécuter

ITALIANO
I normali lavori di manutenzione a carico di un affittuario per mantenere la proprietà in buono stato

288

ENGLISH
A written or printed and signed paper that is both proof and an official record of an agreement, especially an agreement concerning ownership of land and/or building

DEUTSCH
Rechtliches Dokument, das Vereinbarungen hauptsächlich bezüglich des Eigentums von Immobilien enthält

ESPAÑOL
Un documento que se rapresenta el registro oficial y la comprobación de un contrato (especialmente de arrendamiento)

FRANÇAIS
Un document écrit ou imprimé et signé qui représente la preuve officielle d'un accord, particulièrement un contrat concernant la propriété d'un terrain ou d'un bâtiment

ITALIANO
Un documento scritto firmato dagli interessati, che sancisce ufficialmente un diritto di proprietà

290

ENGLISH
An assumed sale of property at a particular time as a result of tax or accounting procedures

DEUTSCH
Angenommener Verkauf einer Immobilie zu einem bestimmten Zeitpunkt

ESPAÑOL
Asumiendo una compra en un momento determinado como resultado de un procedimiento fiscal o de contabilidad

FRANÇAIS
La vente présumée d'une propriété à un moment précis par suite de procédures fiscales et comptables

ITALIANO
La cessione di una proprietà in base ad una procedura fiscale

291

ENGLISH
A payment which reflects the capitalised value of the difference between rent payable and full rental value. Alternatively an extra payment to reflect the price that a special purchase would pay

DEUTSCH
Bezahlung der Differenz zwischen erreichtem und möglichem Mietwert

ESPAÑOL
Un pago que refleja el valor capitalizado de la diferencia entre el alquiler que se debe pagar y el valor en arriendo total. Es posible pagar una suma supletoria que refleja el precio del comprador

FRANÇAIS
Un paiement qui reflète la valeur capitalisée de la différence entre la somme de loyer à payer et la valeur locative totale; le versement supplémentaire qui reflète le prix spécial que payera un achéteur

ITALIANO
Differenza tra il valore locativo di una proprietà è il valore capitale

295

ENGLISH
Premises included within a lease

DEUTSCH
Alle Gebäude, die Bestandteil eines Pachtvertrages sind

ESPAÑOL
Todo el local que figura en un contrato de arrendamiento

FRANÇAIS
Les locaux qui sont inclus dans un contrat de bail

ITALIANO
Gli immobili e le pertinenze oggetto di un contratto di affitto

300

ENGLISH
In valuation a method based on the cost of rebuilding the property adjusted to reflect its obsolescence

DEUTSCH
Bewertungsmethode, die auf den Wiederherstellungskosten bei einem verfallenen Gebäude basiert

ESPAÑOL
Un método de valuación estimado según el costo de reconstruir la propiedad. Se modifica el valor a fin de reflejar la depreciación por desuso de la propiedad

FRANÇAIS
Une méthode d'évaluation basée sur les frais de construction qu'on règle afin de refléter la obsolescence de la propriété

ITALIANO
Un metodo di valutazione del valore di una proprietà in base al suo costo di ricostruzione deprezzato in rapporto al suo stato d'uso

---

305

ENGLISH
A building contract where the contractor undertakes both design and construction

DEUTSCH
Bauvertrag, bei dem der Bauherr sowohl die Planung, als auch die Durchführung übernimmt

ESPAÑOL
Un contrato de construcción por el cual el contratista emprende el diseñar y construcción

FRANÇAIS
Un contrat de construire dont lequel l'entrepreneur de construction se charge de dessiner et construire le bâtiment

ITALIANO
Un contratto che prevede la progettazione e la costruzione di un immobile da parte di un solo imprenditore

---

307

ENGLISH
A person who seeks to make a profit from developing property by building or refurbishment

DEUTSCH
Person oder Firma, die durch Bebauung oder Renovierung von Immobilien Profit macht

ESPAÑOL
La persona que espera de lograr una ganancia en la urbanización de las propiedades

FRANÇAIS
Une personne qui éspère de rapporter un bénéfice avec l'éxploitation d'un bâtiment

ITALIANO
Una persona fisica o giuridica che intende valorizzare una proprietà immobiliare al fine di ricavarne un profitto

310

ENGLISH
An activity that changes the nature of land or property, including changes in its use

DEUTSCH
Bauliche Veränderung bzw Nutzungsänderung einer Immobilie

ESPAÑOL
Una actividad que cambia el carácter y el uso de la propiedad

FRANÇAIS
Une activité qui change le caractère d'une propriété et aussi l'usage de la propriété

ITALIANO
Il cambiamento delle caratteristiche fisiche e/o funzionali di una proprietà al fine di ottenere un profitto o fornire un servizio

312

ENGLISH
A statement giving detailed requirements for proposed development of an area

DEUTSCH
Präzise Aufstellung aller Erfordernisse für ein Bauvorhaben

ESPAÑOL
Una declaración que especifica los trabajos necesarios por la urbanización de una zona

FRANÇAIS
Une déclaration qui souligne les exigences (constructives) d'un projet d'urbanisme

ITALIANO
Una esposizione scritta degli obiettivi e dei componenti principali di un progetto immobiliare da parte del promotore

315

ENGLISH
The powers of a local planning authority to authorise or prevent development and change of use of land (see I-3)

DEUTSCH
Autorität der örtlichen Baubehörde ein Bauvorhaben zu genehmigen oder abzulehnen

ESPAÑOL
El poder de las autoridades locales de autorizar o impedir un proyecto de urbanización o el cambio del uso de la propiedad

FRANÇAIS
Les pouvoirs qui ont des autorités locales d'empêcher ou autoriser un projet de construction/un changement dans l'emploi d'un intérêt foncier

ITALIANO
Il potere delle autorità locali di autorizzare o meno un progetto immobiliare

318

ENGLISH
A plan for an area prepared by a local planning authority and indicating the manner in which the area should be developed (see I-3)

DEUTSCH
Bestimmung der Landnutzung durch die örtliche Baubehörde

ESPAÑOL
Un proyecto de urbanización preparado por las autoridades locales que indica como se debe urbanizar una zona particular

FRANÇAIS
Un projet d'urbanisme établi par les autorités locales urbanistiques qui souligne la procédure de construction requise

ITALIANO
Un progetto di sviluppo urbano preparato dalle autorità locali oppure redatto da privati ma in assonanza con un piano urbanistico approvato

320

ENGLISH
An increase in value resulting from the grant of permission to develop, especially in the United Kingdom

DEUTSCH
Wertsteigerung einer Immobilie durch Erteilung der Genehmigung zur Bebauung

ESPAÑOL
Un aumento en el valor de una propiedad que ha recibido un permiso de construir

FRANÇAIS
Une accroissement dans la valeur d'une propriété à cause d'une permis de construire

ITALIANO
L'incremento di valore acquisito da una proprietà in conseguenza della approvazione di un piano urbanistico

321

ENGLISH
The income return to the developer measured against the total costs of the development

DEUTSCH
Verhältnis von erzielter Rendite zu Kosten des (Um-)baus

ESPAÑOL
La rentabilidad por el promotor comparado con todos los gastos del proyecto de construcción

FRANÇAIS
La rentabilité gagnée par le promoteur qu'on compare avec les frais totals du projet d'urbanisation

ITALIANO
Il rendimento del capitale investito da un promotore in un progetto edilizio

327

ENGLISH
A shop where goods are sold below the price suggested by the manufacturers

DEUTSCH
Geschäft, in dem Waren unter dem vom Hersteller empfohlenen Verkaufspreis verkauft werden

ESPAÑOL
Una tienda que vende las mercaderías a los precios más bajos relativo al precio sugerido por el fabricante

FRANÇAIS
Un débouché de détail où on achète les marchandises en gros et où on peut donc les revendre aux prix moins couteux que de suggérés par les fabricants

ITALIANO
Un negozio che vende merci a prezzi ribassati rispetto a quelli di listino grazie al grande volume di vendite

328

ENGLISH
Another term for internal rate of return

DEUTSCH
Anderer Ausdruck für "Innere Rendite"

ESPAÑOL
Un otro modo de decir a cuota de retribución interna

FRANÇAIS
Un autre terme pour décrire le taux de rendement interne

ITALIANO
Il tasso di rendimento interno calcolato con il metodo dei flussi di cassa attualizzati

329

ENGLISH
Techniques used on investment and development appraisal whereby future inflows and outflows of cash associated with a particular project are expressed in present-day terms by discounting

DEUTSCH
Schätzungsmethode für Investment- und Bauprojekte, in der Zu- und Abfluss zukünftiger Finanzmittel in die Bewertung einbezogen werden

ESPAÑOL
El método por tasar las inversiones y los proyectos de desarrollo con el cual ingresos y los gastos son descontados para determinar el valor actual

FRANÇAIS
Les techniques employées pour faire les évaluations d'investissements et de projets d'urbanisme par laquelle on présente les flux monétaires selon leur valuer actuelle après tous escomptes

ITALIANO
Un metodo di analisi finanziaria che utilizza il valore attuale dei flussi di cassa futuri relativi ad un particolare progetto o attività

330

ENGLISH
Another term for internal rate of return

DEUTSCH
Anderer Ausdruck für "Innere Rendite"

ESPAÑOL
Un otro término para decir cuota de retibución interna

FRANÇAIS
Un autre terme pour décrire le taux de rendement interne

ITALIANO
Il tasso di rendimento interno calcolato con il metodo dei flussi di cassa attualizzati

332

ENGLISH
Items which are ignored in the valuations of property

DEUTSCH
Punkte, die bei der Schätzung einer Immobilie unbeachtlich sind

ESPAÑOL
Los artículos suprimidos al fin de evaluar una propiedad

FRANÇAIS
Les choses qui ne sont pas incluses dans l'évaluation d'une propriété

ITALIANO
Gli elementi esclusi da una valutazione immobiliare

333

ENGLISH
Common law remedy by which those who fail to fulfil a legal obligation can find their assets seized and sold (UK)

DEUTSCH
Beschlagnahmung und Pfändung eines Sicherungsgegenstandes bei Nicht-Erfüllung einer Vertragspflicht

ESPAÑOL
El derecho consuetudinario que autoriza la apropriación de los bienes a fin de venderlos para reembolsar las deudas

FRANÇAIS
Selon la loi coutumier, ceci est la méthode dont on peut saisi les biens immobiliers de quelqu'un qui n'arrive pas à exécuter les obligations légales

ITALIANO
In Gran Bretagna, la legge che consente il rimborso dei creditori tramite la vendita dei beni immobili del debitore

343

ENGLISH
A method of valuing terminable income flows to provide not only the required return on capital but also to replace the capital at the end of the term (ie yield plus sinking fund)

DEUTSCH
Bewertungsmethode für den befristeten Zufluss von Finanzmitteln

ESPAÑOL
Un método para valorar los flujos de los ingresos a fin de dar el rendimiento de capital necesario y también para reembolsar el capital al cabo del plazo (ie rendimiento más fondo de amortización)

FRANÇAIS
Une méthode pour évaluer le flux de revenu terminable afin de pourvoir le profit sur le revenu et afin de remplacer le capital (ie le bénéfice plus le fonds d'amortissement)

ITALIANO
Un metodo per valutare il flusso di reddito a compimento di una operazione e per calcolare il valore capitale da rimborsare

344

ENGLISH
A valuation table of year's purchases in respect of the dual rate method

DEUTSCH
Bewertungstabelle für Jahreskäufe anhand der Doppelsatzmethode

ESPAÑOL
Una tabla de valuación del número de anualidades que alcanza el valor de la propiedad respecto al "dual rate method"

FRANÇAIS
Une liste d'évaluation d'achats annuels relativement au "dual rate method"

ITALIANO
La tabella delle valutazioni degli acquisti annuali contabilizzati con il "dual rate method"

345

ENGLISH
A year's purchase calculated on the basis of individually selected remunerative and accumulative rates of interest

DEUTSCH
Kalkulation der Jahreskäufe auf der Basis von lukrativen akkumulierenden Zinssätzen

ESPAÑOL
El método para calcular el número de anualidades que alcanza el valor de la propiedad anualmente que se hace con la aplicación de los típos de interés cumulativos y remunerativos

FRANÇAIS
Les achats annuaires évalués individuellement selon des taux d'intérêt rémunérateurs ou cumulatifs

ITALIANO
Gli acquisti annuali calcolati nell'ipotesi di tassi di interesse remunerativi e cumulativi

349

ENGLISH
The earnings of a share in a company expressed as a percentage of the share price

DEUTSCH
Einnahmen aus einer Aktie in Prozent des Aktienwerts ausgedrückt

ESPAÑOL
Las utilidades de una acción de una sociedad que se expresa como el porcentaje del costo de la cuota

FRANÇAIS
Les bénéfices d'une action d'une société exprimés comme un pourcentage du prix des actions

ITALIANO
Il rendimento delle azioni calcolato in percentuale del corso di un'azione

350

ENGLISH
A positive, negative or mutual right by which one owner has a right over the property of another

DEUTSCH
Recht einer Person über das Eigentum einer anderen zu verfügen

ESPAÑOL
El derecho positivo, negativo o mutuo por lo cual un propietario tiene el derecho de posesión de una propiedad que pertenece a otra persona

FRANÇAIS
Un droit positif, négatif ou mutuel par lequel un propriétaire a le titre à une autre propriété

ITALIANO
Il diritto con il quale un proprietario subentra nella proprietà legale, da solo o con altri, di un bene immobiliare di altri proprietari

351

ENGLISH
The height between the floor surface and the lowest part of the roof beams (mainly for industrial and warehouse property)

DEUTSCH
Höhe zwischen Boden und niedrigstem Punkt des Daches

ESPAÑOL
La altura entre el suelo y la parte más baja de las vigas del techo

FRANÇAIS
La distance entre la superficie du plancher et le dessous du toit, la partie plus basse des poutres (en ce qui oncerne les locaux industriels et les entrepots)

ITALIANO
Nel locali ad uso produttivo o magazzino, la luce tra la superficie di ingombro e la più bassa delle travi del tetto

353

ENGLISH
In valuation a method of determining value for rating purposes, ie for UK property tax

DEUTSCH
Bestimmung des Werts einer Immobilie für Steuerzwecke

ESPAÑOL
Un método de valuación para determinar el típo de impuesto sobre los bienes ie sólo para los impuestos inglés

FRANÇAIS
Une méthode d'évaluation par laquelle on détermine la valeur d'une propriété pour les impôts locaux

ITALIANO
Un metodo di valutazione di una proprietà immobiliare per determinare la base imponibile locale

354

ENGLISH
Net internal area

DEUTSCH
Innenfläche eines Raumes mit bestimmten Aussparungen

ESPAÑOL
Espacio interno efectivo

FRANÇAIS
Surface hors oeuvre nette

ITALIANO
La superficie utilizzabile netta all'interno di una proprietà

355

ENGLISH
The annual rate of interest equivalent to the terms applying to a specific financial arrangement

DEUTSCH
Jährlicher Zinssatz gemäss einer speziellen Vereinbarung

ESPAÑOL
El típo de interés anual que equivale a las condiciones de un acuerdo financiero

FRANÇAIS
Le taux annuel d'intérêt qui est équivalent aux termes qui appliquent à un arrangement financier

ITALIANO
Il tasso di interesse operativo applicabile ad un finanziamento specifico

358

ENGLISH
Unauthorised extension of the boundaries of a piece of land over adjoining land which belongs to another

DEUTSCH
Unberechtigte Vergrösserung eines Grundstücks durch Verlegung der Grundstücksgrenze

ESPAÑOL
La prolongación ilegal del límite de las tierras la invasión ilegal

FRANÇAIS
L'extension non-autorisée des limites d'un terrain qui est contigue à un autre

ITALIANO
L'estensione illegale dei confini di una proprietà

361

ENGLISH
A notice served by the local planning authority requiring a breach of planning control to be remedied

DEUTSCH
Eine Mitteilung von der Stadtsbauverwaltung die eine Verletzung der Plankontrole behoben sein soll

ESPAÑOL
La notificación de la parte de las autoridades locales de arreglar una violación de las leyes de urbanización

FRANÇAIS
L'autorité locale d'urbanisme avise quelqu'un de remédier une violation de réglementation d'urbanisme

ITALIANO
L'ordinanza delle autorità locali notificata ad una persona affinchè si astenga dal violare specifiche norme urbanistiche

364

ENGLISH
An area designated with special planning and fiscal regimes

DEUTSCH
Gebiet mit besonderen Planungs- und Steuervorhaben

ESPAÑOL
Una zona donde se encuentran las reglamentaciones urbanas y fiscales particolar

FRANÇAIS
Une zone qui a des réglementations fiscales et urbaines particulières

ITALIANO
Una zona all'interno della quale sono in vigore normative urbanistiche e leggi fiscali diverse dal territorio circostante

367

ENGLISH
A form of sinking fund which is set aside each year to provide a constant level of financial return throughout the term

DEUTSCH
Form des Amortisationsfonds, der jährlich angelegt wird, um eine gleichbleibende Rendite zu gewährleisten

ESPAÑOL
Un típo de fondo de amortización con el cual se ajusta de una parte cada año al fin de proveer un nivel de rendimiento financiero constante

FRANÇAIS
Un type de fonds d'amortissement qu'on met à part chaque année en vue de pourvoir un niveau de profit constant durant toute la vie de l'investissement

ITALIANO
Un fondo di ammortamento incrementato annualmente al fine di garantire da un investimento un rendimento finanziario costante nel tempo

368

ENGLISH
The rent resulting from an adjustment to reflect a variation from the norm

DEUTSCH
Die Miete nach einer entsprechenden Änderung von der Norm

ESPAÑOL
Un alquiler adato para reflejar una variación del promedio

FRANÇAIS
Un loyer qui a été ajusté suivant un changement dans les circonstances

ITALIANO
Un importo straordinario di affitto che riflette delle caratteristiche impreviste

369

ENGLISH
The rate of return that needs to be achieved in order to provide a constant return throughout the life of the investment

DEUTSCH
Umsatz, der erreicht werden muss, um eine konstante Rendite über die Laufzeit einer Investition zu erreichen

ESPAÑOL
La cuota de retribución que es necesario a fin de proveer una retribución constante para todo el tiempo de la inversión

FRANÇAIS
Le taux d'escompte qu'on doit appliquer à un flux de revenu

ITALIANO
Il tasso di rendimento che garantisce un andamento costante durante la vita di un investimento

372

ENGLISH
A lease whereby the rental flows or values are shared between the lessee and the landlord or other investors in the property

DEUTSCH
Mietvereinbarung nach der der Mieter und der Eigemtümer oder andere Investoren anteilig Anrecht auf die Mieteinkünfte haben

ESPANOL
Un contrato de arriendo con el cual los flujos de arriendo o los valores se parten entre el propietario (u otros inversionistas) y el inquilino

FRANÇAIS
Un contrat de bail par lequel les flux en la valeur locative d'une propriété sont divisés entre le propriétaire et le locataire

ITALIANO
Il contratto di affitto nel quale affittuario, proprietario ed eventuali altri investitori condividono i flussi di cassa

374

ENGLISH
See equated yield

DEUTSCH
Siehe equated yield

ESPAÑOL
La cuota de retribución interna sobre una inversión que tiene en cuenta posibles variaciones en los arriendos

FRANÇAIS
Voir "equated yield"

ITALIANO
Il tasso di rendimento di un investimento immobiliare tenendo in considerazione i futuri andamenti del canone di affitto

376

ENGLISH
A deed which is signed, sealed and conditionally delivered but does not become operative until a condition precedent has been fulfilled

DEUTSCH
Beim Treuhänder hinterlegte Vertragsurkunde, die erst bei Erfüllung einer Bedingung in Kraft tritt

ESPAÑOL
Un pliego que contiene documentos legales que entran en vigor sólo si se satiface algunas condiciones (véase "condition precedent")

FRANÇAIS
Un contrat qui a été signé, scellé mais qui entre en vigueur seulement après la réalisation d'une condition/stipulation précédente

ITALIANO
Un concordato legale valido solo a determinare condizioni

377

ENGLISH
An use that has been in existence for long enough to establish that planning consent is not required for its continuation (UK)

DEUTSCH
Rechtlicher Anspruch, der nicht gesetzlich, sondern durch Gewohnheit begründet ist

ESPAÑOL
Uso que ha existido durante un periodo suficientemente largo para establecer que no se requiere su consentimiento para que continúe

FRANÇAIS
L'usage (d'une propriété) qui existe depuis longtemps et donc il n'est pas nécessaire demander un permis afin de continuer le même usage (GB)

ITALIANO
L'uso di un terreno o di una proprietà edilizia in base ai rilevamenti effettuati

380

ENGLISH
A former tax which was superseded in 1986 by inheritance tax (UK)

DEUTSCH
Ehemals zu entrichtende Steuer, die 1986 durch die Erbschaftssteuer ersetzt wurde (GB)

ESPAÑOL
Uno viejo impuesto sucesorio que ahora no existe

FRANÇAIS
Un ancien impôt, remplacé en 1986 par un impôt sur la succéssion

ITALIANO
Una imposta fondiaria ora sostituita dalla tassa di successione

382

ENGLISH
The legal principle whereby parties to a contract or agreement cannot subsequently withdraw if their previous actions clearly demonstrate their intention to be bound

DEUTSCH
Verwirkung des Rechts einen Tatbestand oder eine Rechtslage geltend zu machen, sofern sie mit "Treu und Glauben" unvereinbar sind

ESPAÑOL
El principio legal con el cual los interesados de un contrato no pueden retirar con posterioridad si sus acciones anteriores demostraban claramente el deseo de aceptar el acuerdo

FRANÇAIS
Le principe légal par où les personnes intéressées ne peuvent pas retirer posterieurement d'un contrat si leurs actions antérieures ont donné l'idée qu'ils voulaient passer le contrat

ITALIANO
Il principio legale che sanziona l'intenzione di una persona di ritirarsi da un contratto se anteriormente aveva espresso la volontà di concluderlo

389

ENGLISH
The open market value of an interest in land disregarding any element of value attributable to alternative use

DEUTSCH
Verkehrswert einer Immobilie bei unveränderter Nutzung

ESPAÑOL
El valor al mercado libero de una propiedad que no tiene en cuenta los otros usos possibiles de la propiedad

FRANÇAIS
La valeur en marché d'une propriété qui ne prend pas en considération la valeur attribuable pour l'emploi de la propriété d'une autre façon

ITALIANO
Il valore di mercato di una proprietà in base al suo uso attuale

396

ENGLISH
The coordination of many specialist disciplines to create the optimum working environment for staff or equipment

DEUTSCH
Koordination verschiedener Fachbereiche, um eine optimale Arbeitssituation zu schaffen

ESPAÑOL
La coordinación de muchas facilidades al fin de crear un ambiente de trabajo agradable para el personal o la maquinaria

FRANÇAIS
La coordination de plusiers disciplines en vue de créer un optimum millieu de travail

ITALIANO
La gestione di attrezzature e risorse atte ad agevolare la vita e il lavoro degli utilizzatori

398

ENGLISH
The rent determined by a rent officer under a regulated tenancy (UK residential property)

DEUTSCH
Von einer Behörde bestimmte angemessene Miete

ESPAÑOL
La suma de renta que decide un funcionario según una tenencia regulado (para la propiedad residencial in Inglaterra)

FRANÇAIS
Le loyer décidé par un officiel gouvernemental d'être juste (en Grande Bretagne, une propriété résidentielle)

ITALIANO
Il canone di affitto contenuto entro limiti stabiliti da una legislazione nazionale (in Gran Bretagna solo per la proprietà ad uso residenziale)

399

ENGLISH
Dilapidations caused by the normal action of the weather and ordinary use

DEUTSCH
Durch normale Abnutzung und Witterung bedingte Schäden an einem Gebäude

ESPANOL
El uso y desgaste natural que resulta de la acción normal

FRANÇAIS
La détériorations causée par l'usure normale

ITALIANO
Il logoramento di installazioni e locali che risulta da un uso normale di una proprietà

406

ENGLISH
The highest form of freehold land tenure under English law - absolute ownership

DEUTSCH
Absolutes Eigentumsrecht (GB)

ESPAÑOL
El derecho de la inmovilidad absoluta según las leyes inglesas - la posesión incondicional

FRANÇAIS
La forme de bail de propriété foncière la plus libre d'après la loi anglaise (un droit de propriété absolue)

ITALIANO
Il diritto di proprietà allodiale secondo la legislazione inglese

422

ENGLISH
A charge where the lender has security for a loan on a particular asset of the borrower

DEUTSCH
Sicherungsgegenstand eines Darlehens ist ein Teil des Vermögens des Darlehensnehmers

ESPAÑOL
Los gastos fijos que se contrae cuando el préstamo es garantizado con ciertos bienes raíces

FRANÇAIS
Un frais concernant un emprunt qui permet le créditeur de garantir l'emprunt contre un actif particulier dû de l'emprunteur

ITALIANO
Un costo fisso richiesto dal concessore di un prestito garantito da ipoteca su una proprietà immobiliare

425

ENGLISH
A rent that cannot be changed during the entire period of the lease

DEUTSCH
Unveränderliche Miete

ESPAÑOL
Una suma fija de renta que no se puede cambiar durante el período del contrato

FRANÇAIS
Un loyer qu'on ne peut pas changer durant la période du bail

ITALIANO
La quota parte di un canone di affitto che resta invariata nel periodo locativo

429

ENGLISH
In valuation the relationship between current income and the original cost of the property

DEUTSCH
Verhältnis von Erträgen und Anschaffungskosten einer Immobilie

ESPAÑOL
La relación entre el rédito actual de una propiedad y el precio de adquisición de la propiedad

FRANÇAIS
En ce qui concerne l'évaluation, le rapport entre le revenu actuel et le premier prix d'achat de la propriété

ITALIANO
Il rapporto diretto tra il rendimento attuale ed il costo originale di una proprietà

430

ENGLISH
A charge where the lender has security for a loan spread over all or a number of the borrower's assets

DEUTSCH
Sicherungsgegenstand eines Darlehens ist das Gesamtvermögen des Darlehensnehmers

ESPAÑOL
El gasto fijo que se contrae cuando el préstamo es garantizado contra todos o algunos bienes

FRANÇAIS
Garantir un emprunt contre tous ou quelqu'uns des actifs de l'emprunteur

ITALIANO
Un costo variabile richiesto dal concessore di un prestito garantito da ipoteca su una proprietà immobiliare

442

ENGLISH
Open market value with a time limit for completion

DEUTSCH
Wert einer zwangszuversteigernden Immobilie bei Festlegung einer Frist bis zum Verkauf

ESPAÑOL
El valor mercante de una propiedad con respecto a una venta forzosa

FRANÇAIS
La valeur sur le marché libre d'une propriété sous de circonstances constraintes

ITALIANO
Il valore di mercato di una proprietà la cui vendita deve chiudersi entro un dato periodo

446

ENGLISH
A bid made by completing and submitting a tender document and which is binding upon the parties

DEUTSCH
Bewerbung um Erteilung eines Auftrags durch Abgabe eines schriftlichen Angebots

ESPAÑOL
Una oferta que se hace con un documento official que es obligatorio para todos los interesados

FRANÇAIS
Une offre qu'on soumit comme un document d'offre et qui est obligatoire pour toutes les personnes intéressées

ITALIANO
Una offerta irrevocabile concernente una proprietà immobiliare (per acquisto, affitto o costruzione)

447

ENGLISH
In property development an arrangement whereby an investor agrees to buy the property on completion of the project and/or its letting to a tenant. Also known as forward funding

DEUTSCH
Vereinbarung zwischen Bauherrn und Investor ein Gebäude bei Fertigstellung und/oder Vermietung vom Bauherren zu kaufen

ESPAÑOL
Relativo a la urbanización de la propiedad, este es un acomodo por lo cual el inversionista se aviene a comprar la propiedad al cabo del proyecto cuando es alquilada. La planificación para entrega futura

FRANÇAIS
Un arrangement par où un investisseur s'accorde à acheter une propriété à l'accomplissement d'un projet et quand la propriété est louée. Ceci s'apèlle aussi le planning à long terme

ITALIANO
L'impegno formale di un investitore ad acquistare una proprietà una volta che la costruzione sia terminata e posta a reddito

457

ENGLISH
The best possible rental that might reasonably be expected in the open market

DEUTSCH
Bestmögliche Marktmiete

ESPAÑOL
La máxima suma de renta que se puede esperar del mercado abierto

FRANÇAIS
Le loyer le plus élevé qu'on peut atteindre sur le marché libre

ITALIANO
Il valore di locazione più elevato che una proprietà può spuntare sul mercato

458

ENGLISH
A lease under which the lessee is responsible for the whole cost of repairing, insuring, maintaining and rebuilding the property

DEUTSCH
Mietvertrag, bei dem der Mieter alle Reparatur-und Versicherungskosten zu tragen hat

ESPAÑOL
El contrato de arriendo con el cual el arrendatario es responsable de todos los gastos de aseguración, reparación, mantenimiento y reconstrucción

FRANÇAIS
Un contrat de bail qui compte sur la responsabilité du locataire pour faire la restauration, la réconstruction, l'assurance et l'entretien nécessaire

ITALIANO
Un contratto di affitto che obbliga l'affittuario a pagare in toto le spese di manutenzione e ad assicurare la proprietà contro incendio e calamità naturali

465

ENGLISH
To withdraw from a non contractual agreement to sell a property and sell instead to a third party who offers a higher price

DEUTSCH
Nicht-Einhaltung einer mündlichen Vereinbarung zum Verkauf einer Immobilie, um zu einem höheren Preis an einen Dritten zu verkaufen

ESPAÑOL
El hecho de retirar de un accuerdo de venta no contractual a fin de vender una propiedad a una tercera persona que ofrece más denaro

FRANÇAIS
Le fait de retirer d'un accord non-contractuel de vendre une propriété et puis, le fait de vendre la propriété à quelqu'un d'autre qui offre un prix plus élevé

ITALIANO
L'abbandono di un accordo non formalizzato per la vendità di una proprietà al fine di accogliere l'offerta di terzi perchè più conveniente

473

ENGLISH
Detailed map of a city that shows all the tenants in the centre of that particular city

DEUTSCH
Detailierter Stadtplan, der alle Mieter bzw Eigentümer im Stadtzentrum zeigt

ESPAÑOL
Plano detallado de una cuidad que muestra todos los inquilinos en el centro de dicha cuidad

FRANÇAIS
Un plan très détaillé d'une (grande) ville qui montre tous les locataires au centre ville

ITALIANO
Una carta dettagliata del centro di una città che mostra i nomi posizione di negozii

474

ENGLISH
In property, the additional value attributable as a result of the activities of the tenant

DEUTSCH
Wertsteigerung einer Immobilie durch freiwillige Instandsetzungsarbeiten des Mieters

ESPAÑOL
El valor addicional de una propiedad que resulta de las actividades del inquilino

FRANÇAIS
La valeur supplémentaire d'une propriété qui résulte des activités commerciaux du locataire

ITALIANO
Il valore addizionale di una proprietà che risulta dall'attività commerciale dell'affittuario

478

ENGLISH
An area of land on which no buildings exist

DEUTSCH
Unbebautes Gelände

ESPAÑOL
Una zona de tierra donde no hay edificios

FRANÇAIS
Une zone de terrain où il n'y existent plus des bâtiments

ITALIANO
Un terreno mai prima urbanizzato, ora oggetto di progetti di sviluppo

481

ENGLISH
The aggregate superficial area of a building measured around the external walls

DEUTSCH
Gesamtaussenfläche eines Gebäudes

ESPANOL
El espacio de piso bruto de una propiedad que se mide por los muros externos

FRANÇAIS
La superficie totale d'un bâtiment qu'on mésure autours des murs extérieurs

ITALIANO
la superficie esterna di una proprietà al lordo di eventuali pertinenze

482

ENGLISH
Gross external area

DEUTSCH
Siehe "gross external area"

ESPAÑOL
El espacio de piso externo

FRANÇAIS
Surface hors oeuvre brute

ITALIANO
La superficie di pavimento lorda

485

ENGLISH
The aggregate superficial area of a building measured to the internal faces of the external walls

DEUTSCH
Gesamtfläche der Aussenwände, an deren Innenseite gemessen

ESPAÑOL
El espacio superficial total de un edificio que se mide por las fachadas internas de los muros externos

FRANÇAIS
La surface utile totale d'un bâtiment qu'on détermine par mésures, jusqu'aux façades intérieures des murs extérieurs

ITALIANO
La superficie interna di una proprietà al lordo dei muri

488

ENGLISH
Another word for internal rate of return

DEUTSCH
Siehe "internal rate of return"

ESPAÑOL
Un otro modo de decir la cuota de retribución interna

FRANÇAIS
Un autre terme pour décrire le taux de rendement interne

ITALIANO
Equivalente del tasso di rendimento interno lordo

491

ENGLISH
The capital value of a property before making adjustments for acquisition or other cost

DEUTSCH
Kapitalwert einer Immobilie ohne Berücksichtigung der Anschaffungs-oder sonstiger Kosten

ESPAÑOL
El valor capitalizado de una propiedad antes de descontar los gastos de adquisición y otros costos

FRANÇAIS
La valeur en capital d'une propriété dont les frais d'acquisition sont exclus

ITALIANO
Il valore lordo di una proprietà con l'esclusione delle spese di acquisto ed altre spese accessorie

494

ENGLISH
A lease of land for which the rent is calculated having regard to land value or a percentage of the total rental value of the completed development of land and buildings

DEUTSCH
Pachtvertrag über ein zu bebauendes Grundstück, bei dem die Berechnung des Pachzinses entweder anhand des Grundstückswertes oder des Pachtes; bzw Mietzinses nach abgeschlossener Bebauung erfolgt

ESPANOL
Arrendar uno terreno por lo cual se calcula el arriendo según el valor agrario o en comparación con el valor en arriendo del proyecto de urbanización de la propiedad y también el terreno

FRANÇAIS
La location d'un terrain pour lequel on calcule le loyer relativement à la valeur foncière ou bien relativement au pourcentage de la valeur locative totale du projet de développement des biens fonciers

ITALIANO
La locazione di un terreno il cui affitto è calcolato in base al valore del terreno o come percentuale del valore complessivo del terreno e delle costruzioni sovrastanti

495

ENGLISH
The rent payable under a ground lease

DEUTSCH
Vom Pächter periodisch zu zahlendes Nutzungsentgelt

ESPAÑOL
La renta pagadera según las condiciones del "ground lease"

FRANÇAIS
Le loyer qu'on paye selon un contrat de bail foncier

ITALIANO
Il canone di affitto da pagare in base alle condizioni stabilite nel "ground lease"

502

ENGLISH
In valuation a technique which capitalises existing rental incomes and future variation in that income at different rates

DEUTSCH
In einer Schätzung ein Technik wobei gewisse und weniger gewusste Mieterträge zu verschiedene Raten kapitalisiert werden

ESPAÑOL
Un método de valuación, con lo cual los ingresos por arriendos garantizados y indeterminados son capitalizados según los típos diferentes

FRANÇAIS
Une technique d'évaluation par laquelle on capitalise les revenus actuels du loyer et les variations à l'avenir avec des taux différents

ITALIANO
Un metodo di stima del valore immobiliare che considera sia i rendimenti attuali di una proprietà sia quelli prevedibili nel futuro

508

ENGLISH
Fundamental points of an agreement intended to form the basis of a formal contract

DEUTSCH
Grundlegende Abmachungen, die als Basis für einen Vertrag dienen

ESPAÑOL
Los puntos esenciales del acuerdo que forman la base para un contrato de arrendamiento

FRANÇAIS
Les termes principals d'un contrat sur lesquels est basé le contrat officiel

ITALIANO
Gli elementi principali di un contratto

512

ENGLISH
A modern industrial building which is particularly suited to the flexible uses and space needs of business organisations engaged in modern technology

DEUTSCH
Industriegebäude, das besonders den Anforderungen von Technologiefirmen entspricht

ESPAÑOL
Un edificio moderno que es particularmente bien adaptado a las exigencias de las sociedades de tecnología moderna

FRANÇAIS
Un bâtiment industriel moderne qui est particulièrement adaptable aux besoins des entreprises de pointe

ITALIANO
Un edificio dotato di impianti tecnologici all'avanguardia per la conduzione delle attività d'ufficio

518

ENGLISH
The element of open market value of a property in excess of the existing use value, reflecting the prospect of some more valuable future use or development

DEUTSCH
Zukünftiger Wert einer Immobilie bei Nutzungsänderung oder Umbau

ESPAÑOL
El elemento del valor al mercado abierto que refleja la posibilidad de un uso diferente al futuro

FRANÇAIS
Une valeur en marché (d'une propriété) plus élevée que la valeur actuelle mais qui reflète la possibilité d'un nouvel emploi du bâtiment dans l'avenir

ITALIANO
Il valore di una proprietà non in base al suo uso attuale ma secondo un uso previsto nel futuro, la cui attuazione non è certa

519

ENGLISH
An organisation set up to provide housing for rent and/or sale on a non-profit making basis

DEUTSCH
Nicht profit-orientierte Gesellschaft für Wohnungsbau und-vermietung

ESPAÑOL
Una sociedad no ganancial fundada al fin de proveer la viviendas

FRANÇAIS
Une organisation sans but lucratif qui fournit le logement à louer ou à vendre

ITALIANO
Un ente senza scopo di lucro finalizzato a trovare casa per gli associati

520

ENGLISH
A public authority responsible for housing

DEUTSCH
Offentliche Behörde, die für Vermietung zuständig ist

ESPANOL
Una autoridad pública responsable del alojamiento

FRANÇAIS
Les autorités publiques qui s'occupent du logement

ITALIANO
L'autorità pubblica competente in materia di edilizia residenziale

521

ENGLISH
A funding agency for Housing Associations (UK)

DEUTSCH
Finanzierungsgesellschaft für "housing associations" (GB)

ESPAÑOL
Un agencia de consolidación para las asociedades de alojamiento

FRANÇAIS
Société charitable fournissant des logements (la Grande Bretagne)

ITALIANO
Un ente senza scopo di lucro che si occupa del problema degli alloggi

524

ENGLISH
A non-profit corporation that can use the whole of its funds for the purpose of providing housing accommodation

DEUTSCH
Nicht profit-orientierte Gesellschaft, die ihre gesamten Finanzmittel für die Schaffung von Wohnraum aufwenden kann

ESPAÑOL
Una institución benéfica que se ocupa del financiamiento de las asociaciones de hogares

FRANÇAIS
Société fournissant des logements

ITALIANO
Un ente senza scopo di lucro che si occupa di alloggi e proprietà residenziali

525

ENGLISH
Referring to either land of the highest value in an area or land best suited to a specific use. Usually for retail property, the location where all visitors to the centre can be expected to go. Also "prime"

DEUTSCH
Grundstücke, die aufgrund ihrer Lage bzw Nutzungsmöglichkeiten einen besonders hohen Wert haben

ESPAÑOL
Este refiere a una propiedad de optima calidad, muy costosa en una zona bien adaptada para uso particular. También a la propiedad al detalle y la posición donde todos los visitantes se congregan en un cc

FRANÇAIS
Un terrain parfaitement adapté à un emploi spécifique, ou bien la valeur la plus élevée dans une zone. Ceci décrit le lien où tous les visiteurs d'un centre commercial peuvent se rencontrer. Aussi principal

ITALIANO
Il terreno o una proprietà la cui localizzazione è la più adatta per un determinato uso. Termine usato normalmente per indicare i locali commerciali con la migliore localizzazione

530

ENGLISH
Which cannot be moved

DEUTSCH
Etwas unbewegliches

ESPAÑOL
Que no se puede mover

FRANÇAIS
Fixe, immobilier

ITALIANO
Ciò che è inamovibile. Termine usato normalmente per indicare la proprietà immobiliari, in contrasto con i beni mobiliari

535

ENGLISH
A rent payable where the landlord has an obligation to pay taxes or other costs of maintaining and repairing the premises

DEUTSCH
Zu zahlende Miete, wenn der Vermieter für Steuer sowie Instandhaltung der Mietsache selbst aufzukommen hat

ESPAÑOL
Un arriendo que está pagadero cuando el propietario no es responsable para los impuestos locales y también no debe pagar los gastos de conservación y reparación del local

FRANÇAIS
Un loyer qui oblige le propriétaire de payer les impôts locaux ou les autres frais liés à la réparation de la propriété

ITALIANO
Un canone di locazione che riversa sul locatario i costi delle imposte e della manutenzione

537

ENGLISH
The internal rate of return calculated on the relationship between the present value of both the individual capital inputs and cash flows of the projects under consideration

DEUTSCH
Berechnung der Rendite unter Berücksichtigung des Verhältnisses von Kapitalwert und Cash-Flow

ESPAÑOL
La cuota de retribución que se calcula según la relación entre el valor actual de los ingregos y las salidas de un proyecto particular

FRANÇAIS
Le taux de rendement interne basé sur le rapport entre la valeur actuelle des cashflows d'un projet particulier

ITALIANO
Il rendimento di un proprietà calcolato come differenza tra il rendimento attuale e quello previsto in un periodo futuro

553

ENGLISH
The initial net income at the date of purchase expressed as a percentage of the purchase price

DEUTSCH
Nettoeinkünfte aus der Mietsache zum Zeitpunkt des Kaufs, ausgedrückt in Prozent des Kaufpreises

ESPAÑOL
El neto rédito inicial en la fecha de la compra que es expresado como el porcentaje del precio de compra

FRANÇAIS
Le revenu net initial au moment de l'acquisition, exprimé comme une pourcentage du prix d'achat

ITALIANO
Il rendimento di una proprietà calcolato come percentuale del suo valore iniziale

558

ENGLISH
Pension funds, insurance companies, unit trusts and investment trusts (UK) investing in property for long term purposes on behalf of subscribers or groups of investors

DEUTSCH
Institutionen wie zum Beispiel Banken und Versicherungsgesellschaften, die u.a. in Immobilien investieren

ESPAÑOL
Las instituciones como por ejemplo los bancos, los fondos jubilaciones, las sociedades de seguros y las fiduciarias unitarias de aseguración en nombre de los suscriptores o grupos de inversionistas

FRANÇAIS
Les banques, assurances vieillesse, société d'assurances, sociétés d'investissement (GB), qui ont investi dans la propriété à long terme an nom de certains souscripteurs ou des groupes d'investisseurs

ITALIANO
Gli enti e le imprese (quali banche, assicurazioni, fondi pensione) che effettuano investimenti immobiliari a lunga scadenza nell'interesse proprio o di terzi

567

ENGLISH
The rate of return at which all future cash flows must be discounted in order that the net present value of those cash flows should be equal to zero

DEUTSCH
Die Ertragsrate wo man all zukünftigen Cash-Flow diskontieren muss um den jetzige Barwert den Cash-Flows zero zu gleichen

ESPAÑOL
La cuota de retribución con la cual se debe descontar todos los flujos de caja para que el valor de estos seán igual a cero

FRANÇAIS
Le taux de rendement avec lequel on escompte les cashflows à terme pour que leur valeur actuelle nette s'égale à zero

ITALIANO
Il tasso di rendimento interno di un investimento

568

ENGLISH
A lease under which all or some internal repairs are the responsibility of the tenant

DEUTSCH
Mietvertrag laut dessen der Mieter für alle bzw einige Reparaturen an der Mietsache selbst aufzukommen hat

ESPAÑOL
Un contrato de arriendo que obliga a el arrendatario a hacer todas las reparaciones

FRANÇAIS
Un contrat de bail obligeant le locataire de prendre responsabilité des réparations nécessaires

ITALIANO
Un contratto di locazione che rende il locatario responsabile di determinati lavori di manutenzione

573

ENGLISH
Any company whose business consists wholly or mainly in the making of investments

DEUTSCH
Gesellschaft, die hauptsächlich bzw ausschliesslich Investitionsgeschäfte tätigt

ESPAÑOL
Una sociedad que se ocupa enteramente/sólamente o particularmente de las inversiones

FRANÇAIS
Une société qui s'occupe des investissements

ITALIANO
Una impresa che opera nel settore degli investimenti

575

ENGLISH
The determination of the value of an interest in land by the capitalisation of actual or estimated net rental income

DEUTSCH
Wertbestimmung durch Kapitalisierung der tatsächlichen oder angenommenen Mieteinkünfte

ESPAÑOL
Determinar el valor de los bienes raíces en la capitalización del ingreso por rentas actualas o estimadas

FRANÇAIS
L'évaluation d'un intérêt foncier en capitalisant le revenu du loyer actuel ou potentiel

ITALIANO
Un metodo di stima del valore di una proprietà immobiliare attraverso la capitalizzazione del reddito immobiliare presente e futuro

577

ENGLISH
An investment company which acts as if it were a trust (UK) ie holding property on behalf of other investors

DEUTSCH
Treuhänderischhandelnde Investmentgesellschaft

ESPAÑOL
En Gran Bretaña, una sociedad inversionista que se conduce como un banco de depósitos

FRANÇAIS
Une société de placement qui se comporte comme une société fiduciaire (GB): elle retient une propriété de la part d'autres investisseurs

ITALIANO
In Gran Bretagna, una società fiduciaria che acquista proprietà immobiliari per conto terzi

580

ENGLISH
The annual percentage return of an investment expressed as the ratio of annual net income to the capital value

DEUTSCH
Jährliche Investitionsrendite berechnet anhand des Verhältnisses von jährlichem Nettoertrag zu Kapitalwert

ESPAÑOL
El porcentaje del rendimiento anual que se considera proprio para una valuación o inversión especifica que se exprime como la relación entre los ingresos netos y el valor capitalizado

FRANÇAIS
Le rendement annuel d'un placement en pourcentage qui est considéré opportun pour une évaluation ou un investissement spécifique, exprimé en proportion du revenu net annuel contre la valeur en capital

ITALIANO
Il rendimento annuale netto di un investimento espresso in forma percentuale in rapporto al capitale iniziale

582

ENGLISH
The appointment of two or more agents to dispose of the same building

DEUTSCH
Die Ernennung zwei oder mehrere Agenten um dem selben Gebäude zu vermieten

ESPAÑOL
Dos corredores de fincas designados a fin de vender la misma propiedad

FRANÇAIS
La nomination de deux agences immobiliers chargés de vendre le même bâtiment

ITALIANO
Il conferimento a più agenzie dell'incarico di vendere la stessa proprietà

583

ENGLISH
An obligation on parties of a contract whereby they are liable collectively for the performance of the term of the contract and also assume responsibilities for parties who cannot fulfil their obligation

DEUTSCH
Alle Vertragsparteien haften gleichermassen für die Erfüllung einer Vertragspflicht

ESPAÑOL
Una obligación que toca las personas de una manera mancomunada y solidariamemte

FRANÇAIS
Une obligation des parties intéressées par laquelle elles sont responsables collectivement des résultats du terme de contrat et elles doivent aussi assumer les responsabilités des personnes

ITALIANO
Il contratto sottoscritto congiuntamente da diverse persone con il quale viene assunto l'obbligo a realizzare determinati impegni anche con il venir meno del contributo di una persona

590

ENGLISH
A premium or other financial payment in addition to rent required as a pre-payment for the right to take over the lease in a property

DEUTSCH
Betrag, der zusätzlich zur Miete gezahlt werden muss, um die Mietsache tatsächlich in Besitz nehmen zu können

ESPAÑOL
Un premio o otro pago financiero además del alquiler que se debe pagar por el derecho de tomar en posesión una renta

FRANÇAIS
Une prime ou d'autre paiement qu'on dépense en sus de la somme du loyer comme paiement d'avance afin d'avoir le droit de prendre le contrat de bail d'une propriété

ITALIANO
Un pagamento aggiuntivo rispetto al canone concordato per accedere alla proprietà oggetto del contratto

591

ENGLISH
Stores introduced into a shopping centre in key positions to attract the shopping public into the centre for the purpose of encouraging other retailers to lease the other shops

DEUTSCH
Hauptmieter eines Einkaufszentrums, der sowohl Kunden, als auch weitere Einzelhändler anziehen soll

ESPAÑOL
Las tiendas en los puestos claves de un centro comercial que atráen los otros comerciantes al detalle de tomar en arriendo los puestos

FRANÇAIS
De magasins importants qui sont introduisés dans un centre commercial en vue d'attirer une clientèle et donc d'autres magasins/détaillants

ITALIANO
I negozi principali di un centro commerciale che grazie al loro nome conosciuto ed alla ottima localizzazione all'interno del centro attirano clienti a beneficio di tutto il centro commerciale

594

ENGLISH
A certificate issued by the Land registry to the owner of a parcel of land as proof of ownership and containing full details of the registered title (UK)

DEUTSCH
Für den Eigentümer vom Grundbuchamt ausgestelltes Dokument, das dessen Eigentumsrecht bestätigt

ESPAÑOL
El documento oficial para certificar la prueba de propiedad de los bienes raíces

FRANÇAIS
Un certificat publié par le "Land Registry" (le bureau de l'enregistrement de terrain) qu'on fournit au propriétaire pour faire établir un droit de propriété au domaine (la Grande Bretagne)

ITALIANO
Un certificato emesso dall'uffico del catasto che attesta la proprietà di un terreno

606

ENGLISH
A stock of land held by a builder or developer for future development

DEUTSCH
Grundstücke, die von einer Bau-oder Immobilienfirma als Kapitalanlage zwecks späterer Bebauung erworben werden

ESPAÑOL
Una reserva de terreno para urbanizar que es ritenuda por el contratista o el agrimensor

FRANÇAIS
Une réserve foncière/de terrain retenu par un entrepreneur ou promoteur de construction en vue de l'urbaniser à une date ultérieure

ITALIANO
Un insieme di terreni, normalmente nelle immediate vicinanze di un centro urbano, acquistati in previsione di operazioni immobiliari da realizzarsi nel medio-lungo periodo

610

ENGLISH
The creation of areas of gardens, planting and other features designed to make the development more attractive

DEUTSCH
Landschaftsarchitektur auf einem bereits bebauten Grundstück

ESPAÑOL
Creación de jardines, zonas verdes y otras similares diseñadas para hacer más atractivo el desarrollo

FRANÇAIS
La création de jardins etc, afin de rendre plus agréables les environs d'un projet d'urbanisation

ITALIANO
La creazione di amenità ambientali per rendere più piacevole l'ambiente di lavoro, la residenza o il commercio

616

ENGLISH
A written agreement, made according to the law, conferring rights of occupancy under specified terms

DEUTSCH
Mietvertrag mit spezifizierten Vereinbarungen

ESPAÑOL
Un contrato escrito que confirma el derecho de ocupación según ciertas condiciones

FRANÇAIS
Un accord écrit qui conforme à la loi conférant le droit de location sous des termes spécifiques

ITALIANO
Un accordo scritto che sancisce il diritto e gli oneri di una locazione

622

ENGLISH
A right to land or property by virtue of a lease usually for a specified period

DEUTSCH
Aus einem Mietvertrag abgeleitetes Besitzrecht

ESPANOL
El derecho de dominio de los bienes raíces por un período especificado en el contrato de arriendo

FRANÇAIS
Un droit de propriété qui se manifeste dans un contrat de bail pour une période spécifique

ITALIANO
Il diritto di utilizzo e di possesso di una proprietà secondo i criteri e limiti precisati nel relativo contratto scritto

623

ENGLISH
The act of a lessee in acquiring one or more superior interests, principally the freehold estate. Mainly related to residential property under the leasehold Reform Act 1967 (UK)

DEUTSCH
Erwerb des Eigentumsrechts an einer Mietsache durch den Mieter gegen Ablösung der Zinsverpflichtung. In GB hauptsächlich auf Wohnraum angewandt

ESPAÑOL
El uso del arrendatario en la adquisición de uno o más participaciones superiores, principalmente la total propiedad de solar e inmueble. El acto de Reforma de Leasehold 1967

FRANÇAIS
L'acquisition par le preneur à bail de la propriété foncière libre. D'habitude ceci est relatif à la propriété résidentielle selon la législation de 1967 et les lois de réforme qui concernent les bails GB

ITALIANO
L'acquisizione di determinati interessi da parte di un locatario; applicata soprattutto nel settore residenziale in base alla legislazione del 1967

624

ENGLISH
The capital value of a leasehold interest reflecting the difference between the rent payable and the rental value for the remaining period before the lease expires or the rent is reviewed to its full OMV

DEUTSCH
Kapitalwert eines Mietvertrages unter Berücksichtigung der Differenz zwischen erreichten und erreichbaren Mieteinkünften

ESPANOL
El valor capitalizado de un interés de arriendo que refleja la diferencia entre el alquiler pagadero y el valor en arriendo al plazo que queda antes del vencimiento del contrato o el examen del arriendo

FRANÇAIS
La valeur en capital d'un contrat de bail qui reflète la différence entre le loyer à payer et la valeur locative jusqu'à l'expiration du contrat ou bien jusqu'au moment où le loyer à payer est reconsidéré

ITALIANO
Il valore capitalizzato di una proprietà in affitto calcolato come differenza tra l'affitto rimanente fino a fine contratto e il valore locativo, nell'ipotesi di rate di affitto costanti

635

ENGLISH
The area of floorspace for which rent is calculated

DEUTSCH
Die Fläche der Bodenfläche auf welcher die Miete kalkuliert ist

ESPAÑOL
La área total del suelo que se usa para determinar el total de renta a pagar

FRANÇAIS
La surface totale d'un bâtiment à louer

ITALIANO
La superficie di una proprietà da cedere in affitto

640

ENGLISH
Rental value

DEUTSCH
Siehe "rental value"

ESPAÑOL
El valor de arriendo

FRANÇAIS
La valeur locative

ITALIANO
Il valore locativo di una proprietà

644

ENGLISH
A statutory permit granted under the terms of a lease to alter the physical state of the property or its use or occupation

DEUTSCH
Genehmigung seitens der Baubehörde an den Mieter zum Umbau bzw zur Nutzungsänderung der Mietsache

ESPAÑOL
El permiso estatutario que autoriza a alguien de cambiar el stado fisico de una propiedad en conformidad con las condiciones de un contrato

FRANÇAIS
Un permis règlementaire accordé sous les termes d'un contrat de bail, qui permet le locataire de changer la condition physique d'une propriété ou bien l'usage

ITALIANO
Una autorizzazione rilasciata dalle autorità competenti che consente di alterare l'uso o la consistenza fisica di un immobile

647

ENGLISH
The right by law to keep possession of the property belonging to a person in debt until that debt has been paid for

DEUTSCH
Recht des Gläubigers auf Zurückhaltung einer Sache bis der Schuldner die Schuld beglichen hat

ESPAÑOL
El derecho de retención de una propiedad cuando alguien no paga los débitos

FRANÇAIS
Le droit autorisant un créditeur de possèder une propriété comme paiement pour des créances irrécouvrables

ITALIANO
La possibilità legale di entrare in possesso delle proprietà reali di un debitore insolvente

657

ENGLISH
A building of special architectural or historic interest

DEUTSCH
Unter Denkmalschutz stehendes Gebäude

ESPAÑOL
Un edificio importante del punto de vista arquitectural o histórico

FRANÇAIS
Une propriété très importante du point du vue architectuel et historique

ITALIANO
Un immobile tutelato dalle competenti autorità per ragioni storico-artistiche

658

ENGLISh
Written permission granted by the local planning authority for the demolition, alteration or extension of a listed building (UK)

DEUTSCH
Baugenehmigung für unter Denkmalschutz stehende Gebäude

ESPAÑOL
Una licencia emitida de las autoridades locales que permite la demolición, reedificación o extensión de un edificio importante

FRANÇAIS
Une autorisation par les autorités locales d'urbanisme de démolir, changer, restaurer un bâtiment classé ou historique (GB)

ITALIANO
L'autorizzazione delle competenti autorità a modificare un immobile tutelato per ragioni storico-artistiche

659

ENGLISH
A company quoted on the Stock Exchange

DEUTSCH
Börsennotierte Kapitalgesellschaft

ESPAÑOL
Una sociedad cotizada en la bolsa

FRANÇAIS
Société cotée à la Bourse

ITALIANO
Una società quotata alla borsa valori

673

ENGLISH
A fund managed by a specific body on behalf of investors, each having a stake according to his contribution and where the investors have no rights of decision making in relation to the policies of the fund

DEUTSCH
Investmentfonds bei dem das Verwaltungspremium sämtliche die Anlage des Fondsvermögens betreffende Entscheidungen vornimmt

ESPAÑOL
Un fondo administrado por un grupo de personas por cuenta de los inversionistas que tiene cada uno un interés según la contribución y no tienen ningún derecho de tomar decisiones relativas a las políticas

FRANÇAIS
Un fonds dirigé par un corps de la part d'un groupe d'investisseurs dont chacun a un intérêt financier. Les investisseurs n'ont aucun droit de participer aux décisions relatives aux politiques du fonds

ITALIANO
Un fondo costituito da quote versate da diversi investitori e gestito da una impresa in forma fiduciaria

679

ENGLISH
In the hardcore method of valuation, the rate at which the top layer of income is discounted or valued

DEUTSCH
Obere Bewertungsgrenze in der Hardcore-Methode

ESPAÑOL
El típo de descuenta que se usa para descontar o valorar la prima capa del rédito

FRANÇAIS
En utilisant une certaine méthode d'évaluation, le taux qu'on utilise pour escompter ou évaluer le revenu

ITALIANO
Il rendimento marginale di una unità di investimento

685

ENGLISH
When applying for planning permission, the consideration of relevant issues by a planning committee in conjunction with the plan (UK)

DEUTSCH
Bewertung eines Bauantrags seitens der Baubehörden

ESPAÑOL
La consideración de todos las cuestiones pertinentes de la parte de las autoridades locales que regaurdan un solicitud del permiso de construir

FRANÇAIS
En Grand Bretagne, le fait de solliciter un permis de construire qui mene le comité d'urbanisation à examiner toutes les questions relatives au projet de construire

ITALIANO
In Gran Bretagna, la considerazione di tutti gli elementi fondamentali presentati in una richiesta di autorizzazione edilizia

686

ENGLISH
A development for which planning permission would be required (UK)

DEUTSCH
Bebauung, für die eine Genehmigung erforderlich ist

ESPAÑOL
En Gran Bretaña, esto es un proyecto de urbanización por lo cual es necesario obtener el permiso de construir

FRANÇAIS
Un projet d'urbanisation pour lequel il est necéssaire obtenir un permis de construire

ITALIANO
Un progetto di urbanizzazione regolarmente autorizzato dalle competenti autorità

691

ENGLISH
The difference between the rent payable and the full rental value which is lost by a landlord whilst a tenant remains in occupation after the expiry of a lease

DEUTSCH
Mietgewinn, der dem Eigentümer dadurch entgeht, dass der Mieter nach Ablauf seines Mietvertrags die Mietsache nicht herausgibt und somit eine profitablere Neuvermietung verhindert

ESPAÑOL
La diferencia entre el alquiler pagadero y el valor en renta total que pierde el propietario cuando un inquilino vive en una propiedad después de la terminación del contrato

FRANÇAIS
La différence entre la somme de loyer à payer et la valeur locative totale que le propriétaire perdra quand le locataire occupe la propriété après la date d'expiration du bail

ITALIANO
La differenza tra il canone di affitto e il valore locativo di una proprietà nel caso un locatario occupi l'immobile oltre la scadenza del contratto

702

ENGLISH
A rent for an extended lease, being the letting value of the site of a house

DEUTSCH
Auf der Basis der Grundmiete verlängerter Mietvertrag

ESPAÑOL
La suma en arriendo que se paga para un contrato prorrogado (para un período de arriendo adicional)

FRANÇAIS
Le loyer qu'on paye pour un bail prolongé qui s'élève à la valeur locative de l'emplacement de la maison

ITALIANO
Il canone di affitto di un terreno, in base ad un contratto di durata pluriennale

711

ENGLISH
A prime trading location in a shopping area at which multiple retailers are or may be represented

DEUTSCH
Erstklassige Einkaufslage, in der verschiedene Einzelhändler angesiedelt sind bzw. angesiedelt werden können

ESPANOL
Uno puesto primario comercial en un centro comercial donde pueden ser representados los comerciantes en detalle

FRANÇAIS
Un excellent emplacement dans un centre commercial pour de détaillants multiples sont représentés

ITALIANO
Una zona di vendita adatta all'attività di dettaglianti in settori commerciali diversi, all'interno di un centro commerciale

713

ENGLISH
The value of an asset which is a liability to its owner and can be disposed of only by means of a payment to the purchaser by means of a reverse premium

DEUTSCH
Höhe der Überschuldung einer Immobilie

ESPAÑOL
El valor de los bienes que representan uno riesgo para el propietario y debe pagar al comprador al fin de librarse de eso por medio de uno "premio revertible"

FRANÇAIS
La valeur d'un actif qui handicape le propriétaire et qu'on peut s'en débarrasser seulement en payant l'acheteur en offrant une prime en réversion

ITALIANO
Il valore economico negativo di un bene immobiliare. Pagamento di imposte ed altri esborsi economici superiori ai redditi generati dal beni stessi

720

ENGLISH
The original cost of an asset adjusted for depreciation and/or revaluation

DEUTSCH
An Auf- oder Abwertung angepasster ursprünglicher Wert einer Immobilie

ESPAÑOL
El costo original de los bienes que se ajusta por motivos de depreciación o revaluación

FRANÇAIS
Le coût premier d'un bien qu'on règle pour tenir compte de la dépréciation et la réévaluation

ITALIANO
Il valore netto di iscrizione in bilancio di beni immobiliari, ai fini dell'ammortamento secondo la legislazione vigente

725

ENGLISH
The capital value today of a series of future cash flows

DEUTSCH
Heutiger Kapitalwert zukünftiger Cash-Flows

ESPAÑOL
El valor capitalizado actual de una serie de ingresos futuros

FRANÇAIS
La valeur en capital actuelle d'une série de "cash-flows" futurs

ITALIANO
Il valore capitalizzato al presente di flussi di cassa futuri

727

ENGLISH
The IRR on an investment, making allowance for the annual income and for capital gain (or loss)

DEUTSCH
Interne Rendite einer Investition

ESPAÑOL
La cuota de retribución interna de una inversión que tiene en cuenta el rédito anual y la ganancia de capital

FRANÇAIS
Le taux de rendement interne d'un placement qui prend en considération le revenu annuel et plus-values en capital (ou pertes)

ITALIANO
Il rendimento di un investimento al netto delle plusvalenze del capitale

729

ENGLISH
The area in a retail store open to the public where the goods are displayed and sold

DEUTSCH
Reine Verkaufsfläche eines Ladenlokals

ESPAÑOL
El lugar donde se exponen las mercancias en las tiendas al detalle

FRANÇAIS
La superficie dans un magasin de détail ou sont exposés les marchandises à la clientèle

ITALIANO
La superficie netta utilizzata per l'esposizione e la vendita all'interno di un negozio o centro commerciale

730

ENGLISH
The resulting yield after adjusting for any outgoings or costs for which the owner is responsible

DEUTSCH
Rendite nach Abzug aller vom Eigentümer zu tragenden Kosten

ESPAÑOL
Las ganancias que resultan después del descuento para el impuesto sobre la renta y otras responsabilidades financieras del propietario

FRANÇAIS
Le revenu net après le réglement de l'impôt sur le revenu pour qui le propriétaire est responsable

ITALIANO
Il rendimento netto che si ottiene dopo aver sottratto dal rendimento lordo di un investimento le imposte, ed ogni altra spesa a carico del proprietario

731

ENGLISH
Town planned as a new settlement

DEUTSCH
Neuansiedlung

ESPAÑOL
Un pueblo nuevo

FRANÇAIS
Une ville nouvelle

ITALIANO
Una città progettata in modo unitario e costruita ex-novo, normalmente di piccole dimensioni

736

ENGLISH
The use of a property which does not conform to the allocation of the area or individual property for planning purposes

DEUTSCH
Von der zuständigen Behörde nicht genehmigte Nutzung einer Immobilie

ESPAÑOL
El uso de una propiedad que no conforme con las leyes locales de la urbanización/el desarrollo ni el uso predeterminado de la propiedad

FRANÇAIS
L'emploi/utilisation (d'une propriété) qui ne conforme pas aux exigences du permis de contruire et ni à la propriété en question

ITALIANO
L'uso di un terreno o di una proprietà in modo difforme da quanto autorizzato dalle competenti autorità

737

ENGLISH
A type of loan where the terms provide that the lender's only security is the property offered to support the loan

DEUTSCH
Eine Art Darlehens wo die Bedingungen vorsehen dass der Darlehers einzige Sicherheit die Wohnung angeboten ist, um das Darlehen zu unterstutzen

ESPAÑOL
Un típo de préstamo garantizado sólo con una propiedad/los bienes raíces

FRANÇAIS
Un emprunt uniquement garanti par l'emprunteur avec une propriété comme nantissement

ITALIANO
Un prestito concesso ad una persona su garanzia di una proprietà immobiliare

741

ENGLISH
A person with the power in law to witness the signing of written statements or contracts (mainly in continental Europe and in Scotland)

DEUTSCH
Eine Person mit der Macht unter dem Gesetz schriftliche Aussagen zu bestätigen und sie als offiziell anzuerkennen

ESPAÑOL
El escribano público con la autoridad de firmar cómo testigo los documentos legales o los contratos (principalmente en el continente europeo y en Escocia)

FRANÇAIS
Quelqu'un avec le droit légal de témoigner la signature de documents ou de contrats (particulièrement en Europe Continentale et en Ecosse)

ITALIANO
Il notaio, il cui compito è certificare l'autenticità delle firme su contratti od altri documenti legali, diffuso soprattutto nell'Europa continentale e in Scozia

753

ENGLISH
A written statement on the basis upon which one party is willing to enter into a contract but which may not be legally binding unless expressively stated to be so

DEUTSCH
Schriftliche Abgabe eines verbindlichen Angebots bei einer Ausschreibung

ESPAÑOL
Una propuesta escrita a base de lo cual una persona declara el deseo de comprometerse por contrato pero no está forzsosamente y legalmente obligatorio

FRANÇAIS
Une déclaration écrite avec laquelle une partie intéressée affirme sa disposition de passer un contrat avec quelqu'un. Cette déclaration n'est pas nécessairement légalement obligatoire

ITALIANO
Una dichiarazione scritta, non necessariamente vincolante in termini legali, che riporta l'intenzione di concludere un contratto a determinate condizioni

756

ENGLISH
The procedure for adjusting the rent payable under the terms of a lease to its full market value at a date specified in the lease

DEUTSCH
Anpassung des Mietzinses an die marktübliche Miete zu einem vertraglich vereinbarten Zeitpunkt

ESPAÑOL
El procedimiento para modificar la suma de alquiler pagadero según las condiciones del contrato al fin de obtener el valor de mercado total a una fecha especificada en el contrato

FRANÇAIS
La procédure qu'on utilise pour ajuster le loyer à payer sous les termes d'un contrat de bail, pour calculer la valeur locative totale à une date spécifiée dans le contrat

ITALIANO
La procedura per redeterminare l'ammontare dell'affitto. E' una procedura da attuarsi secondo modalità e in date previste in un contratto di locazione

757

ENGLISH
The best price which might reasonably be expected to be obtained for an interest in a property at the date of valuation making certain assumptions

DEUTSCH
Marktwert einer Immobilie

ESPAÑOL
El máximo precio que se puede obtener en la venta de una propiedad del mercado abierto en una fecha determinada

FRANÇAIS
Le prix le plus élevé qu'on peut éspèrer pour un intérêt foncier sur le marché libre au moment de l'évaluation en faisant quelques suppositions

ITALIANO
Il prezzo più elevato che si potrebbe realizzare ponendo sui mercato una proprietà alla data della valutazione

768

ENGLISH
See internal rate of return

DEUTSCH
Siehe "internal rate of return"

ESPAÑOL
Véase la cuota de retribución interna (ie internal rate of return)

FRANÇAIS
Voir taux de rendement interne

ITALIANO
Vedi tasso di rendimento interno

770

ENGLISH
An interest in registered land which is not itself registrable but is nevertheless binding upon the registered owner and any purchaser

DEUTSCH
Nicht-eintragungspflichtiges Grundstücksrecht (GB)

ESPAÑOL
Una participación/un interés propietaria que no es registrada/o pero no obstante puede ser valedero/obligatorio de la parte del propietario oficial o el comprador

FRANÇAIS
Des intérêts dans un terrain enregistré qui ne sont pas reconnu par les autorités mais qui sont tout de même obligatoires pour le propriétaire et l'acheteur

ITALIANO
Un diritto di proprietà che può essere ancora non riconosciuto ufficialmente ma che può essere invocato in ogni momento con effetto predominante sui diritti di ogni altra parte

780

ENGLISH
The rent which is currently payable under the terms of a lease or tenancy agreement

DEUTSCH
Gegenwärtiger Mietzins laut Mietvertrag

ESPAÑOL
La suma de arriendo actualmente pagadero según los términos del contrato

FRANÇAIS
Le loyer payable sous les termes d'un contrat de bail ou contrat de location

ITALIANO
Il canone di affitto pagato attualmente secondo i termini di un contratto

781

ENGLISH
A defect which is plainly visible or would be discovered by the exercise of reasonable care

DEUTSCH
Ein Fehler der deutlich sichtbar aber der mit angemessener Sorge entdeckt würde

ESPAÑOL
Un defecto/una falta evidentemente visible

FRANÇAIS
Un défaut flagrant qu'on aurait pu éviter en exercant plus grand soins

ITALIANO
Un difetto palese

782

ENGLISH
An additional rent payable by a tenant on the occasion of a stated breach of the term of the lease

DEUTSCH
Zusätzliche Zahlung zum Mietzins bei Nicht-Einhaltung einer Vertragspflicht seitens des Mieters

ESPAÑOL
Un alquiler supletorio que debe pagar el inquilino si ha violado las condiciones del contrato

FRANÇAIS
Une somme de loyer supplémentaire à payer par le locataire à l'occasion d'une rupture de contrat

ITALIANO
Una quota addizionale di affitto che un locatario deve pagare in caso di inadempienza di certe condizioni contrattuali

785

ENGLISH
A nominal rent having no relationship to rental value and usually agreed when the tenant has carried out substantial works of improvement or development at its own expense

DEUTSCH
Symbolische zu zahlende Miete ohne Bezug zum tatsächlichen Mietwert

ESPAÑOL
Una suma de alquiler que no corresponde al valor en renta. Normalmente éste es convenido cuando el inquilino emprende a hacer obras de construcción o urbanización gastandose muchos denaros

FRANÇAIS
Une somme de loyer nominale qui ne correspond pas à la valeur locative, qui est accordée quand le locataire a exercé de nombreux travaux sur la propriété

ITALIANO
Un canone di affitto pagato secondo un contratto per una proprietà che è stata successivamente oggetto di consistenti migliorie da parte dell'affittuario. Il canone di mercato sarebbe ora più elevato

790

ENGLISH
A sum of money available to be drawn upon by the employer if the contractor fails to carry out the terms of the contract

DEUTSCH
Urkunde über eine Verpflichtung, die der Verkäufer zur Erfüllung eines Kaufvertrages eingeht

ESPAÑOL
Una fianza de cumplimiento. Una suma de arriendo pagadera al propietario si el contratista no cumple las condiciones del contrato

FRANÇAIS
Une somme d'argent récuperable par le patron si l'entrepreneur ne s'acquitte pas de ses fonctions selon les termes du contrat

ITALIANO
Una somma, normalmente sotto forma di fideiussione bancaria, che diventa di proprietà del committente se un imprenditore non rispetta certi impegni contrattuali

793

ENGLISH
A use authorised by an actual grant of planning permission or under the terms of the lease

DEUTSCH
Nutzungsberechtigung durch Zustimmung der zuständigen Behörde bzw innerhalb eines Mietvertrages

ESPANOL
El uso de una propiedad permitido según las leyes de las autoridades de desarrollo/urbanización o en conformidad con las condiciones del contrato

FRANÇAIS
Un emploi/une utilisation autorisé/e par un permis de construire ou selon les termes d'un contrat de bail

ITALIANO
L'uso di un terreno o di una proprietà edilizia autorizzato dalle competenti autorità

802

ENGLISH
An appeal against a local planning authority's refusal of planning permission. It may be to a higher planning authority, the government or in certain cases to the Courts

DEUTSCH
Einspruch gegen die Verweigerung einer Baugenehmigung

ESPAÑOL
Apelar contra una decisión al tribunal que ha denegado una solicitud de licencia para construir. Es posible apelar al gobierno, o en algunos casos el tribunal supremo

FRANÇAIS
Faire opposition au jugement fait par le service de l'urbanisme, on peut appeler au bureau de planification plus important ou au cour d'appèl ou même au gouvernement

ITALIANO
Ricorso legale contro il diniego di una autorizzazione edilizia. Il ricorso è presentato alle autorità locali o ad altri organi competenti dello Stato di livello superiore

806

ENGLISH
A benefit secured for the community at the expense of a recipient of planning permission. In the UK the discretionary planning system increases the significance of planning gain

DEUTSCH
Ein Vorteil erhalten für die Gemeinschaft auf Kosten einen Empfanger der Erschliessungsgenehmigung. In GB das Ermessensplanungssystem vergrössert die Bedeutung des Planungsgewinn

ESPAÑOL
Una cosa que puede beneficiar el público y perjudicar a la persona que ha iniciado el proyecto de urbanización. En Gran Bretaña el sistema de desarrollo aumenta la importancia de este fenómeno

FRANÇAIS
Un phénomène du quel peut en profiter la communauté souvent aux frais de promoteur de construction. En Grand Bretagne, par suite de la façon qu'on autorise les permis de construire (important)

ITALIANO
Il vantaggio economico generato da una disposizione urbanistica che permette la trasformazione immobiliare di determinate zone urbane e non di altre

807

ENGLISH
The planning issues associated with a development; distinct from economic and social issues

DEUTSCH
Aspekte eines Bauvorhabens, die weder den ökonomischen noch den sozialen Bereich betreffen

ESPAÑOL
Los puntos de planificación que afectan un proyecto de urbanización además de las cuestiones sociales y económicas

FRANÇAIS
Les questions d'urbanisation relatives au projet de construction qui se distinguent des autres problèmes économiques et sociaux

ITALIANO
Il contenuto legale specifico di una attività di planificazione urbanistica

808

ENGLISH
Official permission that one must obtain before a building may be put up or changed (UK)

DEUTSCH
Behördliche Genehmigung eines Bauvorhabens (GB)

ESPAÑOL
El permiso oficial que debe de haber antes de construir o reedificar un edificio

FRANÇAIS
Le permis officiel qu'il faut obtenir avant (de) changer ou construire un immeuble

ITALIANO
L'autorizzazione rilasciata dalle competenti autorità per restaurare, ristrutturare o costruire ex-novo in una data città

811

ENGLISH
The ratio of the gross floorspace of a proposed or existing building to the site area

DEUTSCH
Verhältnis von Bruttofläche eines geplanten oder bereits bestehenden Gebäudes zur Grundstücksfläche

ESPAÑOL
La relación entre el espacio de piso total de un edificio y el sitio

FRANÇAIS
La proportion de la surface totale d'un bâtiment contre le chantier de construction

ITALIANO
La proporzione tra la superficie coperte di una costruzione e la superficie del lotto della proprietà

819

ENGLISH
A contractual right or obligation whereby one party is given the right to acquire an interest in land at an agreed price before the property is offered to others

DEUTSCH
Vorkaufsrecht für Immobilien bevor diese weiteren Interessenten angeboten werden

ESPAÑOL
El derecho o obligo contratual por lo cual uno interesado puede comprar un interés agrario a uno precio predeterminado antes de que otras personas pueden hacer una oferta

FRANÇAIS
Un droit contractuel ou une obligation par où quelqu'un a le droit d'acquérir une propriété au prix accordé avant que les autres personnes puissent avoir l'opportunité de faire une offre

ITALIANO
Il diritto o l'obbligo di acquistare certi beni immobiliari a determinati prezzi prima che i beni stessi siano offerti sul libero mercato

824

ENGLISH
A rent above the level which a property could reasonably be expected to command in the open market on normal terms

DEUTSCH
Miete über der Marktmiete

ESPAÑOL
Una suma de renta en exceso del típo que se puede normalmente esperar al marcado abierto

FRANÇAIS
Un loyer plus élevé que celui qu'on pourrait normalement demandé sur le marché libre

ITALIANO
Un canone di affitto molto più elevato di altri per proprietà comparabili offerte sul libero mercato

827

ENGLISH
The most sought after property; a type that is bid to the highest price/lowest yield

DEUTSCH
Extrem hochwertige und gefragte Immobilie

ESPAÑOL
Una propiedad generalmente muy estimada que se vende por un precio muy elevado

FRANÇAIS
Une propriété très recherchée qu'on vend à la personne la plus offrante

ITALIANO
Una proprietà immobiliare di qualità elevata e con una ottima localizzazione

829

ENGLISH
The yield on prime property or the best price that can be applied to specific categories of property

DEUTSCH
Rendite bei "prime property"

ESPAÑOL
El típo de rendimiento que produce una propiedad selecta o el precio mejor que se puede aplicar a una categoría de propiedades particular

FRANÇAIS
Le rendement rapporté d'une propriété principale ou bien le prix le plus élevé qu'on peut appliquer à des catégories foncières spécifiques

ITALIANO
Il rendimento generato da una proprietà ritenuta principale per le sue caratteristiche intrinseche e localizzative

830

ENGLISH
The selected rate of interests for ascertaining the tranches of income reserved firstly to the funding institution and secondly to the developer

DEUTSCH
Die ausgewählten Zinsfuss um die Einkommensschichten, die reserviert erstens für Fondseinleitung und zweitens für den Häusermakler festzustellen sind

ESPAÑOL
Los típos de interés que se usan al fin de determinar las proporciones de los ingresos reservados para el establecimiento de crédito y para la persona responsable del proyecto de desarrollo

FRANÇAIS
Les taux d'intérêts selectionnés en vue d'évaluer les tranches de revenu reservées pour l'institutions des fonds et pour le promoteur

ITALIANO
Il rendimento ritenuto prioritario di una proprietà immobiliare

834

ENGLISH
The direct relationship between two parties to an agreement which, for each of them, is legally enforceable notwithstanding that the party no longer occupies the property

DEUTSCH
Vertragsbeziehung zweier Parteien

ESPAÑOL
La relación directa entre las dos partes interesadas llegadas a un acuerdo obligatorio que queda legalmente obligatorio aunque uno de los interesados ya no ocupe la propiedad

FRANÇAIS
Le rapport direct entre le propriétaire et le locataire, ce contrat est légalement exécutoire quoique un des parties n'occupe plus la propriété

ITALIANO
Il rapporto tra i firmatari di un contratto che può essere invocato anche dopo il termine dell'affitto della proprietà in questione

835

ENGLISH
The relationship in tenure of landlord and tenant between the two parties, who may or may not be the original landlord or tenant

DEUTSCH
Rechtsbeziehung durch gemeinsame Rechte an Grundbesitz (GB)

ESPAÑOL
La relación de inmovilidad entre el propietario y el arrendatario

FRANÇAIS
Le système de jouissance en opération entre le propriétaire et le locataire

ITALIANO
Il rapporto del diritto di possesso tra il locatario e il proprietario

837

ENGLISH
A term often applied to the failure to meet the required standard of care owed by a professional advisor

DEUTSCH
Verletzung der Sorgfaltspflicht z.B. eines beauftragten Architekten

ESPAÑOL
Un término profesional que describe la mala conducta de un consejero profesional

FRANÇAIS
Un terme qu'on utilise quand un conseilleur professionnel ne se comporte pas de la manière requise

ITALIANO
Un comportamento scorretto in base all'etica professionale di una determinata categoria

839

ENGLISH
The difference between rent payable and the open market rental value of a property

DEUTSCH
Differenz zwischen der erreichten Miete und dem Mietwert

ESPANOL
La diferencia entre la renta que debe pagar el arrendatario al propietario y el valor en arriendo al mercado abierto de una propiedad

FRANÇAIS
La différence entre la somme du loyer à payer et la valeur locative d'une propriété au marché libre

ITALIANO
La differenza tra l'affitto stabilito in un contratto di locazione e l'affitto che la stessa proprietà potrebbe spuntare sul libero mercato

846

ENGLISH
An investment in the form of units in a property investment fund owned and managed by a life assurance company (UK)

DEUTSCH
Investition in Form von Anteilen an Immobilien im Besitz einer Lebensversicherung (GB)

ESPAÑOL
Una inversión unitaria administrada de una sociedad de seguridad de vida

FRANÇAIS
Un investissement sous forme d'un fond de placement foncier qui appartient à, et est dirigé par, une société assurance-vie (GB)

ITALIANO
Una quota di investimento in un fondo immobiliare amministrato da una apposita società, spesso collegata ad una compagnia di assicurazioni

848

ENGLISH
An organisation or part of an organisation which invests directly in property

DEUTSCH
Organisation, die direkt in Immobilien investiert

ESPAÑOL
Una organización de inversiones en los bienes raíces

FRANÇAIS
Une organisation qui fait les investissements immobiliers

ITALIANO
Un fondo di investimenti immobiliari

849

ENGLISH
A public company managed by a professional specialist team and established for the purpose of acquiring mainly shares in property companies - public or private

DEUTSCH
Eine Aktiengesellschaft, von einem spezialisierten Fachteam geleitet und gegründet wird, hauptsächlich um Aktien in öffentlichen oder privaten Wohnungsgeschäfte zu kaufen

ESPAÑOL
Una sociedad pública administrada de un grupo profesional encargado con la tárea de adquirir las acciones de sociedades propietarias (públicas y privadas)

FRANÇAIS
Une société publique dirigée par une groupe de professionnels spécialistes établie en vue d'acquérir les actions foncières

ITALIANO
Un ente per la realizzazione e gestione fiduciaria di investimenti nel settore immobiliare

852

ENGLISH
The unified management of a group of properties which are held in one ownership with the objective of obtaining the optimum return over a period of time

DEUTSCH
Verwaltung aller Immobilien eines Eigentümers durch eine Firma zur Erzielung des grösstmöglichen Profits

ESPAÑOL
La administración de un grupo de bienes raíces que pertenezcen a sólo un propietario a fin de obtener el máximo rendimiento posible dentro de un plazo

FRANÇAIS
Le fait d'un propriétaire qui s'occupe de plusieurs propriétés avec le but de gagner un taux de rendement optimum durant une période donnée

ITALIANO
La gestione di un portafoglio di proprietà immobiliari facenti capo ad un unico proprietario, con lo scopo di massimizzarne il reddito in un periodo di tempo concordato

856

ENGLISH
A unit trust having the object of investing in property whereby the unit holders or investors can sell or buy shares in the trust at price which is determined and published monthly (UK)

DEUTSCH
Eine Kapitalanlagegesellschaft mit Wohnungsinvestitutionen als Ziel

ESPAÑOL
Un fideicomiso unitario que se ocupa de la compra de inversiones agrarias por lo cual los inversionistas pueden comprar y vender las acciones del fideicomiso a un precio predeterminado, públicado cada mes

FRANÇAIS
Un fond commun de placement à fin d'acquérir de placements fonciers par où les actionnaires ou investisseurs peuvent vendre ou acheter des actions du fonds au prix déterminé qui est publié chaque mois

ITALIANO
Una società fiduciaria, finalizzata agli investimenti immobiliari, le cui azioni possono essere acquistate e vendute secondo quotazioni rese note mensilmente

859

ENGLISH
A limited company whose shares are available for trading by the public and usually quoted on the Stock Exchange

DEUTSCH
Aktiengesellschaft, deren Aktien an der Börse gehandelt werden

ESPAÑOL
Sociedad limitada cuya acciones pueden ser negociadas por el público y suelen cotizar en Bolsa

FRANÇAIS
Une société anonyme dont les actions sont cotées à la Bourse et le public peut négocier les actions

ITALIANO
Una società quotata in borsa le cui azioni possono essere acquistate da chiunque

866

ENGLISH
An obligation or restriction usually contained within a lease which is subject to further or additional conditions

DEUTSCH
Verpflichtung oder Einschränkung in einem Mietvertrag

ESPAÑOL
Una restrición o una responsibilidad specificada en el contrato que está propenso a otras condiciones adicionales

FRANÇAIS
Une obligation ou restriction dans un contrat de bail sous réserve d'autres conditions supplémentaires

ITALIANO
Una clausola di un contratto che può imporre restrizioni o obblighi particolari ad uno o a tutti i contraenti

---

867

ENGLISH
In registered land, a title subject to some qualification or exception stated in the register (UK)

DEUTSCH
Eigentumsrecht an einem Grundstück, das bestimmten im "Land Register" eingetragenen Beschränkungen unterliegt (GB)

ESPAÑOL
Un título de propiedad registrado oficialmente que está propenso a ciertes condiciones

FRANÇAIS
En parlant d'un droit foncier enregistré, un droit sous réserve de quelques conditions ou exceptions (GB)

ITALIANO
Un titolo di proprietà di un bene immobiliare soggetto a determinati vincoli o restrizioni specificati nel registro delle proprietà

869

ENGLISH
A day which officially begins a 3-month period of the year on which payments especially of rent are made. In England and Wales 25 Dec, 25 March, 24 June, 29 Sept; in Scotland 1 Jan, 1 April, 1 July, 1 Oct

DEUTSCH
Tag, an dem die Quartale des Geschäftsjahres beginnen

ESPAÑOL
Los días de paga del arriendo trimestral: en Inglaterra y Gales están el 25 diciembre, 25 marzo, 24 junio, 29 septiembre y en Escocia el 1 enero, 1 abril, 1 julio, 1 octubre

FRANÇAIS
Le jour de commencement d'une période de trois mois quand il faut payer les loyers non encores réglés (En Angleterre et le pays de Galles: 25 Déc etc; En Ecosse: 1 Janvier etc)

ITALIANO
Il primo giorno di un trimestre per il quale si deve pagare in anticipo un canone di affitto. In Inghilterra e Galles: 25 Dicembre, 25 Marzo, 24 Giugno, 29 Sett. In Scozia: 1 Genn, 1 Aprile, 1 Giug, 1 Ot

871

ENGLISH
The maximum rent that can be obtained from a property

DEUTSCH
Maximal zu erreichender Mietzins

ESPAÑOL
El alquiler máximo que se puede obtener de una propiedad

FRANÇAIS
Un loyer qui représente la valeur locative totale d'une propriété sous de termes et conditions spécifiques

ITALIANO
Il massimo canone di affitto che si può richiedere per una proprietà

883

ENGLISH
A clause in the lease which imposes an obligation to rebuild the demised premises in certain circumstances or allows the freeholders to terminate the lease for the purposes of rebuilding

DEUTSCH
Klausel im Mietvertrag zur Renovierung der Mietsache

ESPAÑOL
Una claúsula inclusa en el contrato que impone la estipulación de reconstruir los edificios arrendados en ciertos casos o permite los propietarios de terminar un contrato a fin de reconstruir

FRANÇAIS
Une stipulation dans un droit de bail qui oblige le locataire de restaurer la propriété, ou une condition qui permet les propriétaires fonciers de dénocer un contrat de bail afin de pouvoir la reconstruire

ITALIANO
Una clausola del contratto di affitto che impone in certe circostanze ai locatari di ripristinare o ricostruire i locali, pena la disdetta unilaterale del contratto da parte del proprietario

891

ENGLISH
The IRR on an investment, making allowance for the annual income and for capital gain (or loss)

DEUTSCH
Der interne Zinsfuss auf einen Investitution, mit Berücksicht auf die jährliche Einkommen und auf den Kapitalgewinn, oder Verlust

ESPAÑOL
La cuota de retribución de una inversión que tiene en cuenta la renta anual y las utilidades por venta de los bienes y las perdidas por venta de bienes

FRANÇAIS
Le taux de rendement interne d'un investissement qui tient compte du revenu annuel et les plus-values

ITALIANO
Il rendimento di un investimento al netto della plusvalenza o minusvalenza realizzata sulla quota capitale

893

ENGLISH
A clause in a lease providing for the redevelopment of the property by one or more of the parties at or after a given date or dates

DEUTSCH
Klausel im Mietvertrag zur Sanierung der Mietsache

ESPAÑOL
Una claúsula en el contrato de arriendo que tiene en cuenta la reconstrucción del edificio a la fecha determinada de la parte de uno de los interesados

FRANÇAIS
Une clause dans un contrat de bail qui stipule la restauration de la propriété par un des intéressés

ITALIANO
Una clausola del contratto di locazione che permette il restauro completo di una proprietà in determinate circostanze, a cura e spese del proprietario o dell'affittuario

895

ENGLISH
The title to which land has been registered at the Land Registry (UK) under the Land Registration Act 1925

DEUTSCH
Im Grundbuch eingetragenes Grundstück

ESPAÑOL
Un título de propiedad que esta registrado en la oficina de la propiedad gubernamental (en Inglaterra, en conformidad con el decreto de 1925 relativo al registro de bienes raíces)

FRANÇAIS
Un droit foncier qui a été enregistré au bureau de enregistrement (Land Register) (GB) selon la législation relative à l'enregistrement foncier de 1925

ITALIANO
Un terreno registrato al catasto fondiario, in Gran Bretagna secondo la legislazione del 1925 relativa al registro delle proprietà fondiaria

896

ENGLISH
A tenancy of residential property under the Rent Act 1965 (UK)

DEUTSCH
Ein Mietvertrag über Wohnraum gemäss "Rent Act 1965" (GB)

ESPAÑOL
Inquilinato de propiedades residenciales bajo el Acto de Arrendamiento 1965

FRANÇAIS
La location d'une propriété résidentielle selon la loi de 1965 (GB)

ITALIANO
La locazione di una proprietà con un contratto avente clausole particolari

901

ENGLISH
An accumulation of periodic payments into a fund in order to meet future liabilities

DEUTSCH
Regelmässige Einzahlungen in einer Fonds, um zukünftigen Verpflichtungen nachkommen zu können

ESPAÑOL
La acumulación de pagos periódicos en un fondo al fin de poder superar las dificultades financieras del futuro

FRANÇAIS
La cumulation de paiements périodiques dans un fond en vue des dettes à l'avenir

ITALIANO
Un fondo di ammortamento al fine di rinnovare completamente una proprietà

905

ENGLISH
A provision in a lease which allows the tenant to cease paying rent during a specific period and for specified reasons

DEUTSCH
Klausel im Mietvertrag, gemäss derer es dem Mieter gestattet ist unter bestimmten Voraussetzungen den Mietzins nicht zu entrichten

ESPAÑOL
Una claúsula del contrato que permite la cessión del pago de arriendo durante un tiempo determinado

FRANÇAIS
La clause dans un contrat de bail qui permet le locataire de suspendre le paiement du loyer durant une période spécifique pour des raison préconisées

ITALIANO
Una clausola che consente al locatario di astenersi dal pagare l'affitto in determinate circostanze

908

ENGLISH
A provision in a lease whereby the amount of the rent is to be reconsidered at stated intervals

DEUTSCH
Vertraglich vereinbarte, regelmässige Neufestlegung der Miethöhe

ESPAÑOL
Una estipulación en el contrato que permite la revisión de la suma de renta a pagar a ciertos intérvalos

FRANÇAIS
Une clause dans le contrat de bail qui certifie la révision de la somme de loyer payable aux intervalles mentionées dans le contrat

ITALIANO
La periodica revisione dell'ammontare del canone di affitto secondo quanto previsto dal contratto di locazione

909

ENGLISH
The total rental income of all properties owned by a particular investor

DEUTSCH
Gesamtmieteinkünfte eines Investors

ESPAÑOL
Los ingresos de renta total de todas las propiedades poseidas por un propietario/inversionista

FRANÇAIS
Le revenu locatif total pour toutes les propriétés qui appartienent au investisseur particulier

ITALIANO
Il registro dell'insieme dei contratti di locazione facenti capo ad uno stesso proprietario, con l'indicazione del nominativi dei locatari e dei canoni versati

911

ENGLISH
The rent that a property might reasonably be expected to command in the open market at a given time, subject to the terms of the relevant lease

DEUTSCH
Mietwert einer Immobilie auf dem freien Markt

ESPAÑOL
Renta que generalmente una propiedad que debería razonablemente ser esperada en base al libre mercado en un momento dado y sujeto a los términos del contrato de arriendo correspondiente

FRANÇAIS
Le loyer le plus élevé sur le marché libre qu'on peut atteindre pour une propriété à conditions stipulées dans un bail

ITALIANO
Il canone di affitto che una proprietà può spuntare sul libero mercato in base ai termini previsti in un contratto

914

ENGLISH
An accumulation of periodic payments into a fund in order to meet future liabilities (sinking fund)

DEUTSCH
Eine Ansammlung periodischer Bezahlungen an einem Fonds für zukünftigen Verpflichtungen (siehe "renewal fund")

ESPAÑOL
Acumulación de pagos periódicos a un fondo para cubrir futuras responsabilidades

FRANÇAIS
L'accumulation de paiements périodiques en vue de rembourser les dettes à l'avenir (fonds d'amortissement)

ITALIANO
Un fondo di riserva alimentato da versamenti periodici in vista di esborsi futuri

917

ENGLISH
In valuation of development proposals it is the value of the completed development minus the total costs of development and finance

DEUTSCH
Bewertung eines Bauvorhabens durch Berechnung der Differenz von Wert der fertigen Immobilie und Kosten der Bebauung

ESPAÑOL
El valor residual de un proyecto de urbanización después del descuento de todos los gastos incurridos por la construcción y la financiación

FRANÇAIS
En ce qui concerne l'évaluation des propositions d'urbanisation, ceci est la valeur totale du projet une fois qu'il est fini, moins tous les frais financiers et les frais de construction

ITALIANO
Il valore residuo di un progetto, dedotti dal suo valore globale tutti i costi compreso gli oneri di finanziamento

927

ENGLISH
A single-level retail store selling non-food goods with at least 1,000 square metres gross floorspace with substantial car parking facilities usually situated in an out of town location

DEUTSCH
Einzelhandelsgeschäft für nicht-verderbliche Waren mit mindestens 1.000 Quadratmeter Grundfläche

ESPAÑOL
Una tienda al detalle donde se vende las mercaderias. La tienda mide más de 1.000 metros cuadrados con la facilidad de estacionamiento. Normalmente esta situado afueras de la ciudad

FRANÇAIS
Un magasin de détail avec une surface de plus de 1.000 mètres carrés et un parking qui vend les marchandises (non-alimentaires) d'habitude il est situé aux faubourgs de la ville

ITALIANO
Un magazzino di almeno 1,000 m q, normalmente di un solo piano e con adequato parcheggio, che vende al dettaglio prodotti non alimentari

929

ENGLISH
An agent instructed to represent his principal in selling, letting or seeking property

DEUTSCH
Beauftragter Makler für Ankauf, Verkauf und Vermietung von Immobilien

ESPAÑOL
Un agente encargado de la tárea de comprar, vender y arrendar los bienes raíces por cuenta del suyo principal

FRANÇAIS
Un agent (immobilier) chargé de la tâche de vendre, louer ou chercher une propriété

ITALIANO
Un agente immobiliare con il mandato di vendere, acquistare o locare una proprietà

933

ENGLISH
The capital sum payable by a tenant to a new tenant for taking on the responsibility when the rent payable is higher than the rental value

DEUTSCH
Der Prämie, den von einem Mieter an einem neuen Mieter zu zahlen ist, wann der neue Mieter die Verantwortung für eine höhere laufende Miete als die Marktmiete übernimmt

ESPAÑOL
Suma de capital a pagar por un inquilino a un nuevo inquilino por tomar la responsabilidad cuando la renta a pagar es mayor que el valor del alquiler

FRANÇAIS
Le montant en capital payable au nouveau locataire quand la somme du loyer dépasse la valeur locative

ITALIANO
Il rendimento di cui beneficia un proprietario intestatario di una proprietà reversibile

934

ENGLISH
The difference between the yield on prime property and long dated fixed interest government securities (gilts) or the cost of financing the project

DEUTSCH
Differenz von Rendite bei "prime property" und Zinsgewinn aus Regierungsanleihen bzw Kosten des Bauvorhabens

ESPAÑOL
La diferencia entre el rendimiento sobre una propiedad primaria y los gastos contraidos para financiar el proyecto

FRANÇAIS
La différence entre le rendement d'une propriété principale et les frais nécessaires pour financier le projet

ITALIANO
La differenza tra il reddito prodotto da una proprietà primaria e il totale dei costi e spese per finanziare il progetto

935

ENGLISH
The interest of a freeholder in a property when the lease comes to an end

DEUTSCH
Recht des Grundeigentümers, der ein minderes Recht an seinem Eigentum eingeräumt hat, auf den Rückfall des vollen Eigentumsrechts nach Erlöschen des minderen Rechts

ESPAÑOL
El rédito que recibe el posedor de feudo franco a fines del contrato de arrendamiento

FRANÇAIS
L'intérêt reçu par le propriétaire foncier (sans obligation) à la fin du contrat

ITALIANO
La possibilità di esercitare da parte del locatario il diritto di proprietà in futuro, al termine del contratto di locazione

937

ENGLISH
An investment, where a substantial part of the capital value is attributable to the prospect of a future increase in rent

DEUTSCH
Investition, bei der ein substantieller Teil des Kapitalwerts der Aussicht auf eine zukünftige Mietsteigerung zurechenbar ist

ESPAÑOL
Una inversión con la cual el valor capitalizado depende de un aumento reversionario futuro en el arriendo

FRANÇAIS
La valeur en capital d'un placement qui est lié à l'augmentation future d'un loyer

ITALIANO
Un investimento in una immobile il cui titolo di proprietà è soggetto a trasferimento al termine del contratto di locazione

938

ENGLISH
The income on reversion from a property expressed as a percentage of the purchase price

DEUTSCH
Gewinn aus der Reversion des Eigentums ausgedrückt in Prozent des Kaufpreises

ESPAÑOL
La renta de transferencia de una propiedad que se exprime cómo un porcentaje del precio de compra

FRANÇAIS
Le revenu d'une propriété exprimé comme un pourcentage du prix d'achat

ITALIANO
Il rendimento globale di una proprietà immobiliare reversibile

939

ENGLISH
In a valuation for a term and reversion, the discount rate applied to the reversionary income

DEUTSCH
Diskontsatz, der auf Einkünfte aus Reversion angewandt wird

ESPANOL
A fin de valorar la renta de término y reversión, este representa el típo que se aplica a la renta recuperable

FRANÇAIS
Le taux d'escompte qu'on applique au revenu de reversion (un terme utilisé en parlant d'évaluation)

ITALIANO
Il tasso di rendimento di una proprietà immobiliare reversibile

940

ENGLISH
An order to cancel a planning permission (UK)

DEUTSCH
Anweisung zur Rücknahme einer Baugenehmigung

ESPAÑOL
Un orden de anular una licencia de construir

FRANÇAIS
L'annulation d'un permis de construire (la Grande Bretagne)

ITALIANO
La revoca da parte delle competenti autorità di un permesso precedentemente accordato

943

ENGLISH
A rent which will increase by predetermined amounts at given times during the term of the lease

DEUTSCH
Mietzins, der sich während der Laufzeit des Mietvertrages zu bestimmten Zeitpunkten erhöht

ESPAÑOL
Una suma de renta destinada a aumentar en intérvalos determinados según las condiciones del contrato

FRANÇAIS
Un loyer qui augmentera en sommes déterminés dans le contrat de bail à des périodes données

ITALIANO
La somma del canone di affitto e degli aumenti predeterminati in un contratto di locazione

945

ENGLISH
Interest, which is not paid at customary intervals but instead is added to the principal amount of a loan as it accrues

DEUTSCH
Zinsen, die nicht in bestimmten Abständen gezahlt werden, sondern der Gesamtdarlehenssumme hinzugefügt werden

ESPAÑOL
El interés de un préstamo que no se paga en intérvalos pero que se acrecenta con la suma del préstamo a reemborsar

FRANÇAIS
Un intérêt qui n'est pas depensé à des intervalles habituels mais plútôt est ajouté à l'emprunt principal pendant qu'il court (s'accroit)

ITALIANO
La parte di interessi passivi che vengono calcolati in incremento della quota capitale di un prestito anzichè essere rimborsati periodicamente

---

950

ENGLISH
An arrangement whereby a freeholder or a lessee sells his interest in a property for an agreed sum and takes back a lease on the whole or part of the property from the purchaser

DEUTSCH
Abmachung, laut derer der Eigentümer sein Eigentum verkauft, um es vom Käufer zu mieten

ESPAÑOL
Un acuerdo por medio de lo cual un propietario o un arrendatario vende el derecho de propiedad y despúes la recompra del comprador

FRANÇAIS
Le fait d'un propriétaire ou un locataire qui vend son intérêt financier pour une somme accordée et reprend le contrat de bail d'une propriété de l'acheteur

ITALIANO
Un accordo che prevede la vendita di un bene immobiliare ad un prezzo concordato, e l'immediato affitto della stessa proprietà a condizioni prefissate nel medesimo contratto

---

955

ENGLISH
A statement describing the physical state of a building

DEUTSCH
Beschreibung des Zustands, in dem sich ein Gebäude zum augenblicklichen Zeitpunkt befindet

ESPAÑOL
Un documento que describe la condición física de un edificio

FRANÇAIS
Une déclaration qui décrit la condition physique d'un bâtiment

ITALIANO
Un rapporto che indica in dettaglio le condizioni fisiche di un immobile

957

ENGLISH
A monument which is included in a schedule of historic monuments (UK)

DEUTSCH
Ein Denkmal aufgenommen auf eine Liste historischer Denkmale (siehe "listed building")

ESPAÑOL
Un edificio tabulado en la lista oficial de monumentos históricos

FRANÇAIS
Un monument qui fait partie de la liste de monuments historiques/classes (GB)

ITALIANO
Un immobile inserito nella lista degli edifici tutelati per ragioni storico-artistiche

958

ENGLISH
A commercial development related to the intellectual or scientific capability of a related university or centre of excellence

DEUTSCH
Bauvorhaben, normalerweise in Universitätsnähe, das auf die speziellen Bedürfnisse von Technologieforschung und Wissenschaft abgestimmt ist

ESPAÑOL
Un proyecto de construcción industrial bien adaptado a los requisitos de la industria de tecnología

FRANÇAIS
Un projet d'urbanisation commercial qui est lié au potentiel intellectuel et scientifique d'une université ou d'un collège

ITALIANO
Un insediamento di istituzioni scientifiche private e pubbliche orientate alla produzione di innovazioni e collegate con università e centri di eccellenza

959

ENGLISH
A written offer to buy or lease a property, the contents of which remain unknown to the vendor until an agreed appointed date and time

DEUTSCH
Versiegeltes Angebot bei einer Ausschreibung, das zusammen mit anderen Angeboten zu einem bestimmten Zeitpunkt geöffnet wird

ESPAÑOL
Las proposiciones en pliegos cerrados que se abren todas en lo mismo momento

FRANÇAIS
Une offre sécrète qu'on ne dévoile pas au vendeur qu'au moment prédéterminé à une date particulière

ITALIANO
Una offerta scritta, presentata in busta chiusa in vista di un'asta, indicante un prezzo di acquisto o di affitto di una proprietà

969

ENGLISH
An evaluation of the risks of an investment by assessing its profitability as each variable is changed

DEUTSCH
Abwägung des Risikofaktors einer Investition bei Veränderung jeder Variablen

ESPAÑOL
La evaluación de todos los riesgos de una inversión que se hace en la tasación de la productividad cada vez que cambia una variable

FRANÇAIS
L'évaluation des risques d'un placement/investissement en examinant le bénéfice chaque fois qui changent un variant

ITALIANO
L'analisi delle variazioni del profitto di una operazione immobiliare al variare di certi fattori. Indica il grado di rischio di un investimento immobiliare

970

ENGLISH
A charge payable by a tenant, in addition to rent in order to enable the landlord to recover the costs of repairing, maintaining, insuring and managing the property where it is multiple occupation

DEUTSCH
Zusätzlich zum Mietzins erhobene Gebühr zur Abdeckung der dem Eigentümer entstehenden Kosten z.B. für Instandhaltung des Gebäudes

ESPAÑOL
Uno cargo además del alquiler que debe pagar el arrendatario al fin de que el propietario puede cobrar los gastos de reparación, conservación y aseguración con una propiedad multi-ocupada

FRANÇAIS
Une somme d'argent payable par le locateur pour un service particulier rendu par le propriétaire

ITALIANO
Una somma pagata dal locatario al proprietario a copertura delle spese di conduzione e manutenzione ordinaria di una proprietà

971

ENGLISH
Suites of offices or rooms where the landlord provides a range of services within the individual demised premises

DEUTSCH
Büros oder Wohnungen, bei denen Serviceleistungen im Mietvertrag enthalten sind

ESPAÑOL
Las oficinas con las facilidades que el arrendatario es permitido de usar

FRANÇAIS
Des appartements (résidentiels ou commercials) qui sont équipés d'une gamme de services

ITALIANO
Locali dati in affitto e dotati di servizi che consentono il miglior utilizzo della proprietà

976

ENGLISH
A method of constructing a building whereby the developer completes the structure but leaves considerable work to be carried out by the tenant before it can be occupied and used

DEUTSCH
Bauvorhaben, bei dem der Bauherr die Basiskonstruktion durchführt und der Mieter für die Fertigstellung verantwortlich ist

ESPAÑOL
Un método de construir un edificio por lo cual el promotor construye la estructura pero el inquilino debe completar el proyecto antes de vivir en la propiedad

FRANÇAIS
Une méthode de construire un bâtiment dont l'entrepreneur construit uniquement la carcasse

ITALIANO
Un modo di costruzione nel quale l'impresa fornisce l'immobile al grezzo e l'utilizzatore finale si fa carico della realizzazione delle finiture

978

ENGLISH
A development of a number of individual shops or stores either in a town centre or in an out of town location

DEUTSCH
Zusammenschluss verschiedener Geschäfte unter einem Dach

ESPAÑOL
Conjunto de tiendas individuales en un centro dentro o fuera del casco urbano

FRANÇAIS
Le développement de nombreux magasins individuels soit au centre ville soit au faubourgs d'une ville

ITALIANO
Un insieme di attività commerciali al dettaglio, riunite in un unico centro commerciale, di solito localizzato nel centro città o nell'immediata periferia urbana

980

ENGLISH
A financial term usually meaning less than one year (UK)

DEUTSCH
Finanzjargon: weniger als ein year (GB)

ESPAÑOL
Un significado financiera que describe un período de menos de un año

FRANÇAIS
Un terme financier qui représente une période moins de 12 mois

ITALIANO
Una scadenza finanziaria a breve termine, non più di 12 mesi

983

ENGLISH
An amount of money left than the expected amount

DEUTSCH
Differenz zwischen vorhandenem und benötigem bzw erhofftem Betrag

ESPAÑOL
Una suma de denaro que no corresponde con la cantidad necesaria

FRANÇAIS
Un montant insuffisant

ITALIANO
Un deficit finanziario rispetto a certe previsioni

986

ENGLISH
A method of valuing terminable income flows, calculated on the basis that the remunerative and accumulative rates of interest are identical

DEUTSCH
Bewertungsmethode für Einkünfte auf der Basis dessen kalkuliert, dass der remunerative sowie der akkumulative Zinssatz identisch sind

ESPAÑOL
El método en la avaluación de los flujos de ingresos con el cual se supone que los típos de interés cumulativo y remunerativo sean identicos

FRANÇAIS
Une méthode d'évaluer les entrées financières en supposant que les taux d'intérêt cumulatifs et rémunérateurs soient identique

ITALIANO
Un metodo di valutazione dei flussi di reddito utilizzando un solo tasso di riferimento

991

ENGLISH
The proportion of a site covered by buildings or structures

DEUTSCH
Bebaute Fläche eines Grundstücks

ESPAÑOL
La relación entre los edificios y el terreno de los bienes raíces

FRANÇAIS
La proportion du chantier déjà aménagée

ITALIANO
La proporzione tra l'area coperta e l'area complessiva di un progetto immobiliare

999

ENGLISH
A lawyer who gives advice, appears in lower courts, and prepares for a barrister to argue in a high court (UK)

DEUTSCH
Rechtsanwalt mit ausschliesslich beratender Funktion

ESPAÑOL
Un típo de abogado que da el consejo, representa las personas en el tribunal y ayuda al abogado en la corte superior

FRANÇAIS
Celui qui donne des conseils, et fait les préparations pour l'avocat qui comparait devant le tribunal (GB)

ITALIANO
Procuratore legale

1001

ENGLISH
A purchaser who has a particular reason for acquiring an interest in a property because of his own special circumstances

DEUTSCH
Immobilienkäufer, der ein besonderes, persönliches Interesse am Kauf hat

ESPANOL
Un comprador que se interesa en una propiedad por las razones especiales

FRANÇAIS
Un acheteur qui a causé de ses circonstances particulières, s'intéresse spécialement à une propriété

ITALIANO
Un acquirente intenzionato ad acquistare una data proprietà per motivi specifici

1007

ENGLISH
A development project which is commenced in the anticipation that a tenant or purchaser will be found once the project has been completed

DEUTSCH
Bauvorhaben, das in der Annahme eines zukünftigen Verkaufs bzw einer Vermietung begonnen wird

ESPAÑOL
Un proyecto de urbanización que se hace esperando contrar un inquilino o comprador

FRANÇAIS
La construction d'un bâtiment sans savoir si quelqu'un s'intéressera à l'acheter

ITALIANO
Un progetto immobiliare che viene iniziato da un promotore per acquirenti o affittuari da identificare nel corso del progetto

1008

ENGLISH
Finance provided for a speculative development whereby the capital and interest payments are frequently guaranteed by the developer

DEUTSCH
Finanzierung eines "speculative development", meist durch den Bauträger

ESPAÑOL
El capital usado para un proyecto urbano especulativo por lo cual muchas veces el promotor paga el capital y los gastos por interés

FRANÇAIS
Le financement d'un projet d'urbanisation ou on court le risque de ne pas trouver des acheteurs

ITALIANO
Il finanziamento di un progetto immobiliare di speculazione, nel quale il promotore garantisce il rimborso a determinate condizioni entro un periodo concordato

1009

ENGLISH
An investment made in the hope of achieving a greater profit or return than can be established by existing known facts and values

DEUTSCH
Investition in der Hoffnung auf zukünftigen Profit

ESPAÑOL
Una inversión aventurada que se hace esperando ganar un rédito más importante de que parece posible según los hechos y los valores actuales

FRANÇAIS
Un placement fait selon les théories de raisonnement et non pas selon d'information réele

ITALIANO
L'investimento in attività speculative, mirato ad ottenere un ritorno più elevato di quello corrente

1015

ENGLISH
A fixed tax chargeable on the value of a transaction

DEUTSCH
An den Staat zu zahlende Steuer bei bestimmten Transaktionen, z.B. Immobilienkäufen

ESPAÑOL
Un impuesto fijado y pagadero relativo del valor de la transacción

FRANÇAIS
Un impôt fixe qu'on demande à l'exécution de tous documents se rapportants à des opérations particulières

ITALIANO
Un'imposta sulla registrazione di un trasferimento di un titolo di proprietà, commisurata al valore della proprietà

1016

ENGLISH
At a particular time, the most commonly demanded size for a retail outlet. Exact size varies from country to country and from city to city

DEUTSCH
Die zu einem bestimmten Zeitpunkt meistgefragte Grösse für Ladenlokale

ESPAÑOL
En una fecha determinada, las dimensiones más populares por las tiendas al detalle. Las dimensiones cambian de país en país y también de ciudad a ciudad

FRANÇAIS
Les dimensions des points de vente les plus demandées

ITALIANO
Le dimensioni medie di un negozio, in una città data e in periodo specificato

1020

ENGLISH
Aspects of legislation which are issued from time to time under the provisions of major legislation (UK)

DEUTSCH
Amtliche Anordnung, die nach parlamentarischer Ermächtigung erlassen wird

ESPAÑOL
Los aspectos de legislación que están públicados de tiempo en tiempo según las estipulaciones del decreto importante

FRANÇAIS
Une forme de législation qui présente de l'information qui peut se changer de temps en temps

ITALIANO
Una normativa di attuazione di una legge principale già emanata

1021

ENGLISH
Bodies authorised by statute to carry on operations under government powers (UK)

DEUTSCH
Unternehmen, die aufgrund gesetzlicher Zuweisung öffentliche Aufgaben wahrnehmen

ESPANOL
Los grupos autorizados del estatuto de emprender las empresas según el autoridad del Estado

FRANÇAIS
Les corps qui ont l'autorité selon la loi d'entreprendre des affaires qui sont habituellement défensés (la Grande Bretagne)

ITALIANO
I soggetti legalmente autorizzati a realizzare determinate attività specificate dalla normativa di attuazione di una legge

1025

ENGLISH
The place where stocks and shares are traded

DEUTSCH
Handelsplatz für Wertpapiere

ESPAÑOL
El lugar donde se negocia las acciones

FRANÇAIS
L'endoit ou se vendent et on achète les valeurs mobilières et titres

ITALIANO
Il luogo dove si comprano e vendono i titoli azionari ed obbligazionari

1028

ENGLISH
Depreciation calculated as a fixed percentage of the original value which produces a straight line when plotted as a graph

DEUTSCH
Zu einem festgesetzten Zinssatz kalkulierte Abschreibung

ESPAÑOL
La tasa de depreciación que se calcula como un porcentaje fijado del valor original y el cual es representado en una línea recta

FRANÇAIS
La dépréciation calculée comme une pourcentage fixe de la valeur initiale. Ceci produit une ligne constante sur le graphique

ITALIANO
Il metodo dell'ammortamento lineare, calcolato come percentuale fissa dei valori iscritti inizialmente in bilancio

1034

ENGLISH
A written statement of the county planning authority's policy and proposals for land and development of their area (see I-3)

DEUTSCH
Schriftliche Darlegung der örtlichen Baubehörde bezüglich der Flächennutzung

ESPAÑOL
Un documento escrito que detalla las políticas y las propuestas de las autoridades respecto de la urbanización de una zona particular

FRANÇAIS
Un document qui appartient aux autorités locales concernant les projets d'urbanisations/d'aménagements dans la région

ITALIANO
Una dichiarazione scritta della politica urbanistica di una città per quanto riguarda la valorizzazione di terreno

1039

ENGLISH
An agreement by which someone who rents property from its owner, himself rents all or part of that property to someone else

DEUTSCH
Teilweise Untervermietung einer Wohnung durch den Mieter

ESPAÑOL
Un acuerdo por lo cual un inquilino subarrenda la propiedad a algún otro

FRANÇAIS
La sous-location d'une propriété par le locataire à un autre

ITALIANO
Un accordo, previsto nel contratto di locazione, che consente al locatario di subaffittare la proprietà

1055

ENGLISH
A person whose job is to assess the physical and value aspects of land and buildings

DEUTSCH
Gutachter für Grundstücke und Gebäude

ESPAÑOL
Persona cuyo trabajo consiste en asesorar en las materias físicas y de valor de solares y edificios

FRANÇAIS
Quelqu'un chargé de calculer (évaluer) la valeur et la condition physique de biens immobiliers

ITALIANO
Un tecnico la cui professione consiste nel rilevare le dimensioni fisiche delle proprietà e nello stimare il loro valore di mercato

1058

ENGLISH
Long term financing obtained to replace a short term loan

DEUTSCH
Erhalt einer Langzeitfinanzierung als Ersatz für kurzfristige Darlehen

ESPAÑOL
Un préstamo a largo plazo que substituye un préstamo a corto plazo

FRANÇAIS
Un emprunt à long terme qu'on obtient afin de remplacer un emprunt à bref terme

ITALIANO
Un prestito a lungo termine che rimpiazza un prestito a breve termine

1059

ENGLISH
The redemption yield which is considered to be an appropriate objective for a specific project

DEUTSCH
Der Abzahlungsprofit betrachtet als passendes Ziel für ein bestimmtes Projekt

ESPAÑOL
El rendimiento de rescate considerado apropiado para un proyecto particular

FRANÇAIS
Le rendement sur remboursement considéré souhaitable pour un projet

ITALIANO
Il rendimento atteso dal rimborso anticipato di obbligazioni o dalla restituzione di un prestito per un progetto immobiliare

1062

ENGLISH
The value assessed for tax purposes, particularly the UK property tax

DEUTSCH
Wertbestimmung als Grundlage für die Resteuerung

ESPAÑOL
El valor estimado de una propiedad a fin de fijar los impuestos sobre bienes

FRANÇAIS
La valeur estimée pour raisons de taxation (l'impôt foncier à Grand Bretagne)

ITALIANO
Il valore di una proprietà immobiliare a fini fiscali

1065

ENGLISH
Commonly a lease for 3 years or less, not under seal

DEUTSCH
Auf bis zu drei Jahre befristeter Mietvertrag

ESPAÑOL
Normalmente un contrato de arriendo de 3 años al máximo que no esta sellado

FRANÇAIS
Un contrat de bail qui dure 3 ans (ou moins de 3 ans)

ITALIANO
Un contratto di affitto che dura al massimo tre anni

1073

ENGLISH
A traditional method of valuing a freehold or other superior interest in property which is subject to a lease to reflect existing and future income flows

DEUTSCH
Traditionelle Bewertungsmethode für Eigentumsrechte an vermieteten Immobilien unter Bezugnahme auf bestehende und zukünftige Einnahmen

ESPAÑOL
Un método tradicional para valorar un interés de propiedad que esta sujeto a un contrato que refleja los ingresos actuales y futuros

FRANÇAIS
La méthode traditionnelle pour évaluer une propriété foncière libre à condition à un contrat de bail

ITALIANO
Un metodo per stimare il valore di una proprietà immobiliare ceduta in affitto, considerando i flussi di cassa attuali e futuri

1079

ENGLISH
The doctrine whereby a contract or term of a contract is enforceable only if the appropriate steps are taken within a stated or implied timelimit

DEUTSCH
Grundsatz, gemäss dessen ein Vertrag bzw eine Vertragsabrede nur dann einklagbar ist, wenn geeignete Massnahmen bis zu einem bestimmten Zeitpunkt eingeleitet worden sind

ESPAÑOL
Una doctrina que es valida sólo si se satisface ciertas condiciones entre un plazo determinado

FRANÇAIS
La doctrine qui met en vigueur un contrat de bail à condition de certaines obligations

ITALIANO
Il periodo entro il quale occorre adempiere a certe clausole contrattuali, pena l'invalidamento del contratto

1082

ENGLISH
A proportion of the income flow from an investment after a priority yield has been paid

DEUTSCH
Anteil der Einkünfte aus einer Investition nach Abzug der Vorrangsrendite

ESPAÑOL
Una porción de la renta de una inversión de bienes que es generalmente segura

FRANÇAIS
Une section du revenu d'un investissement immobilier qui est assurée

ITALIANO
Il margine di utile ottenuto dal redditi generati da una proprietà ceduta in locazione

1084

ENGLISH
The return to an investor comprising both annual income and capital appreciation

DEUTSCH
Jahreseinkünfte und Wertsteigerung des Kapitals umfassende Rendite eines Investors

ESPAÑOL
El rendimiento al inversionista que incluye los ingresos anuales y el aumento del valor en capital

FRANÇAIS
Le pourcentage annuel qu'on attend d'un placement

ITALIANO
Il rendimento totale, quota interessi e quota capitale, di un investitore

1085

ENGLISH
Generic description for the statutory control of the use and development of land (UK)

DEUTSCH
Allgemeiner Begriff für die staatliche Kontrolle der Flächennutzungs- und Bebauungsplanung (GB)

ESPAÑOL
Una descripción generica de la regulación estatutaria de la urbanización y el uso del terreno

FRANÇAIS
Selon les lois de chaque pays, la legislation relative à l'urbanisation et aussi la structure de la propriété et son usage

ITALIANO
La pianificazione urbana e regionale, vale a dire il controllo delle autorità pubbliche sull'uso del territorio

1089

ENGLISH
The act of entering onto land owned by another party without permission or other authority

DEUTSCH
Unbefugtes Betreten eines fremden Grundstücks

ESPAÑOL
Entrar en la propiedad de una otra persona sin el permiso y sin el derecho

FRANÇAIS
Le fait d'entrer dans une propriété sans autorisation

ITALIANO
L'ingresso nelle proprietà altrui senza autorizzazione o invito

1090

ENGLISH
Types of conduit or trough designed to carry services such as telephone wiring etc

DEUTSCH
Rohre, die durch die Serviceleistungen verlegt werden

ESPAÑOL
Los típos de caneria que se usa para canalización electrica del teléfono

FRANÇAIS
Méthode de canalisation pour les réseaux de communication par exemple le téléphone

ITALIANO
La posa di cablaggi per gli impianti a rete quali il telefono e simili

1091

ENGLISH
A group of people holding and controlling money or property for the benefit of others (UK)

DEUTSCH
Gruppe von Treuhändern, die Geld oder Immobilien zum Nutzen anderer verwalten (GB)

ESPAÑOL
Un grupo de personas que retienen y controlan el capital o la propiedad por cuenta de otras personas

FRANÇAIS
Une groupe de personnes qui dirige et contrôlle de l'argent où une propriété pour le compte des autres (personnes) (la Grande Bretagne)

ITALIANO
Un ente che agisce in modo fiduciario per conto di terzi nella gestione di beni mobiliari o immobiliari

1092

ENGLISH
A contract whereby a developer or contractor undertakes all works and actions on behalf of the ultimate occupier

DEUTSCH
Bauvertrag, der die schlüsselfertige Übergabe des Gebäudes vorsieht

ESPAÑOL
Un contratro por lo cual el contratista o el promotor emprende a hacer las obras y acciones en nombre del ocupantre final

FRANÇAIS
Le fait d'un vendeur ou locataire qui fournit une maison prête à être habituée immédiatement

ITALIANO
Un contratto chiavi in mano, che obbliga l'impresa di costruzioni a consegnare il bene immobiliare rifinito in ogni sua parte come da contratto

1094

ENGLISH
A lease in which the rent is an agreed percentage of the annual turnover (usually for retail property)

DEUTSCH
Mietvertrag über Ladenlokale, der als Mietzins einen Prozentsatz des Jahresumsatzes vorsieht

ESPAÑOL
Un contrato de arriendo con la cual la suma de arriendo está decidido según un porcentaje del volumen de comercio anual (normalmente por la propiedad al detalle)

FRANÇAIS
Le fait d'un contrat de bail ou le loyer représente un pourcentage du chiffre d'affaires annuel

ITALIANO
Un tipo di contratto di locazione diffuso soprattutto nel settore del commercio al dettaglio, con il quale l'affitto è pari ad una percentuale del giro d'affari annuo

1101

ENGLISH
A contract in which one party, for the benefit of the other party, undertakes to do or refrain from doing some act

DEUTSCH
Vertragsverhältnis, in dem eine Partei sich verpflichtet zugunsten der anderen etwas zu tun oder zu unterlassen

ESPAÑOL
Un contrato con lo cual una persona concorda de comportarse de una manera que ayuda a un otra persona

FRANÇAIS
Le fait de deux personnes qui se mettent d'accord en ce qui concerne leur conduite

ITALIANO
Un contratto che impone particolari obblighi ad uno solo dei contraenti

1103

ENGLISH
A scheme of multiple but direct ownership of single properties in property units

DEUTSCH
Ein Plan von mehrfachen aber unmittelbaren Besitz einzelner Wohnungen in Wohnungseinheiten

ESPAÑOL
Una esquema de derecho de propiedad multiplice para las propiedades unitarias

FRANÇAIS
Un plan de possession multiple de propriétés simples

ITALIANO
Un progetto di utilizzo in multiproprietà di una proprietà immobiliare

1104

ENGLISH
A form of equated yield suitable for use in the valuation of unitised property

DEUTSCH
Gleichgesetzter Ertrag geeignet für Gebrauch bei der Schätzung Wohnungseinheiten

ESPAÑOL
Una forma de rendimiento con el cual es posible valorar una propiedad

FRANÇAIS
Une forme de rendement assimilé qu'on utilise en évaluant les propriétés simples

ITALIANO
Il rendimento equivalente ad una singola unità in una proprietà costituita da più unità utilizzate in multiproprietà

1105

ENGLISH
A rent for land upon which buildings have not yet been erected

DEUTSCH
Pachtzins für noch unbebautes Land

ESPAÑOL
El arriendo para un terreno arrendado donde no existen edificios

FRANÇAIS
Le loyer qu'on paye pour un emplacement pas encore aménager

ITALIANO
L'affitto di un terreno di cui non è certa la possibilità di edificazione

1110

ENGLISH
A category of land use classifications (UK). A regulation issued under the Town and Country Planning Act which defines the categories under which the use of property is controlled

DEUTSCH
Klassifizierung der Bodennutzung (GB)

ESPAÑOL
Una categoria de clasificaciones de los usos de terreno. Una regulación públicada bajo las condiciones del decreto de planificación urbana y agraria

FRANÇAIS
Une catégorie de classifications foncières

ITALIANO
In Gran Bretagna, una categoria di classificazione d'uso di un terreno. In generale, una categoria d'uso del suolo in base alle norme urbanistiche del luogo

1111

ENGLISH
A contractual provision specifying the use or uses to which the property in question may be put

DEUTSCH
Vertragliche Bestimmung bezüglich der Nutzung einer Immobilie

ESPAÑOL
Una provisión contratual que specifica los usos permitidos de una propiedad

FRANÇAIS
Une clause qui définit les utilisations permises d'une propriété

ITALIANO
Una clausola contrattuale che precisa gli usi possibili di una proprietà

1113

ENGLISH
The right under the terms of a contract to take a property free from occupation by a tenant or a vendor

DEUTSCH
Recht des neuen Mieters oder Käufers auf mieterfreie Übergabe der Immobilie

ESPAÑOL
El derecho de entrar y usar un edificio que no tiene un arrendatario

FRANÇAIS
Une propriété qui n'est pas loyée; le droit d'avoir accès à une propriété et d'utiliser les locaux

ITALIANO
Il diritto di proprietà di un immobile, limitato da certe clausole di un contratto

1114

ENGLISH
An assessment of the financial worth of a property asset in accordance with defined rules and procedures

DEUTSCH
Gutachten über den finanziellen Wert von (Immobiliar-)Vermögen

ESPANOL
El valúo del valor financiero de una propiedad según los procedimientos y los reglamentos definidos

FRANÇAIS
Le fait d'évaluer une propriété en vue de déterminer sa valeur marchande

ITALIANO
Il metodo per la valutazione del valore di mercato di una proprietà, seguendo determinati criteri e procedure

1115

ENGLISH
A document in which a valuer certifies the amount of his valuation of a property or group of properties

DEUTSCH
Dokument, in dem der Gutachter das Ergebnis seiner Bewertung darlegt

ESPAÑOL
Un documento con el cual el valuador certifica el valor de una propiedad

FRANÇAIS
Un document certifiant l'évaluation d'une propriété

ITALIANO
Un documento redatto da un esperto che certifica il valore di una proprietà immobiliare

1121

ENGLISH
A person responsible for giving an opinion of value

DEUTSCH
Gutachter von Vermögensgegenstände

ESPAÑOL
Una persona profesional responsable de ofrecer un opinión relativa al valor de una propiedad

FRANÇAIS
Un expert en estimations de biens mobiliers

ITALIANO
Il tecnico incaricato di stimare il valore di mercato di una proprietà immobiliare

1132

ENGLISH
Something given as a guarantee assurance or pledge

DEUTSCH
Zusicherung einer bestimmten Leistung oder Eigenschaft

ESPAÑOL
Garantía o una prenda

FRANÇAIS
Quelque chose qu'on donne certifier une garantie/une promesse

ITALIANO
Una garanzia valida per un periodo determinato

1145

ENGLISH
In valuations by the investment method, the amount by which the net income is multiplied to arrive at capital value

DEUTSCH
Wert, mit dem die Netto Einkünfte bei Bewertungen nach der "investment method" multipliziert werden, um den Kapitalwert zu erhalten

ESPAÑOL
El número de annualidades que alcanza el valor de la propiedad

FRANÇAIS
Le montant par lequel se multiplie la valeur en capital

ITALIANO
Il moltiplicatore del profitto netto per determinare il valore capitale di un bene

1146

ENGLISH
Issued by the international stock exchange (UK) and which specifies the information required for valuation of assets for publicly quoted companies

DEUTSCH
Von der internationalen Börse herausgegeben, als Grundlage für die Bewertung von börsenfähigen Unternehmen

ESPAÑOL
Un libro emitido de la bolsa internacional

FRANÇAIS
Un livre publié par la Bourse internationale

ITALIANO
Una pubblicazione delle borse internazionale comprendente gli indici necessari alla stima del valore dei beni immobili delle imprese

1147

ENGLISH
The annual financial return from an investment expressed as a percentage of capital value or cost

DEUTSCH
Jährliche Rendite aus einer Investition, ausgedrückt in Prozent von Kapitalwert bzw - kosten

ESPAÑOL
El rendimiento financiero de una inversión que se expresa como el porcentaje del valor capitalizado o el costo

FRANÇAIS
Le pourcentage de rendement annuel qu'on attend d'un placement

ITALIANO
Il rendimento di un investimento, normalmente espresso in percentuale del capitale investito

1148

ENGLISH
A defined area of land, a property or geographic distinction

DEUTSCH
Definierter Bereich eines Grundstücks oder einer Immobilie

ESPAÑOL
Una zona de terreno geográficamente distinta

FRANÇAIS
Une pièce de terre séparée

ITALIANO
Una porzione di territorio delimitata

1149

ENGLISH
The front section of a retail property for valuation purposes usually 6 metres in depth

DEUTSCH
Eingangsbereich (bis 6m Tiefe) eines Ladenlokales (GB)

ESPAÑOL
La sección delantera de una tienda al por menor que mide 6 metros de profundidad

FRANÇAIS
Au centre ville à Londres la valeur d'une zone de 30 pieds de profondeur (en province c'est 20 pieds)

ITALIANO
La parte di un negozio che si affaccia sulla via più commerciale

1151

ENGLISH
A method of valuation or analysis of property assuming that the front section is worth twice the rate of the second section and so on throughout the depth of the property

DEUTSCH
Bewertungsmethode für Ladenlokale bei der die Gesamtfläche in Sektionen eingeteilt wird und die 1. Sektion den doppelten Wert der 2. hat usw

ESPAÑOL
Un método de valoración de una propiedad suponiendo que la sección delantera vale el doble de la parte detrás

FRANÇAIS
La méthode d'évaluation de debouchés de détail en séparant la superficie du rez de chaussée en bandes parallèles

ITALIANO
Un metodo per la stima del valore delle proprietà commerciali, nel quale si ritlene che il fronte di un negozio che si affaccia sulla via migliore vale il doppio del retro del negozio stesso

1152

ENGLISH
A land use plan whether statutory or otherwise allocating areas to be developed or used for different purposes

DEUTSCH
Flächennutzungsplan, der Gebieten eine bestimmte Funktion zuweist

ESPAÑOL
Un plano urbanístico que puede ser estatutario y que mostra las zonas de urbanización y los diversos usos del terreno

FRANÇAIS
Le fait de séparer un terrain en bandes pour des projets d'urbanisation différents

ITALIANO
Un piano di zonizzazione, o mappa che assegna usi differenti a diverse zone del territorio

PART III
PARTIE III
PARTE TERCERA
TERZA PARTE
TEIL III
DEEL III

SECTION 6

Key Questions

In seeking to understand another country and learn to operate professionally in it, knowledge of the language is only the first step. Not only the national rules, regulations and procedures, but also the professional culture must be understood. It is not possible within the space available here to offer a worthwhile guide to national systems of real estate, property development and planning.

There are certain key variables distinguishing the underlying concepts of the different national systems in Europe, which must be understood before it is possible to practise professionally in any country other than one's own. We draw attention to these by posing a set of key questions which must be answered in respect of any country in which it is intended to practise.

1. Is the legal system based on roman law or common law principles?
2. In what ways do the constitution and legislative system determine the rights of ownership and occupation of land and property, and to what extent can these rights be modified by private contracts?
3. What is the extent and range of the property investment market, how is it organized and what is the extent of owner-occupation in the commercial property sector?
4. What valuation techniques are in use, who undertakes valuations and for what purposes?
5. What are the main forms of development plan, what authorities prepare them and are they legally binding on the planning authority and/or on the developer?
6. Does the planning authority have the power to exercise discretion in decision-making, or is the authorization of development proposals purely an administrative act, to check conformity with the plan?
7. Who, and at what level of government, has jurisdiction over property development and planning policy? What scope is there for negotiation and developer agreements, and with whom? Is negotiation conducted around the plan-making process or around the development authorization process?
8. Who, and under which professional titles, are the key actors in the development and authorization processes?

SECTION 6

Questions Clefs

Pour ceux qui veulent comprendre un pays autre que le leur et apprendre à y exercer leur profession, la connaissance de la langue ne constitue qu'une première étape. Il s'agit d'assimiler, en plus des réglementations et procédures nationales, la 'culture' de leur profession dans le pays en question. Pour des raisons pratiques, il ne nous est pas possible de présenter ici une étude détaillée des systèmes de l'immobilier, de la promotion immobilière et de l'urbanisme de chaque pays concerné.

Il existe toutefois certains paramètres clefs qui distinguent les concepts fondamentaux des divers systèmes nationaux d'Europe, et qu'il est essentiel de comprendre pour pouvoir entreprendre des activités professionnelles dans un pays autre que le sien. Nous posons ci-dessous une série de questions auxquelles il vous faut répondre en vous référant au pays où vous avez l'intention d'exercer.

1. Le système juridique est-il fondé sur les principes du droit romain ou du droit coutumier?
2. Comment la constitution et le système législatif déterminent-ils les droits de propriété et de possession des biens fonciers et immobiliers, et dans quelle mesure ces droits peuvent-ils être modifiés par des contrats à l'amiable?
3. Quelle est l'importance et l'étendue du marché des investissements immobiliers? Comment est-il structuré? Quelle est l'importance du phénomène des propriétaires-occupants dans le secteur des immeubles commerciaux?
4. Qui procède à l'évaluation des biens, à quelles fins, et en employant quelles techniques?
5. Quelles sont les principales formes de plans d'aménagement, quelles autorités les préparent, et sont-ils légalement obligatoires pour le service de l'urbanisme et/ou le promoteur?
6. Le service de l'urbanisme peut-il exercer un pouvoir discrétionnaire au niveau des prises de décision? Ou au contraire, l'autorisation de projets d'aménagement n'est-elle qu'une mesure administrative, dont l'objet est de vérifier leur conformité au plan?
7. Qui, et à quel échelon gouvernemental, a la juridiction sur les orientations dans le domaine de la promotion immobilière et de l'urbanisme? Quelle latitude y a-t-il pour des négociations et des accords de promoteurs, et avec qui? Les négociations se mènent-elles au niveau de l'élaboration du plan ou de l'octroi des permis de construire?
8. Quels sont les principaux protagonistes en ce qui concerne l'aménagement et l'octroi de permis de construire? Quels sont leurs titres professionnels?

SECCION 6

Conceptos Clave

Si se pretende entender y aprender a funcionar profesionalmente en otro país, el conocimiento del idioma no es más que el primer paso. No solamente son importantes las reglas y las formas de proceder de cada país, sino que además, la comprensión de la cultura profesional es de vital importancia. No es posible ofrecer una guía infalible de los sistemas nacionales de propiedad inmobiliaria, desarrollo inmobiliario y planificación en el espacio que aquí tenemos.

Pero hay ciertas variables clave para distinguir los conceptos subyacentes de los diferentes sistemas nacionales en Europa, que deben ser claramente entendidas, antes de proceder a actuar profesionalmente en cualquier país que no sea el propio. Aquí se le plantean una serie de preguntas clave, que deben ser respondidas específicamente según el país dónde se desee proceder.

1. ¿El sistema legal por el que se rige el país está basado en derecho romano o en principios normales de derecho civil?
2. ¿De qué manera están determinados por la Constitución y el sistema legislativo los derechos de propiedad y ocupación del terreno?, y ¿hasta que punto estos derechos se pueden modificar mediante contratos privados?
3. ¿Cuál es la extensión y el alcance del mercado de inversión inmobiliaria? ¿Cómo está organizado y cuál es la proporción de propietarios que ocupan las fincas en el sector de la propiedad comercial?
4. ¿Qué modos de peritaje y tasación se emplean? ¿Quién hace la tasación y para quién?
5. ¿Cuáles son las formas principales de planes de desarrollo, qué authoridades son las encargadas de su habilitación, y están legalmente comprometidas con las autoridades planificadoras y/o con el promotor?
6. ¿Las autoridades planificadoras tienen el poder de ejercer su autoridad a la hora de tomar decisiones, o la autorización de proyectos de desarrollo es un acto puramente administrativo, para mostrar conformidad con el plan?
7. ¿Quién y a qué nivel de gobierno tiene la jurisdicción sobre el desarrollo inmobiliario y la política de planificación? ¿Qué posibilidades hay para negociaciones y para acuerdos de promotores, y con quién? ¿La negociación se realiza sobre el proceso de formación de planes o sobre el proceso de autorización de desarrollo?
8. ¿Quiénes y bajo qué títulos profesionales son los encargados de llevar a cabo el desarrollo y la autorización del proceso urbanístico?

SEZIONE 6

Domande Chiave

Per un'autentica comprensione di un paese straniero e di come operarvi a livello professionale, la conoscenza della lingua rappresenta solo il primo passo. Sono necessarie anche una buona conoscenza delle norme, dei regolamenti e delle procedure del paese, e una certa comprensione del sistema e tipo di approccio professionale. Non è possibile qui, per limit di spazio, offrire un compendio dei diversi sistemi nazionali nel settore immobiliare, edilizio ed urbanistico.

Ci sono alcune variabili fondamentali che individuano i concetti alla base dei diversi sistemi nazionali in Europa, concetti che vanno compresi prima di poter operare a livello professionale in un paese straniero. Per mettere a fuoco queste variabili vi proponiamo una serie di domande chiave: la conoscenza delle risposte vi è indispensabile per ogni paese in cui intendete operare.

1. Il sistema legale è basato sui principi del diritto romano o del diritto consuetudinario?
2. In quali modi la costituzione e il sistema legislativo determinano i diritti di proprietà e di occupazione del terreno e della proprietà? Fino a che punto è possibile modificare questi diritti mediante contratti privati?
3. Qual è l'estensione e la sfera del mercato immobiliare, com'è organizzato e qual è la proporzione degli immobili occupati dai proprietari nel settore commerciale?
4. Quali metodi di valutazione vengono abitualmente usati? Chi effettua le valutazioni e a quale scopo?
5. Quali sono i tipi principali di piani regolatori? Quale autorità governativa li prepara? Sono giuridicamente vincolanti per gli enti amministrativi che li applicano e/o per gli operatori immobiliari?
6. Gli enti amministrativi hanno potere discrezionale nelle decisioni dei singoli casi, oppure l'autorizzazione dei progetti edilizi e urbanistici è semplicemente un atto burocratico per controllare la conformità al piano regolatore?
7. Chi, e a quale livello di governo, ha facoltà di applicare le leggi sullo sviluppo edilizio e sulla politica di pianificazione? Viene concesso spazio a trattative e ad eventuali accordi con gli operatori immobiliari? Con quali? Si effettuano trattative a livello di pianificazione o a livello di autorizzazione?
8. Chi sono, e in quale veste professionale, i personaggi chiave nelle fasi di pianificazione e di autorizzazione?

ABSCHNITT 6

Vorfragen

Bei dem Versuch in einem anderen Land beruflich tätig zu werden, ist die Kenntnis der Sprache nur der erste Schritt. Nicht nur die nationalen Regeln, Vorschriften und Verfahren wollen begriffen sein, sondern vor allem auch der berufliche Hintergrund. In dem hier verfügbaren Rahmen ist es nicht möglich, einen allgemeingültigen Leitfaden zu den nationalen Systemen von Haus- und Grundbesitz, des Bau- und Sanierungs- sowie des Planungswesens zu geben.

Es gibt gewisse grundlegende Varianten, welche die verschiedenen Konzepte unterscheiden, die den jeweiligen nationalen Systemen in Europa zugrundeliegen, und die verstanden sein müssen, bevor es möglich ist, in irgendeinem anderen als dem eigenen Land beruflich tätig zu werden. Um diesem Rechnung zu tragen, folgt eine Reihe von Schlüsselfragen, die im Hinblick auf jedes Land, in dem man tätig werden will, beantwortet werden sollten.

1. Beruht das Rechtssystem auf dem römischen Recht oder auf Gewohnheitsrecht?
2. Inwiefern sind Eigentums- und Besitzrechte an Immobilien durch Verfassung und Gesetzgebung festgelegt, und inwieweit können diese Rechte durch private Verträge beeinflußt werden?
3. Wie bedeutend und umfangreich ist der Immobilieninvestmentmarkt, wie ist er organisiert, und wie hoch ist der Grad der Eigennutzung im gewerblichen Sektor?
4. Welche Bewertungsmethoden sind gebräuchlich, und von wem und zu welchen Zweck werden Schätzungen durchgeführt?
5. Was sind die Hauptformen von Bebauungs- und Entwicklungsplänen, welche Behörden erstellen sie, und sind sie rechtlich bindend für die Genehmigungsbehörde bzw. den Bauwilligen?
6. Hat die Planungsbehörde die Kompetenz bei ihren Entscheidungen nach eigenem Ermessen vorzugehen oder stellt die Genehmigung von Bauanträgen lediglich einen Verwaltungsakt dar, der nur die Plankonformität bestätigt?
7. Wer bestimmt über die Grundzüge der Planungs-, Bau- und Sanierungspolitik, und auf welcher Verwaltungsebene wird diese beschlossen? Bis zu welchem Ausmaß wird den Interessen der Bauwilligen Einfluß eingeräumt, und mit wem müssen sie verhandeln? Wird ein solcher Verhandlungsspielraum auf der Planungs- oder Baugenehmigungsebene gewährt?
8. Wer, und unter welcher Berufsbezeichnung, nimmt hauptsächlich Einfluß auf das Planungs- und Baugenehmigungsverfahren?

PARAGRAAF 6

Belangrijke Begrippen

Om in een vreemd land te kunnen werken is kennis van de taal slechts een eerste stap. Men moet daarnaast niet alleen bekend zijn met de nationale regels, verordeningen en procedures, maar ook met de professionele cultuur. Het is echter onmogelijk om in dit boek een handleiding te geven voor het opereren op de nationale onroerend-goed markten.

Er zijn bepaalde sleutelvariabelen die de verschillende begrippen in de diverse landen kenmerken. Deze variabelen moeten bekend zijn om professioneel in een ander land dan het moederland te kunnen opereren. We vestigen de aandacht op deze variabelen door enige – op elk land betrekking hebbende – vragen te stellen, die beantwoord moeten worden.

1. Romeins recht of Gewoonterecht?
2. In hoeverre bepalen de grondwet en het rechtssysteem het recht van eigendom en beschikking over land en onroerend goed, en in hoeverre kunnen deze rechten gewijzigd worden door onderhandse contracten?
3. Wat is de omvang en het 'bereik' van de onroerend-goed beleggingsmarkt, hoe is deze markt georganiseerd, en hoe omvangrijk is de verhouding gebruiker/eigenaar in de handelssector?
4. Welke taxatietechnieken worden over het algemeen toegepast, wie voert deze taxaties uit en met welk doel?
5. Wat zijn de belangrijkste vormen van bestemmingsplannen, welke instanties bereiden ze voor, en zijn ze juridisch bindend voor de plaatselijke overheid en de projectontwikkelaar?
6. Heeft de plaatselijke overheid de macht om naar goeddunken te handelen in het besluitvormingsproces of is de behandeling van een bouwvergunning puur en alleen een administratieve handeling om overeenkomst met het bestemmingsplan te garanderen?
7. Wie, en op welk overheidsniveau, heeft rechtsbevoegdheid over projectontwikkeling en ruimtelijk beleid? Hoeveel ruimte is er voor onderhandelingen en afspraken, en met wie? Worden de onderhandelingen gevoerd rondom het planningsproces of rondom het bouwproces?
8. Wie zijn de belangrijkste personen in het proces van ruimtelijk beleid en projectontwikkeling en bij welke beroepsorganisaties zijn ze aangesloten?

SECTION 7

Government and Planning Hierarchies

The following tables give, for each country, a diagrammatic summary of the structure and hierarchy of government, plus an indication of the allocation of responsibility to the different levels of government for the main forms of development plan and the authorization of development. Titles of plans shown are those for which that level of government is responsible under each country's planning legislation.

Level of government	Plan	Authorization of development
United Kingdom		
I County, Scottish Region	Structure plan	
II District, Borough, Metropolitan Borough, London Borough	Local plan Unitary development plan	Planning permission Planning permission
Deutschland		
I Land	Landesentwicklungsplan; Regionalplan	
II Regierungsbezirk		
III Kreis		
IV Gemeinde, Kreisfrei Stadt	Flächennützungsplan; Bebauungsplan	Baugenehmigung
España		
I Autonomous region		
II Ayuntamiento	Plan general municipal de ordenacion; normas subsidiarias de planeamiento municipal; proyectos de delimitacion de suelo urbano	Licencia de urbanización
France		
I Région		
II Départment		
III Commune	Plan d'occupation des sols; zone d'amenagement concerté	Permis de construire
Italia		
I Regione	Piano territoriale	
II Provincia		
III Commune	Piano regolatore generale communale	Permissi di construzione
Nederland		
I Provincie	Streekplan Structuurplan	
II Gemeente	Bestemmingsplan	Bouwvergunning

SECTION 7

Hiérarchie des Services Administratifs et de l'Urbanisme

Le tableau suivant présent un diagramme de la structure et de la hiérarchie de l'Administration de chaque pays. Il indique aussi la répartition des responsabilités aux divers échelons gouvernementaux pour les principales formes de plans d'aménagement et l'octroi de permis de construire. Les titres des plans indiqués sont ceux pour lesquels l'échelon gouvernemental concerné est responsable selon la législation sur l'urbanisme de chaque pays.

Echelon gouvernemental	Plan	Permis de construire
United Kingdom		
I County, Scottish Region	Structure plan	
II District, Borough,	Local plan	Planning permission
Metropolitan Borough,	Unitary development plan	Planning permission
London Borough		
Deutschland		
I Land	Landesentwicklungsplan; Regionalplan	
II Regierungsbezirk		
III Kreis		
IV Gemeinde, Kreisfrei Stadt	Flächennützungsplan; Bebauungsplan	Baugenehmigung
España		
I Autonomous region		
II Ayuntamiento	Plan general municipal de ordenacion; normas subsidiarias de planeamiento municipal; proyectos de delimitacion de suelo urbano	Licencia de urbanizacion
France		
I Région		
II Départment		
III Commune	Plan d'occupation des sols; zone d'amenagement concerté	Permis de construire
Italia		
I Regione	Piano territoriale	
II Provincia		
III Commune	Piano regolatore generale communale	Permissi di construzione
Nederland		
I Provincie	Streekplan	
II Gemeente	Structuurplan	
	Bestemmingsplan	Bouwvergunning

SECCION 7

Jerarquías Gubernamentales de Planificación

Las tablas que se presentan a continuación, muestran por países un esquema de la jerarquía gubernamental (niveles de gobierno), acompañado de una indicación sobre la localización de la responsabilidad de los diferentes niveles de gobierno en las formas principales de planes de desarrollo y en la autorización de proyectos. Los planes que se indican corresponden al nivel de gobierno que está encargado de ellos.

	Nivel de gobierno	Plan	Autorización de desarrollo
United Kingdom			
I	County, Scottish Region	Structure plan	Planning permission
II	District, Borough, Metropolitan Borough, London Borough	Local plan Unitary develpment plan	Planning permission
Deutschland			
I	Land	Landesentwicklungsplan; Regionalplan	
II	Regierungsbezirk		
III	Kreis	Flächennützungsplan; Bebauungsplan	Baugenehmigung
IV	Gemeinde, Kreisfrei Stadt		
España			
I	Autonomous region		
II	Ayuntamiento	Plan general municipal de ordenacion; normas subsidiarias de planeamiento municipal; proyectos de delimitacion de suelo urbano	Licencia de urbanización
France			
I	Région		
II	Département		
III	Commune	Plan d'occupation des sols; zone d'amenagement concerté	Permis de construire
Italia			
I	Regione	Piano territoriale	
II	Provincia		
III	Commune	Piano regolatore generale communale	Permissi di construzione
Nederland			
I	Provincie	Streekplan	
II	Gemeente	Structuurplan Bestemmingsplan	Bouwvergunning

SEZIONE 7

Gerarchia degli enti Amministrativi e delle Pianificazioni

Le tabelle riportate sotto danno una rappresentazione schematica della struttura e dei quadri amministrativi in ogni paese, e indicano la ripartizione delle responsabilità ai diversi livelli di amministrazione per quel che riguarda i progetti edilizi e le autorizzazioni. Le descrizioni dei tipi di pianificazione sono elencate accanto al livello amministrativo che ne è responsabile, secondo la legislazione edilizia ed urbanistica di ciascun paese.

	Livello amministrativo	*Piano*	*Autorizzazione allo sviluppo edilizio/urbanistico*
United Kingdom			
I	County, Scottish Region	Structure plan	Planning permission
II	District, Borough, Metropolitan Borough, London Borough	Local plan Unitary development plan	Planning permission
Deutschland			
I	Land	Landesentwicklungsplan; Regionalplan	
II	Regierungsbezirk		
III	Kreis		
IV	Gemeinde, Kreisfrei Stadt	Flächennützungsplan; Bebauungsplan	Baugenehmigung
España			
I	Autonomous region		
II	Ayuntamiento	Plan general municipal de ordenacion; normas subsidiarias de planeamiento municipal; proyectos de delimitacion de suelo urbano	Licencia de urbanización
France			
I	Région		
II	Département		
III	Commune	Plan d'occupation des sols; zone d'amenagement concerté	Permis de construire
Italia			
I	Regione	Piano territoriale	
II	Provincia		
III	Commune	Piano regolatore generale communale	Permissi di construzione
Nederland			
I	Provincie	Streekplan Structuurplan	
II	Gemeente	Bestemmingsplan	Bouwvergunning

ABSCHNITT 7

Verwaltungs- und Planungshierarchie

Die folgenden Tabellen geben für jedes Land einen abrißartigen Überblick über Struktur und Hierarchie der Verwaltung sowie einen Hinweis auf die Kompetenzverteilung der jeweiligen Verwaltungsebenen im Hinblick auf Planerstellung und Baugenehmigungserteilung. Jeder Verwaltungsebene ist die Bezeichnung des Planes zugeordnet, für den sie nach der jeweiligen nationalen Regelung zuständig ist.

	Verwaltungsebene	*Plan*	*Baugenehmigung*
United Kingdom			
I	County, Scottish Region	Structure plan	
II	District, Borough, Metropolitan Borough, London Borough	Local plan Unitary development plan	Planning permission Planning permission
Deutschland			
I	Land	Landesentwicklungsplan; Regionalplan	
II	Regierungsbezirk		
III	Kreis		
IV	Gemeinde, Kreisfrei Stadt	Flächennützungsplan; Bebauungsplan	Baugenehmigung
España			
I	Autonomous region		
II	Ayuntamiento	Plan general municipal de ordenacion; normas subsidiarias de planeamiento municipal; proyectos de delimitacion de suelo urbano	Licencia de urbanización
France			
I	Région		
II	Départment		
III	Commune	Plan d'occupation des sols; zone d'amenagement concerté	Permis de construire
Italia			
I	Regione	Piano territoriale	
II	Provincia		
III	Commune	Piano regolatore generale communale	Permissi di construzione
Nederland			
I	Provincie	Streekplan	
II	Gemeente	Structuurplan Bestemmingsplan	Bouwvergunning

PARAGRAAF 7

Hierarchie in de Overheidsinstanties

Onderstaande tabellen geven van ieder land afzonderlijk de structuur en hierarchie van de overheid en bespreken het overheidsorgaan dat de bevoegdheid heeft met betrekking tot het ruimtelijke ordening beleid. Per land zijn de verschillende soorten plannen aangegeven alsmede de betreffende bevoegde instanties.

	Overheidsniveau	Plan	Bouwvergunning
United Kingdom			
I	County, Scottish Region	Structure plan	
II	District, Borough, Metropolitan Borough, London Borough	Local plan Unitary development plan	Planning permission Planning permission
Deutschland			
I	Land	Landesentwicklungsplan; Regionalplan	
II	Regierungsbezirk		
III	Kreis		
IV	Gemeinde, Kreisfrei Stadt	Flächennützungsplan; Bebauungsplan	Baugenehmigung
España			
I	Autonomous region		
II	Ayuntamiento	Plan general municipal de ordenacion; normas subsidiarias de planeamiento municipal; proyectos de delimitacion de suelo urbano	Licencia de urbanización
France			
I	Région		
II	Départment		
III	Commune	Plan d'occupation des sols; zone d'amenagement concerté	Permis de construire
Italia			
I	Regione	Piano territoriale	
II	Provincia		
III	Commune	Piano regolatore generale communale	Permissi di construzione
Nederland			
I	Provincie	Streekplan	
II	Gemeente	Structuurplan Bestemmingsplan	Bouwvergunning

SECTION 8

Real Estate Associations

European

CEAB Conféderation Européene des Administrateurs de Biens,
715 Chausee de Waterloo
Boite 40
B-1180 BRUSSELS, Belgium

EPAG European Property Agents Group
c/o RICS, London

EUROVAL European Society of Valuers
c/o RICS, London

Féderation Internationale des Professions Immobilières (FIABCI)
23 avenue Bosquet
PARIS 75007
France

PRODEST
c/o COREP (University Enterprise Training Partnership)
Politecnico di Torino
Corso Duca degli Abruzzi 24
I-10129 TORINO
Italy

Belge/Belgique

Union Bèlge de Gèometres
76 rue du Nord
BRUSSELS

Member of EUROVAL

Conféderation Immobiliers de Belgique
715 Chausse de Waterloo
Boite 32
B-1180 BRUSSELS

Member of EUROVAL, EPAG

Chambre Syndicate des Professionels
Administrateurs de Biens
c/o Cimoger-Terimo
Avenue de Roodebeck 9
B-1040 BRUSSELS

Member of CEAB

Danmark

Dansk Ejendomsmoeglerforening
Stormgade 16
DK-1470 COPENHAGEN K

Member of EUROVAL, EPAG

France

Compagnie Nationale des Experts Agricoles Fonciers
6 rue Saint Didier
75116 PARIS

Member of EUROVAL

TEGOVOFA France
c/o Philippe Malaquin
114 Avenue de Wagram
75017 PARIS

Member of EUROVAL

Féderation Nationale de l'Immobilier (FNAIM)
129 rue de Faubourg Saint-Honoré
75407 PARIS Cedex 08

Member of EPAG

Conféderation Nationale des Administrateurs de Biens
53 rue du Rocher
75008 PARIS

Member of CEAB

Deutschland

Ring Deutsche Makler (RDM) Bundesverband
Bundesgeschäftsfuhrung
Monckebergstrasse 27
D-2000 HAMBURG 1

Member of EUROVAL, EPAG, CEAB

Bund der Offentlich Bestellten Vermessungs-Ingenieure (BVDI)
Beutzer Freiheit 72–74
D-5000 KÖLN 21

Member of EUROVAL

Deutscher Verein für Vermessungswesen (DVW)
Stadtvermessungsamt
Braubachstrasse 15
D-6000 FRANKFURT am MAIN 1

Member of EUROVAL

Hauptverband der Landwirtschaftlichen Buchstellen und Sachverstandigen e.V.
Kölnstrasse 202
D-5205 SANKT AUGUSTIN 2

Member of EUROVAL

Ellas

Body of Sworn-in Valuers
31 Lekka Street
ATHENS 105-62

Member of EUROVAL

Eire/Ireland

Society of Chartered Surveyors (SCS)
5 Wilton Square
DUBLIN 2

Member of EUROVAL, EPAG, CEAB

Irish Auctioneers and Valuers Institute (IAVI)
38 Merrion Square East
DUBLIN 2

Member of EUROVAL, EPAG

Italia

Consiglio Nazionale Geometri
via Barberini 68
I-00187 ROMA

Member of EUROVAL

Federazione Italian Mediatori e Agenti d'Affari (FIMAA)
2 Piazza G Gloachino Belli
I-00153 ROMA

Member of EUROVAL, EPAG

Associazione Nazionale Amministratori Immobiliari
Via Francesco Selmi 12
I-41100 MODENA

Member of CEAB

Luxembourg

Chambre Immobilière du Grand Duche du Luxembourg (CIGDL)
Boite Postale 2363
L-1023 LUXEMBOURG

Member of EUROVAL, EPAG, CEAB

Nederland

Nederlandse Vereniging van Makelaars in Onroerende Goederen (NVM)
Fakkelstede 1
Postbus 2222
3430 DC, NIEUWEGEIN

Member of EUROVAL, EPAG

De Nederlandse Vereniging van Rentmeesters
Postbus 13
3830 EA, WOUDENBERG

Member of EUROVAL

NEPROM (Association of Property Developers)
PO Box 16172
2500 BD, DEN HAAG

VOGON (Society of Property Researchers)
c/o SBV, Wibautstraat 129
1091 GL, AMSTERDAM

Nörge

Nörges Takseringsforund
Fyrstikkalleen 16
N-0661 OSLO 6

Member of EUROVAL

Portugal

Associacao Portuguesa das Empresas Medcacao Imobilima (APEMI)
Av. Guerra Junquero 8–2 Esq
P-1000 LISBOA

Member of EPAG

Associacao Portuguesa dos Administradores de Bens Imobiliarios
Avenida Berna 24, 5-Esq
P-1000 LISBOA

Member of CEAB

España

Consejo General de Colegios de Administradores de Fincas
Garcia de Paredes 70
E-28010 MADRID

Member of CEAB

Associación Española de Tasadores Y Empresasde Valoracion (ATASA)
c/o Tasaciónes Immobiliarias SA
Gran Via 9-2a
E-28013 MADRID

Member of EUROVAL

Consejo Superior de Colegios Oficiales de Ingenieros Acronomos
c/o Santa Cruz de Marcenado 11
E-28015 MADRID

Member of EUROVAL

Consejo General de los Colegios Oficiales de Agentes de la Propriedad Immobiliaria,
Gran Via 70-3
MADRID

Member of EPAG

Sverige

Samfundet for Fastighetsvardering
c/o Erik Persson
Catella
Vasagatan 38
S-111 20 STOCKHOLM

Member of EUROVAL

Suisse/Schweiz/Suizzera

Chambre d'Experts en Evaluations Bilierès
c/o Wolfango Solca
via Bossi 41
CH-6830 CHIASSO

Member of EUROVAL

United Kingdom

The Incorporated Society of Valuers and Auctioneers (ISVA)
3 Cadogan Gate
LONDON SW1X 015

Member of EUROVAL, EPAG

The Institute of Rating, Revenues and Valuation (IRRV)
41 Dougherty Street
LONDON WC1N 2LF

Member of EUROVAL

The Royal Institution of Chartered Surveyors (RICS)
12 Great George Street
Parliament Square
LONDON SW1P 3AD

Member of EUROVAL, EPAG, CEAB

Contact addresses for Norwich Union

HEAD OFFICE
RH Perrin FRICS, Estates Manager, European Team, Norwich Union Investment Managers, PO Box 142, Sentinel House, 37 Surrey Street, Norwich NR1 3BW.
Telephone (0603) 683843, Fax (0603) 683950.

FRANCE
Norwich Union Life France,
Department Investissments Immobiliers,
32 bis, Boulevard Haussmann, 75009 Paris.
Telephone 010 33 (0) 1 40 23 40 08, Fax 010 33 (0) 1 48 24 09 19.

REPUBLIC OF IRELAND
Norwich Union Finance (Ireland) Ltd
Norwich Union House, 60/63 Dawson Street, Dublin 2.
Telephone 010 353 (0) 1 717181, Fax 010 353 (0) 1 710678.

SPAIN
Plus Ultra, Plaza de las Cortes 8, Campania Amonima de Sequros Y Reasequros, 28014 Madrid.
Telephone 010 341 5899292, Fax 010 341 5899228.

Contact addresses for Gooch & Wagstaff

UNITED KINGDOM

Gooch & Wagstaff
David J. Perry
BA, FRICS
73 Watling Street
LONDON EC4M 9BL
Tel: 071 248 2044
Fax: 071 236 4659

Gooch & Wagstaff
John F. Coombes FRICS
4 Albemarle Street
LONDON W1X 3HF
Tel: 071 629 8814
Fax: 071 491 2381

Gooch & Wagstaff
William Roxburgh MA FRICS
18 Queen Street
EDINBURGH EH2 1JX
Tel: 031 226 3343
Fax: 031 220 1333

GERMANY

Gooch & Wagstaff GmbH & Co KG
Volker Haas
Zeil 77
6000 FRANKFURT AM MAIN 1
Tel: 010 49 69 29 3063
Fax: 010 49 69 29 3066

Gooch & Wagstaff Gmb
Andrew Cruickshank
Giesebrechtstrasse 15
1000 BERLIN 12
Tel: 010 49 30 881 619
Fax: 010 49 30 882 393

FRANCE

Mercuri Tavernier Cons
Uliano Mercuri
9 rue Scribe
75009 PARIS
Tel: 010 33 1 47 42 08(
Fax: 010 33 1 47 42 76(

SPAIN

MTC Iberia
Antonio Moreno de Bar
Jorgejuan 5
28001 MADRID
Tel: 010 34 1 578 1267
Fax: 010 34 1 577 8628

SECTION 9

Information Sources

Budd, S. and Jones, A. (1991) *The European Community: A guide to the maze*, 4th edn. Kogan Page, London.

Butterworths European Law Service, Butterworths, London.

Cadman, D. and Austin-Crowe, L. (1991) *Property Development*, 3rd edn, Edited by R. Topping and M. Avis. E&FN Spon, London.

Davies, H.W.E. *et al.* (1989) *Planning Control in Western Europe*. HMSO, London.
D, DK, F, NL compared to England (not UK as a whole).

Dieterich, H., Williams, R.H. and Wood, B. (Series editors) (1993–4) *European Urban Land and Property Markets*. 6 volumes. UCL Press Ltd, London, (in press).
NL, D, F, GB, I, S.

DocTer International (1991) *European Environmental Yearbook*. DocTer International, London and Milan.
B, DK, D, E, F, GR, IRL, I, L, NL, P, UK.

Erdman Edward (1990) *Property*. CBI 1992 Initiative. CBI and Mercury Books, London.

Garner, J.F. and Gravells, N.P. (eds) (1986) *Planning Law in Western Europe*, Elsevier, Amsterdam.
A, B, CH, DK, E, Eng, F, D, I, N, NL, S, SF.

Masser, I. and Williams, R.H., (eds) (1986) *Learning from other countries: the cross-national dimension of urban policy-making*. Geobooks/Elsevier, Norwich.

Owen, R. and Dynes, M. (1989) *The Times Guide to 1992*. Times Books, London.

Ramsay, A. (1991) *Eurojargon. A dictionary of EC acronyms, abbreviations and sobriquets*, 3rd edn. Capital Planning Information Limited, Stamford.

Williams, R.H., (ed) (1984) *Planning in Europe: urban and regional planning in the EEC*. George Allen and Unwin, London.
D, F, I, NL, B, L, GB, IRL, DK, GR.

Wood, B. and Williams, R.H., (eds) (1992) *Industrial Property Markets in Western Europe*. E&FN Spon, London.
D, F, NL, I, E, S, GB.

Journals

Grundstückmarkt und Grundstückswert GundG (Germany), *Vastgoedmarkt* (Netherlands), *Études Foncières* (France), *Estates Gazette, Estates Time, Chartered Surveyor Weekly* (UK).